羅振玉評傳

總　序

　　中華學術，源遠流長。春秋戰國時期，諸子並起，百家爭鳴，呈現了學術思想的高度繁榮。兩漢時代，經學成為正統；魏晉之世，玄學稱盛；隋唐時代，儒釋道三教並尊；到宋代而理學興起；迨及清世，樸學蔚為主流。各個時代的學術各有特色。綜觀周秦以來至於近代，可以說有三次思想活躍的時期。第一次為春秋戰國時期，諸子競勝。第二次為北宋時代，張程關洛之學、荊公新學、蘇氏蜀學，同時並興，理論思維達到新的高度。第三次為近代時期，晚清以來，中國遭受列強的凌侵，出現了空前的民族危機，於是志士仁人、英才俊傑莫不殫精積思，探索救亡之道，各自立說，期於救國，形成中國學術思想史上的第三次眾說競勝的高潮。

　　試觀中國近代的學風，有一顯著的傾向，即融會中西。近代以來，西學東漸，對於中國學人影響漸深。深識之士，莫不資西學以立論。初期或止於淺嘗，漸進乃達於深解。同時這些學者又具有深厚的舊學根柢，有較高的鑑別能力，故能在傳統學術的基礎之上汲取西方的智慧，從而達到較高的成就。

　　試以梁任公（啟超）、章太炎（炳麟）、王靜安（國維）、陳寅恪四家為例，說明中國近代學術融會中西的學風。梁任公先生嘗評論自

己的學術云：「康有為、梁啟超、譚嗣同輩……欲以構成一種不中不西即中即西之新學派……蓋固有之舊思想既根深蒂固，而外來之新思想又來源淺靅，汲而易竭，其支絀滅裂，固宜然矣。」（《清代學術概論》）所謂「不中不西即中即西」正表現了融合中西的傾向，不過梁氏對西學的瞭解不夠深切而已。梁氏自稱「適成為清代思想史之結束人物」，這未免過謙，事實上梁氏是近代中國的一個重要的啟蒙思想家，誠如他自己所說「為《新民叢報》、《新小說》等諸雜誌……二十年來學子之思想頗蒙其影響……其文條理明晰，筆鋒常帶感情，對於讀者別有一種魔力焉」。梁氏雖未能提出自己的學說體系，但其影響是深巨的。他的許多學術史著作今日讀之仍能受益。

　　章太炎先生在《菿漢微言》中自述思想遷變之跡說：「少時治經，謹守樸學……及囚系上海，三歲不覿，專修慈氏世親之書……乃達大乘深趣……既出獄，東走日本，盡瘁光復之業，鞍掌餘間，旁覽彼土所譯希臘德意志哲人之書……凡古近政俗之消息、社會都野之情狀，華梵聖哲之義諦、東西學人之所說……操齊物以解紛，明天倪以為量，割制大理，莫不孫順。」這是講他兼明華梵以及西哲之說。有清一代，漢宋之學爭論不休，章氏加以評論云：「世故有疏通知遠、

好為玄談者，亦有言理密察、實事求是者，及夫主靜主敬、皆足澄心……苟外能利物，內以遣憂，亦各從其志爾！漢宋爭執，焉用調人？喻以四民各勤其業，瑕釁何為而不息乎？」這是表示，章氏之學已超越了漢學和宋學了。太炎更自讚云：「自揣平生學術，始則轉俗成真，終乃回真向俗……秦漢以來，依違於彼是之間，偪促於一曲之內，蓋未嘗睹是也。乃若昔人所謂專志精微，反致陸沉；窮研訓詁，遂成無用者，余雖無腆，固足以雪斯恥。」太炎自負甚高，梁任公引此曾加評論云：「其所自述，殆非溢美。」章氏博通華梵及西哲之書，可謂超越前哲，但在哲學上建樹亦不甚高，晚歲又回到樸學的道路上了。

王靜安先生早年研習西方哲學美學，深造有得，用西方美學的觀點考察中國文學，獨闢蹊徑，達到空前的成就。中年以後，專治經史，對於殷墟甲骨研究深細，發明了「二重證據法」，以出土文物與古代史傳相互參證，達到了精確的論斷，澄清了殷周史的許多問題。靜安雖以遺老自居，但治學方法卻完全是近代的科學方法，因而取得卓越的學術成就，受到學術界的廣泛稱讚。

陳寅恪先生博通多國的語言文字，以外文資料與中土舊籍相參

證，多所創獲。陳氏對於思想史更有深切的睿見，他在對於馮友蘭《中國哲學史》的《審查報告》中論儒佛思想云：「佛教學說，能於吾國思想史上發生重大久遠之影響者，皆經國人吸收改造之過程。其忠實輸入不改本來面目者，若玄奘唯識之學，雖震動一時之人心，而卒歸於消沉歇絕……在吾國思想史上……其真能於思想上自成系統，有所創獲者，必須一方面吸收輸入外來之學說，一方面不忘本來民族之地位。」這實在是精闢之論，發人深思。陳氏自稱「平生為不古不今之學，思想囿於咸豐同治之世，議論近乎曾湘鄉張南皮之間」，但是他的學術成就確實達到了時代的高度。

此外，如胡適之在文化問題上傾向於「全盤西化論」，而在整理國故方面作出了多方面的貢獻。馮友蘭先生既對於中國哲學史進行了系統的闡述，又於40年代所著《貞元六書》中提出了自己的融會中西的哲學體系，晚年努力學習馬克思主義，表現了熱愛真理的哲人風度。

胡適之欣賞龔定庵的詩句：「但開風氣不為師。」熊十力先生則以師道自居。熊氏戛戛獨造，自成一家之言，讚揚辯證法，但不肯接受唯物論。馮友蘭早年擬接續程朱之說，晚歲歸依馬克思主義唯物

論。這些大師都表現了各自的特點。這正是學術繁榮，思想活躍的表現。

　　百花洲文藝出版社有鑒於中國近現代國學大師輩出，群星燦爛，構成中國思想史上第三次思想活躍的時代，決定編印《國學大師叢書》，以表現近代中西文明衝撞交融的繁盛景況，以表現一代人有一代人之學術的豐富內容，試圖評述近現代著名學者的生平及其學術貢獻，凡在文史哲任一領域開風氣之先者皆可入選。規模宏大，意義深遠。編輯部同仁建議我寫一篇總序，於是略述中國近現代學術的特點，供讀者參考。

張岱年

1992年元月，序於北京大學

重寫近代諸子春秋

《國學大師叢書》在各方面的關懷和支持下，就要陸續與海內外讀者見面了。

當叢書組編伊始（1990年冬）便有不少朋友一再詢問：為什麼要組編這套叢書？該叢書的學術意義何在？按過去理解，「國學」是一個很窄的概念，你們對它有何新解？「國學大師」又如何劃分？……作為組織編輯者，這些問題無疑是必須回答的。當然，回答可以是不完備的，但應該是明確的。現謹在此聊備一說，以就其事，兼謝諸友。

一、一種闡述：諸子百家三代說

中華學術，博大精深；中華學子，向以自強不息、厚德載物之精神著稱於世。在源遠流長的中國學術文化史上，出現過三個廣開風氣、大師群起的「諸子百家時代」。

第一個諸子百家時代，出現在先秦時期。那時，中華本土文化歷經兩千餘年的演進，已漸趨成熟，老莊、孔孟、楊墨、孫韓……卓然穎出，共同為中華學術奠定了長足發展的基脈。此後的千餘年間，漢儒乖僻、佛入中土、道教蘗生，中華學術於發展中漸顯雜陳。宋明時

期，程朱、陸王……排漢儒之乖、融佛道之粹、倡先秦之脈、興義理心性之學，於是，諸子百家時代再現。降及近代，西學東漸，中華學術周遭衝擊，文化基脈遇空前挑戰。然於險象環生之際，又一批中華學子，本其良知、素養，關注文化、世運，而攘臂前行，以其生命踐信。正所謂「鐵肩擔道義，妙手著文章」，康有為、章太炎、嚴復、梁啟超、王國維、胡適、魯迅、黃侃、陳寅恪、錢穆、馮友蘭……他們振民族之睿智，汲異域之精華，在文、史、哲領域篳路藍縷，於會通和合中廣立範式，重開新風而成績斐然。第三個諸子百家時代遂傲然世出！

《國學大師叢書》組編者基於此，意在整體地重現「第三個諸子百家時代」之盛況，為「第三代」中華學子作人傳、立學案。叢書所選對象，皆為海內外公認的學術大師，他們對經、史、子、集博學宏通，但治學之法已有創新；他們的西學造詣令人仰止，但立術之本在我中華從而廣開現代風氣之先。他們各具鮮明的學術個性、獨具魅力的人品文章，皆為不同學科的宗師（既為「經」師，又為人師），但無疑地，他們的思想認識和學術理論又具有其時代的共性。以往有過一些對他們進行個案或專題研究的書籍面世，但從沒有對他們及其業

績進行過集中的、整體的研究和整理，尤其未把他們作為一代學術宗師的群體（作為一個「大師群」）進行研究和整理。這批學術大師多已作古，其學術時代也成過去，但他們的成就惠及當今而遠未過時。甚至，他們的一些學術思想，我們至今仍未達其深度，某些理論我們竟會覺得陌生。正如第一代、第二代「諸子百家」一樣，他們已是中華學術文化傳統的一部分，研究他們，也就是研究中國文化本身。

對於「第三代諸子百家」及其學術成就的研究整理，我們恐怕還不能說已經充分展開。《國學大師叢書》的組織編輯，是一種嘗試。

二、一種觀念：一代人有一代人之學術

縱觀歷史，悉察中外，大凡學術的進步不能離開本土文化基脈。但每一代後起學子所面臨的問題殊異，他們勢必要或假古人以立言、或賦新思於舊事，以便建構出無愧於自己時代的學術。這正是「自強不息、厚德載物」之精神在每一代學子身上的最好體現。以上「三代」百家諸子，莫不如是。《國學大師叢書》所沿用之「國學」概念，亦當「賦新思於舊事」而涵注現時代之新義。

明末清初，王（夫之）、顧（炎武）、黃（宗義）、顏（元）四傑

繼起，矯道統，斥宋儒，首倡「回到漢代」，以表其「實學實行實用之天下」的樸實學風，有清一代，學界遂始認「漢學」為地道之國學。以今言之，此僅限「國學」於方法論，即將「國學」一詞限於文字釋義（以訓詁、考據釋古文獻之義）之範疇。

《國學大師叢書》的組編者以為，所謂國學就其內容而言，系指近代中學與西學接觸後之中國學術，此其一；其次，既是中國學術便只限於中國學子所為；再次，既是中國學子所為之中國學術，其方式方法就不僅僅限於文字（考據）釋義，義理（哲學）釋義便也是題中應有之義。綜合起來，今之所謂國學，起碼應拓寬為：近代中國學子用考據和義理之法研究中國古代文獻之學術。這些文獻，按清代《四庫全書總目》的劃分，為經、史、子、集四部。經部為經學（即「六經」，實只五經）及文字訓詁學；史部為史志及地理志；子部為諸子及兵、醫、農、曆算、技藝、小說以及佛、道典籍；集部為詩、文。由此視之，所謂「國學家」當是通才。而經史子集會通和合、造詣精深者，則可稱為大師，即「國學大師」。

但是，以上所述仍嫌遺漏太多，而且與近現代學術文化史實不相吻合。國學，既是「與西學接觸後的中國學術」，那麼，這國學在內

涵上就不可能，也不必限於純之又純的中國本土文化範圍。尤其在學術思想、學術理論的建構方式上，第三代百家諸子中那些學貫中西的大師們，事實上都借用了西學，特別是邏輯分析和推理，以及與考據學有異曲同工之妙的實證方法，還有實驗方法、歷史方法，乃至考古手段……而這些學術鉅子和合中西之目的，又多半是「賦新思於舊事」，旨在建構新的學術思想體系，創立新的學術範式。正是他們，完成了中國學術從傳統到現代的轉型。我們今天使用語言的方式、思考問題的方式……乃得之於斯！如果在我們的「國學觀念」中，將他們及其學術業績排除在外，那將是不可理喻的。

　　至此，《國學大師叢書》之「國學」概念，實指：近代以降中國學術的總稱。「國學大師」乃「近現代中國有學問的大宗師」之意。因之，以訓詁考據為特徵的「漢學」，固為國學，以探究義理心性為特徵的「宋學」及兼擅漢宋者，亦為國學（前者如康有為、章太炎、劉師培、黃侃，後者如陳寅恪、馬一浮、柳詒徵）；而以中學（包括經史子集）為依傍、以西學為鏡鑑，旨在會通和合建構新的學術思想體系者（如梁啟超、王國維、胡適、熊十力、馮友蘭、錢穆等），當為更具時代特色之國學。我們生活在90年代，當取「一代人有一代人

之學術」（國學）的觀念。

《國學大師叢書》由是得之，故其「作人傳、立學案」之對象的選擇標準便相對寬泛。凡所學宏通中西而立術之本在我中華，並在文、史、哲任一領域開現代風氣之先以及首創新型範式者皆在入選之列。所幸，此舉已得到越來越多的當今學界老前輩的同情和支援。

三、一個命題：歷史不會跨過我們這一代

中西文明大潮的衝撞與交融，在今天仍是巨大的歷史課題。如今，我們這一代學人業已開始自己的學術歷程，經過80年代的改革開放和規模空前的學術文化積累（其表徵為：各式樣的叢書大量問世，以及紛至沓來名目繁多的學術熱點的出現），應當說，我們這代學人無論就學術視野，抑或就學術環境而言，都是前輩學子所無法企及的。但平心而論，我們的學術功底尚遠不足以承擔時代所賦予的重任。我們仍往往陷於眼花繚亂的被動選擇和迫不及待的學術功利之中難以自拔，而對自己真正的學術道路則缺乏明確的認識和了悟。我們至今尚未創建出無愧於時代的學術成就。基於此，《國學大師叢書》的組編者以為，我們有必要先「回到近現代」──回到首先親歷中西文

化急劇衝撞而又作出了創造性反應的第三代百家諸子那裡去！

　　經過一段時間的困惑與浮躁，我們也該著實潛下心來，去重新瞭解和領悟這一代宗師的學術生涯、為學風範和人生及心靈歷程（大師們以其獨特的理智靈感對自身際遇作出反應的閱歷），全面評價和把握他們的學術成就及其傳承脈絡。唯其貫通近代諸子，我們這代學人方能於曙色熹微之中，認清中華學術的發展道路，了悟世界文化的大趨勢，從而真正找到自己的學術位置。我們應當深信，歷史是不會跨過我們這一代的，90年代的學人必定會有自己的學術建樹。

　　我們將在溫情與敬意中汲取，從和合與揚棄中把握，於沉潛與深思中奮起，去創建有中國特色的社會主義新文化。這便是組織編輯《國學大師叢書》的出版宗旨。當我們這代學人站在前輩學術鉅子們肩上的時候，便可望伸開雙臂去擁抱那即將到來的中華學術新時代！

錢宏（執筆）

1991年春初稿

1992年春修定

P R E F A C E

　　21世紀，距離我們只有短短幾年了。處在新的歷史時期的中國學術界，普遍感到有回顧過去、瞻望將來的必要，於是學術史的研究受到愈來愈多的注意。尤其是20世紀的學術史，看來已成為大家討論的熱點。從上一個世紀之交的清末開始，中國的學術進入了根本變革的時代。由舊學向新學過渡，中學的改造，西學的傳播，逐步掀起二三十年代的巨大浪潮。中國現代學術的各個學科，大部分都是在這一時期拓建的，出現了許多作為學科奠基人的著名學者。其中影響重大，至今成果卓著的學科之一，是考古學。

　　談到考古學，不少人認為中國古已有之。我們確實有著深厚的金石學傳統，到北宋時已趨鼎盛，但這只是現代考古學建立的憑藉。現代考古學有自己的理論和方法，應該視為一種新的學科，不能與傳統的金石學同日而語。新的考古學的傳入，在中國建立和發展，是有一段艱辛曲折過程的，而在這一過程中起重要作用的先驅人物，應首推羅振玉和王國維。

　　羅王之時，中國文物大量發現。1925年，王國維到清華國學研究院任教，應學生會邀請作公開講演，題為《最近二三十年中中國發現之學問》（《清華週刊》第350期，後收入《靜安文集續編》）。他指

出「中國紙上之學問賴於地下之學問」,「自漢以來,中國學問上最大發現有三,一為孔子壁中書,二為汲塚書,三則今之殷墟甲骨文字、敦煌塞上及西域各處之漢晉木簡、敦煌千佛洞之六朝及唐人寫本書卷、內閣大庫之元明以來書籍檔冊。此四者之一,已足當孔壁汲塚所出,而各地零星發見之金石、書籍,於學術有大關係者尚不與焉,故今日之時代可謂之發見時代,自來未有能比者也」。隨之他在清華的講義《古史新證》中,進一步將這種觀點發揮為著名的「二重證據法」。王國維所說的當時四大發現,無一不與羅振玉的學術活動密切相關。在這部評傳裡,大家可以看到羅振玉怎樣建議劉鶚編成第一部甲骨著錄《鐵雲藏龜》;怎樣通過實地考察,弄清甲骨的出土地點,並考定其為商都遺址;怎樣從法國學者沙畹處得到斯坦因漢晉木簡的材料,與王國維合撰《流沙墜簡》;又怎樣索取伯希和手中敦煌卷子照片,編印《石室秘寶》等一系列專書。至於羅振玉收購內閣大庫檔案之事,更是世所周知的。由於當時歷史的原因,王國維所說的「發見時代」實際是文物流散的時代,而整理著錄這些文物的工作,竟為羅氏所負荷。

1929年,郭沫若在《中國古代社會研究》自序中寫道:「羅振玉

的功勞即在為我們提供出了無數的真實的史料。他的殷代甲骨的蒐集、保藏、流傳、考釋，實是中國近三十年來文化史上所應該大書特書的一項事件」，並對「他關於金石器物、古籍佚書之搜羅頒佈，其內容之豐富，甄別之謹嚴，成績之浩瀚，方法之嶄新」也作了肯定。這無疑是公允的評價。

羅振玉1919年自日本歸國，北京大學校長蔡元培曾請他講授考古學，未能實現。那時，中國人還沒有自己組織過科學發掘，現代的考古學尚未在中國確立，但羅振玉的一些研究已與傳統的金石學有所不同。上面談到的考察殷墟，便是顯著的例子。他編著的古器物著錄，不像許多金石書籍一樣獨重文字，如《古明器圖錄》等，別開風氣之先。稱他為中國考古學的先驅，絕非過當。

考古學在中國的奠立和發展，為研究中國歷史文化開闢了全新的途徑。中國考古學多年具有的特點，就是與歷史研究密切結合。這種特點，在其先驅人物如羅振玉、王國維的作品中，已經明顯地表現出來了。讀這部評傳，可以讓我們看到中國考古學的這種特點是怎樣從傳統中得來的。借鑑先驅者的得失，也有助我們認識今後前進的方向。

這部評傳的作者張永山、羅琨伉儷多年研究中國古代歷史和考古。羅琨副研究員是羅振玉的孫女，自幼從學於其父羅福頤先生。家學淵源，他們來撰寫這部評傳，自然是最恰當的人選。書中對羅氏生平作了詳細如實的敘述，恰如其分的評點，把重點集中在其學術生活和成就方面。評傳的出版，對學術史研究很有裨益，相信讀者會歡迎這部好書。

李學勤

1995年7月31日

於北京紫竹院

英文提要

PRÉCIS ————————————————————————————————————

A CRITICAL BIOGRAPHY OF
LUO ZHENYU（SUMMARY）

Luo Zhenyu, a noted epgrapher and archaeologist. His ancestral home is Shangyu of Zhejiang Province. But he was born at Huai'an, Jiangsu, in 1866（on the twelfth date of the sixth month）. He was dead at Lushun（Port arthur）in 1940.

He had not left his native place—Huai'an until thirty years old. Devoting his life to study, he completed the Thirteen Classics in fifteen years of age, and then began to study the Huangqing Jingjie（Annotations to the classics by the Qing Scholars）in seventeen, laying a foundation for his further research work. By collating the notable book of Jinshi Cuibian（Collection of Inscriptions on Ancient Bronzes and Stone Tablets）, in nineteen he finished his works Dubei xiaojian （Notes on Reading Tablets）and Cunzhuo—zhai Zhaji（Note of Cunzhuo Study）, winning high opinion from Yuyue—the great master of the study of the Confucian Classics as he could expound and prove the classical and historical literature by various inscriptions. While he was a private school master from twentyfive to thirty, he read hard many books of Confucian Classics, histories and explanations of their words, especially the Ri Zhi Lu（Notes on Knowledge Accumulated from Day to Day）of Gu Yanwu, and many other works of the military strategists and those of flood prevention work done on the Yellow River for the purpose of laying solid foundation for advanced studies. In the meanwhile, he extended his studies of palaeography, textual criticism, family surnames, etc., completing some papers per year. Though his efforts were only complimentary and compiling, being confined within the limits of textual criticism during the Qing Dynasty.

In 1896, in coporation with his friend Jiang Bofu he went to Shanghai to run an agricultural journalism and its association, translating the European and Japanese modern agricultural papers and works, studying agriculture and publishing Agricultural Journal in order to spread the knowledge concerning agriculture. For more than ten years hereafter, he dedicated himself to agriculture and its teaching, going twice to Japan to make related investigation. Moreover, he published a magazine Jiaoyu Shijie（Educational World）with its related articles, regulations and information. He became editor of Nongxue Congshu

（Series of Agriculture）and Jiaoyu Congshu（Series of Education）, successively setting up or participating in setting up Dongfang Xueshe （Oriental Society）, the Jiangsu Normal School, and being appointed as diretor of Hubei Agricultural School and of the department of the Jingshi Daxuetang（predecessor of the Peking University）. Giving impetus to experimental agricultural development, he was one of the founders of the Chinese modern agriculture. He gave advice to how to run the modern school system after abolishment of the imperial exams, proposing systematically concerned motions. He had many times made inspections on domestic education, offering some contributions to its modernization in its starting point.

Since he served in the Ministry of Education in 1906 and settled down in the Capital, his horizon was broadened, he painfully saw with his own eyes the loss and destruction of the ancient books because of the forthcoming fall of the imperial power, he began to make his efforts to save our national cultural legacy：sorting out, publishing and spreading the ancient texts. When he lived abroad in Japan in 1917—1919, he exerted all his strength to this salvage, with his uncessing efforts till his later years.

After his struggle for forty years, his academic achievements are as follows：（1）For saving the archives of the Imperial vault of the Cabinet, he rushed to transport the archives of the Ming and Qing Dynasties to the Imperial college, which would be burnt according to the memorial of the Ministry of Education. And then he got into debt on his own behalf to buy back the rest of the Imperial archives form the paper store which were sold by the Historical Museum. Besides large quantities of the first-hand historical materials, including the memorials of Ming and Qing, the "huang ce" （Yellow Books）, the Imperial archives also contains rare books, which are either in Song and Yuan editions or are nowhere found outside the palace. （2）While he collected, preserved and spread the oracle bones at the Yin ruins, he wrote two monographs of"Yin-shang Zhen-bu Wen-zi Kao（An investigation of oracle Inscriptions of the Yin-shang）and Yin-xu Shu-qi Kao-shi（Interpretations to scripts at the Yin Ruins）, examining Xiaotun of Ahyang as the site of Yin's capital, explaining a group of oracle inscriptions, identifying them as things left by the Yin Dynasty. Hence there is no doubt that the Shang Dynasty entered the civilized stage of history, and thus the study of the oracle bones appeared. And he became head of the four "Tangs". Again, much attention paid by him to collect the historical relics and published Yin-xu Gu-qi-wu Tu-lu (Pictures of the Ancient Relics of the Yin Sites) , he made it common practice to combine the study of oracle bones with the historical relics. （3） He took the initiative to publish and study the Buddhist scrolls discovered from Dunhuang. In 1909 when he was in the Capital he learned about that a large quantity of the Buddhist scrolls of the Sui and Tang Dynasties were discovered at Mogao Caves of Dunhuang, the quintessence of which was stolen by Mark Aurel Stein and Paul Pelliot and been separately transported to London and Paris；the remaining 8000 scrolls were still left at Dunhuang. In order to protect these remaining scrolls after robbery, he called on the nation's attention to take practical measures, asking Liu Shunan, the assistantsecretary of the Ministry of Education, for help to telegraph the governor of Shanxi—Gansu Mao Qingfan to buy them on behalf of the Ministry of Education. But on their arrival at the Capital they were robbed by the "literal thieves" at first, and then monopolized by feudal bureaucrats so that they could not be put on display, Luo Zhenyu could not but use the bibliography left by Pelliot and consulted him to choose some important scrolls in Paris, editing or photolithograph them into the books as Dunhuang Shishi Yishu（Some Lost Books from the Dunhuang Caves）, Minsha Shishi Yishu（Some Lost Books of the Desert-Caves）, Mingsha Guji Congcan（Remnant-series of the Ancient Texts from the Desert）, etc, which were attached to his own postscripts or theses. These studies assured the contemporary historians that they are rarely new materials for the study of history geography of the northwestern region in Sui and Tang. His studies might be authoritative, as the European Dunhuang learning had not yet sprung up.（4）He began to record and study the wooden tablets of the Han and Jin Dynasties. When Stein cheated the guard out of the Dunhuang documents in 1908, he also robbed the wooden tablets in large amount from the sites both of the ancient Great Wall at Dunhuang and of an ancient city north to the Loplor of Xinjiang. As Luo Zhenyu was anxious to make them public, he asked for help of a French Sinologist Edourd Chavannes to express his desire；consequently he accepted a checked volum of his own. According to the contents of these wooden tablets (including paper fragments), he classified them into three groups with cooperation with Wang Guowei for re-examination of them, and then published them by the name of Liu-sha Zhui-jian (Tablets Unearthed from the Desert). It immediately drew attention of the scholars, being seen as a Sinologist work in reality as well as in name, pioneering the professional study of the wooden tablets. (5) He initiated the study of the funeral objects : as he lived in the Capital, he accidantally discovered and bought two ancient figures, which were then treated by him as archaeological objects. Many other scholars followed his example so that the ancient figures were out of stock. Luo Zhenyu classified his exquisite objects, compiled them into a book Gu - ming -qi Tu -lu (Recorded Illustrations of the Ancient Funeral Objects), a pioneering work to reproduce the economical conditions, chariot-andclothe system and ideology and culture in ancient China. It thus became a component part of the modern archaeology.

Moreover, Luo Zhenyu collected, sorted out and published a large amount of his predecessors' manuscripts and rare ancient texts. From 1901 to 1936, since several hundred books were checked and published by him, he was regarded as "an honorable and successful collector and disseminator of historical materials. "

The formation of "the Luo Zhenyu—Wang Guowei's learning" has made a significant academic breakthrough in modern China. They made further advances on the methodology from books to books, the methology of textual criticism since the Qianlong—Jiaqing times, combining the newly discovered underground materials with written literature, and gradually put it into practice. This new methodology was generalized by Wang Guowei as "dual evidence methodology" ; it thus pushed forward the academic development in modern China.

目　錄

CONTENTS

第一章

家世

羅振玉，字叔蘊、叔言，號雪堂，又稱永豐鄉人、仇亭老民，晚年號貞松老人。清同治五年（1866年）六月二十八日生於江蘇淮安，原籍浙江上虞。

1.1　上虞羅氏分支

上虞羅氏是一個大族，據說其先世居河南閌鄉，即今靈寶故縣。北宋末南遷至今浙江慈溪，南宋時再遷上虞永豐鄉，即今小越鎮。世代務農。其上虞本支在科舉時代，僅八世出一貢生，十一世出一舉人，做官最高不過七品知縣。

羅振玉的曾祖名敦賢，號希齋，是遷上虞後的第十九代。兄弟五人，生齒繁衍，其本人又是庶出，在祖產難以維持大家庭生計的情況下，出外謀生。先至揚州投靠親戚蕪湖繆鎔，經繆氏介紹先後做過鹽司、河督的幕客。晚年定居江蘇淮安清河縣（今淮陰縣），用做數十年「紹興師爺」的俸入，經營商業獲得成功，過世時留下了六十萬金的家產。

羅振玉祖父名鶴翔，號翼雲，排行第三。青少年時隨父寄食繆家，繆鎔很欣賞其才幹，先留佐家政，後又代捐江蘇候補布政司理問。道光二十二年（1842年）英軍進犯長江，以防海有勞，保知州銜。冬，任淮安軍捕通判。次年，以催漕獲盜有功，保知州。以後歷任泰興、贛榆、高淳、江甯知縣及高郵州知州。據《上虞羅氏枝分譜》所記，道光二十五年（1845年）做泰興知縣時，由於莊稼欠收，四鄉婦女不得不入城為傭，因而出現一批棄嬰，他盡力收養署中，雇

乳母哺育，邑人很受感動，後來集資辦了育嬰堂。道光二十八年（1848年）做高淳知縣時，遇水災，他積極組織捐廉賑貸，安排百姓生活，鄰縣多有逃荒者，獨高淳無人遷徙境外。咸豐三年（1853年）做高郵知州，當地城鄉婦女喜歡盛妝觀賽、入廟燒香，每每生出事端。他認為影響治安的是民風侈靡，因此嚴令禁止婦女出門遊觀，使紳耆勸導，仍不聽者治罪，據說後來積習有所改變。他做官以幹練著稱，四十三歲卒於任上。繼室方氏年輕居孀，帶著幼子回清江奉養翁姑。次年，大家族瓦解。族人與孤兒寡婦爭產，方氏夫人慨然放棄，攜子女遷居山陽縣（今江蘇淮安）。

羅振玉父親名樹勳，號堯欽，是長子，繼承了淮安家產。先經營典當業，由於經營不善，負債累累不敢家居，借早年捐過候補縣丞，得以委任之機一直在外。任過江寧縣丞、海州州判、徐州經歷、清河縣丞。叔父樹棠則在同治六年（1867年）任過浙江遂昌教諭（掌出納文牘的小吏）等職。[1]

溥儀在《我的前半生》一書裡，曾以知情人的身份說羅氏出身累代書商之家。通過對第一手資料的考察，可以清楚地看到，這種說法毫無根據。其實是從羅振玉這一代其家中才開始有書的，他在回憶錄《集蓼編》中說道，青年時代：

予家無藏書，淮安亦無書肆，每學使案試，則江南書坊多列肆試院前，予力不能購，時時就肆中閱之。平日則就人借書，閱後還之，

1　參見《上虞羅氏枝分譜》，見朱鴻召主編：《中國學人自述叢書·雪堂自述》，南京：江蘇人民出版社，1999年版。

日必挾冊出入。

記所借者有姊夫何益三、友人丹徒劉謂清（劉鶚之兄）、周至路山夫、清河王壽、山陽邱於蕃、吳縣蔣伯斧等。若果為書商世家，青年時代讀書就不會如此艱難了。所以羅振玉是出身在一個重視讀書的耕讀之家，而且祖母和母親都來自書香門第。人們常說，一個民族女性的素質與教養，對整個民族的前途至關重要，當我們回顧羅振玉生平時，再次感受到了這一點。

1.2 祖母和母親

羅振玉在晚年所作的《上虞羅氏枝分譜》中記述了「遷淮以來先人所踐履與彝訓」共十段文字，其中記述先祖、祖父、父親、諸兄弟、諸姐妹各一段，祖母三段，母親二段。可見在所有的親屬中，這兩位女性對他的影響極大。尤其是祖母，羅氏出生時是祖母主家政，十六歲協助母親主家政時，六十二歲的祖母還常提出卓有見識的告誡，可以說是祖母給他打開了人生第一本教科書。

羅振玉的祖父鶴翔初娶於陳，不足一年而亡；繼娶於繆，也遺一女而去；再娶於方。方氏祖母籍安徽桐城，桐城方氏是個大家，明清兩朝出了不少名人，方氏的父親雖不過是縣丞，但她在家庭中自幼受到很好的教養，素有賢淑之名。婚後不僅把家政安排得井井有條，撫養前女有如親生，而且對丈夫的事業也有很大幫助。鶴翔任淮安通判時，一次催糧外出，下屬乘機營私舞弊，她查明事實密函以告，鶴翔

回來加以懲處引起震動，從此再沒有發生類似的事。高淳水災，她撤簪珥助賑濟，給丈夫很大支持。鶴翔逝世後，方氏帶三個子女回到夫家，以十餘年所積俸餘一萬五千金進於堂上，翁姑不受，令作兩孤讀書之用，後卻成了族人奪產的口實。

咸豐四年（1854年），羅振玉的曾祖父敦賢過世，大家族瓦解。面對六十萬金祖產的剖分，族人說兄弟無異產，唯三房有私蓄，無權繼承族產，並告到官府。方氏得知，說萬五千金俸餘乃堂上所賜不敢辭，公產則可讓，告誡二子說：「汝曹異日能自立者，何必籍祖產？使不能自立，則祖產適長汝曹罪惡，終不能保也。」她在清河縣立案放棄公產，並按照族人要求，讓兩個兒子也立了字據：「推產雖稟庭訓，然異日即貧無立錐，亦無悔。」

從此，方氏攜三個子女，告別老宅至淮安，買宅於河下的羅家橋，認領二十頃招墾的灘地，為十歲、十二歲的兩個幼子延師讀書。1860年又遷居郡城內──淮安南門更樓東寓所，同治五年（1866年）六月，羅振玉就在那裡出生。

孤兒寡母的生活是不輕鬆的，這段家史不僅給親歷過的子女留下了難忘的記憶，也給在祖母教養下長大、從父輩記敘中讀到過詳情的羅振玉深深的震動。1916年，在淮安的庶母、庶弟因家產發生糾葛，他十分痛心，次年派長子福成從日本京都僑居的寓所回鄉將歷年帳目送諸父核閱，並公議如何接管。在為處理淮安家務給福成的手書中說「平生極惡人分家析產」，「此次辦理仍是公共維持，並非析戶」。家務的解決辦法是留出祭田，準備改建老屋為祠堂，其餘田產「歲入租

石，公平攤付汝諸父，除我應得租數仍充公外，汝所應得（即指承嗣長房的一份）由汝自己酌量」。「然我先太淑人讓產事，汝得知悉；我平生以讓為得，亦汝所悉；汝倘有人心者，當能自知推讓，無待我命。」還說「子孫之對先人，權利、義務當雙方交盡，食遺產，權利也；守家風、勉祭掃、保產業，義務也。權利以推讓為美，義務以交盡為上」，但遺產推讓了，「應盡的義務仍義不容辭，我老矣，對家門負責三十餘年，今日弛肩，此責任即歸汝諸弟承任之，汝承長房宗祧，責任尤重，應如何兢兢業業勉力圖維，汝勉之，勉之！至汝弟等，除家門義務外，有以權利為言者，非我子孫」。這是一封家書，1945年前後才收入《貞松老人外集》（卷三），從對遺產處理意見的字裡行間可以清楚看到祖母對他思想品質的影響。

當然，影響還不僅於此。據《上虞羅氏枝分譜》和《集蓼編》載，祖母治家極嚴，「一門之內，肅若朝廷，禮防至嚴」，「孫輩五歲，即送師受學，暮始歸寢。孫女等課以針黹」。「予輩幼時目未嘗見惡色，耳未嘗聞惡聲，孩提之童口未嘗出鄙俗之言，以為人家莫不如是，偶聞親貫中有爭詬非禮事，輒以為異」，祖母告誡他這是一種世俗的陋習，不要為之沾染，「汝曹長大永守我家法度，不必問外人事也」。家中「禁蓄婢」、「禁賭博」、「禁殺生」、「禁婦女出門慶吊」、「禁婦女讀小說」、「平日自奉極儉而待人至厚」，與之爭產的族人，有的貧困下來，上門求助，她一概不計前嫌給予幫助。當時，山陽舊有施藥局，因缺乏資金無法維持，她捐資數百金，施藥局置田收租，解決了基本經費。同治五年（1866年）大災，冬天不少人死於饑荒，她出資掩埋並施田為義塚。而個人生活之簡樸「六十之年，食僅蔬

糯，冬夏不具裘葛」。²祖母的言教、身教混含著封建的倫理道德和中華民族的傳統美德，在羅振玉一生的很多言行中，都可以找到它正面與負面的影響痕跡，而最突出的則如《集蓼編》中所述：由於祖母「治家嚴肅，予幼時生長春風化雨中，故性至馴，不為嬉戲」。也如他同時代人所見那樣，直至晚年「始終手不釋卷，筆不停書」，家中「清靜規矩恍如寺院」。³

羅振玉的母親範氏，是山陽副榜範詠春（以煦）之長女，出身淮安城內的書香門第。⁴出嫁後，生育了十個子女，主持著一個家道中落、負債累累的家庭，終日操勞，仍常以他人為重。光緒二十年（1894年）癉病又轉為時症，病勢愈加沉重，卻總催促日夜侍候在身邊的兒子歸館，盡為童子師的責任，以免誤人學業。《集蓼編》中還有一段記述，說在甲午戰後：

我國兵事新挫，海內人心沸騰，予欲稍知外事，乃從友人借江南製造局譯本書讀之。先妣曰：「汝曹讀聖賢書豈不足，何必是？且我幼年聞長老言五口通商事，至今憤痛，我實不願汝曹觀此等書也。」予竊意西人學術未始不可資中學之助，時竊讀焉。而今觀之，今日之倫紀蕩盡，邪說橫行，民生況瘁，未始不由崇拜歐美學說變本加厲所致，乃知吾母真具過人之識也。

羅振玉於1931年六十六歲時寫下的這段回憶錄，集中地反映了母

2　《五十歲生日諭兒輩》，見《貞松老人外集》卷三。
3　陳邦直：《羅振玉傳》。
4　王漢義：《〈淮孺小記〉作者范以煦》，見《淮安古今人物》第一輯。

親的思想教育對他一生潛移默化的影響。這個如何正確接受歷史教訓的問題，至今仍值得深味。它從一個側面展示了那個時代一些知識份子思想形成和變化的軌跡。

第二章

植基古學的青少年時代

羅振玉在1896年31歲去上海辦《農學報》以前，一直生活在故鄉淮安。16歲時父親外出避債，羅振玉始協助母親管家，這段艱難的日子對他的才幹是一個很好的鍛煉。17歲讀《皇清經解》，奠定了他治學的基礎。19歲開始著述，25歲始為童子師。家庭經濟略有好轉，授徒之餘專心研究學問，經史以外，漸及文字及目錄、校勘、姓氏之學，每年必成書數種，雖都是補訂、輯佚，不出清人考據之學的路數，卻為後來種種開風氣之先的學術貢獻，奠下了深厚的根基。

2.1　啟蒙讀書

羅振玉在同母兄弟五人中，排行第三，上還有長姊。他生而體弱，三歲始免乳，四歲始從長姊學字，次年入家塾前已識字千餘。塾師山陽李泯江（導源）是一位老拔貢，也是他父親的業師。

羅振玉自幼多病，從七歲起，更常發項間腺腫，甚至水漿不得下嚥，所以雖然五歲開始讀《詩經》，六歲開始讀四子書，但到十三歲才讀畢《詩經》、《易經》和《尚書》，十五歲始讀《禮記》、《春秋》。其間還讀了唐宋詩詞，並學作詩文短論。十五歲，在讀書的同時開始自學篆刻，沒有老師，用百枚製錢從舊貨商手中買下一方漢銅私印，反覆摹刻，已顯露出對古文物的興趣。

雖然由於羅振玉多病，塾師授讀進度較慢，但當時祖母家教很嚴，非病臥床褥，就得入塾隨諸兄讀書，所以他對諸兄的功課倒往往能默記、理解，而且能勤於思考、提出疑問。如塾師講《詩經·小雅·四月》「四月維夏，六月徂暑。先祖匪人，胡寧忍予？」的第二

句，說詩句反映古人的質樸，如果現在直斥先祖不是人，是不可以的。他提出質疑，以為和《鄘風・柏舟》的「母也天只，不諒人只」相近，是說先祖也是人，人莫慈於祖父，怎麼會忍見子孫苦厄呢？老師大驚，認為這個七歲孩子的理解，確實比自己照字面的解釋更為貼切。還有一次塾師解釋「具曰予聖，誰知烏之雌雄？」說人都認為自己聖明，而實際究竟如何，就像烏之雌雄一樣難辨。他問為什麼單舉烏鴉作比喻。老師反問他的看法，他說：鳥獸雌雄往往可以從毛色得知，如雞鳧，雄性較為鮮豔；烏鴉雌雄毛色無異，遽然不能下斷語，就像人之聖明與否不能一見而判定一樣。老師很賞識他的回答。八歲，端午節隨塾師與叔父入市，由於祖母輕易不讓出門，第一次看見工人鍛鐵，不知做什麼用，老師告訴了他。叔父接著出「鐵打鐵」三個字命他應對，他答道「柯伐柯」；叔父懷疑不是他自己想出的，命再對，他答「人治人」。由於聰穎過人，他的見解每每使長輩驚異。祖母分外看重他，父親更對他抱以很大的期望，希望他能通過科舉走上仕途。老師說他的前途必然遠大，只是體質太弱，督課不能太嚴，所以把課程進度放慢，讓他多自學。這種自學習慣的養成，對他一生治學也是不無益處的。

2.2　應童子試

　　光緒七年（1881年），羅振玉十六歲，開始學作八股文。三月，長兄、次兄返上虞縣應童子試，這時他的八股文僅能成半篇，也隨著去觀場。到了杭州喉病大發，近兩旬水漿不進，恰值孝貞皇后喪，試期延至五月，才得以參加。榜發，入縣學第七名，長兄為第二十四

名。

　　這次縣考本意是觀場，並未想到科名，不意學使太和張霽亭（法卿）很賞識他的經詁卷，欲置第一，又懷疑不似童子手筆，拆彌封見年僅十六，愈加懷疑，正場提堂面試，取經詁卷命當面講解，才解除懷疑。學使勉勵說：「予曆試諸郡，未見才秀如子者，然子年尚幼，歸家多讀書，以期遠到，不必亟科名。」次年與兄同赴鄉試不中。光緒十四年（1888年），遵父命從山陽杜賓穀（秉寅）學作八股文，由於一篇得意之作，文字之佳深得老師讚許，卻不合八股文規範，從而對科舉喪失信心。這一年勉強應試，又不中。此後，再不曾下場了。十年後，光緒二十四年（1898年）戊戌變法，湖南巡撫義甯陳右銘（寶箴）積極招攬人才推行新政，曾舉薦羅振玉應經濟特科，但不久變法失敗，經濟特科事中止。光緒二十八年（1902年）經濟特科複開，鄂督張之洞、郵傳部尚書長沙張文達、法部侍郎歸安沈子敦（家本）、漕運總督貴陽陳筱石（夔龍）均保送他為經濟特科人員，沈子培寫信告訴他「沈侍郎保特科七人，以大名冠首」，「侍郎慕向之意，在今時亦難得也」。但是第二年年初，由於為母親守喪，終未去應試。

　　十六歲，童子試的順利通過，並沒有打開他通向仕途之門，但那年杭州之行卻大大開闊了他的眼界，遠比考中第七名秀才更為重大的收穫是為日後的學術活動奠定了第一塊基石。

　　在杭州，他與仁和王同伯（同）參觀了郡庠，看到宋高宗寫的《孝經》刻石，堂壁上還刻著清代經學和金石學家阮元摹勒的《石鼓

文》。這些都深深吸引了他，他還手拓了一份《石鼓文》。遊西湖，看到山上更多的唐宋題刻，摩挲流連不忍離去，訪求墨本卻不可得。第二年，他開始賃碑校讀，也許這一想法正萌發於西湖諸山間。杭州之行還使他得識前輩學者，在郡醉經堂書肆，得遇烏程汪謝城（曰楨），這是一位飽學知名的老者，能詩而且精通曆算，當時為會稽教諭。兩人在書肆談了幾句就很投契，老者對少年羅振玉大加勉勵推重，還把自己輯刻的《荔牆叢刻》送給了他。在旅舍，又遇當時以收藏古磚而著名的桐城吳康甫（延康），求其著作，被告知還沒整理成書，但獲贈了四幅古琴拓本。

在杭州北歸的路上，父親的摯友蕭山單棣華（恩溥）與他們同行。一日，談到讀杜甫、陸遊詩，被問到最喜歡的是哪些詩句。羅振玉答杜甫的「致君堯舜上，再使風俗淳」，陸遊的「外物不移方是學」和「百家屏盡獨窮經」。單棣華讚揚說：「此子異日未可以儒生限之。」他乘機請將陸詩寫作楹帖。這詩句幾乎成了羅氏的座右銘，很多年以後，曾寫成篆書聯，送給他的弟子柯昌泗，遺墨今發表於臺灣版《羅雪堂先生全集》第一編，題給「燕聆仁弟」。

2.3　承乏家事

1917年，羅振玉在《處理淮安家務諭福成》中談到，自己自十六歲承乏佐母理家，備嘗艱苦的往事。縱觀其一生，後來學術成就的取得，與這一段生活經歷是有密切關係的。羅氏在《集蓼編》和《上虞羅氏枝分譜》中都記述童年時代是生活在春風化雨中，祖母主家政，

「禦下及訓子孫以禮，未嘗有急言遽色，而上下莫不嚴憚」，祖母不允許家中有爭訴非禮事，也不讓家人隨意外出，盡力創造一個與外界隔離的、和煦寧靜的環境。但隨著子孫的長大，人口日多，薄產日難維持生活。他的父親於光緒初年與同鄉集資在清河縣經營典當之業，由於委託的經辦人不善經營，兩年虧損兩萬金。這時叔父適選浙江遂昌教諭，於是析產赴任。典當閉歇，債務日重。光緒七年（1881年），即在縣試結束返淮安後，他的父親接到署江寧縣丞通知，前往就職避債，命羅振玉協助母親主家政。從此歲，他承擔起接待債家、奔走衣食的責任，生活在春風化雨中的童年成了遙遠的記憶。

父親就職前將債單交給他，還讓他與司田租者接洽。這時的田產，只能償還債務的一半，而母親則因為田產是祖母辛苦手置，無論如何不肯出售。但每年的田租收入還不夠欠債利息的一半，以至債主日日來催，有的攜家坐索，累月不去。這一切不能不使這平日足不逾書塾的少年常常「汗出如漿」。

不僅如此，當父親避債外出時，子女們已漸次長大成人，到了婚嫁年齡。先是長兄、次兄均幼聘清河王氏女。光緒八年（1882年），即羅振玉協助母親主家政的第二年，媒人來催娶，不能不答應。冬天，典當籌款辦定喜事，生活費都用盡了。除夕之晨，母親來告訴他，歲暮祭祖還無從籌辦，羅振玉急出奔走借貸，傍晚，借得四千錢（製錢四吊），才算過了年。次年，長姊出嫁。以後，嫁娶之事，一兩年就有一次，使家庭經濟愈呈拮据。而且每當有婚嫁，債家索債更急，在他迎親的那天，債主中有一芮姓老嫗，竟當門詛咒。母親以禮請入，待為賓客，詛咒方止。

除了婚嫁還有喪葬。光緒十二年（1886年），二十四歲的長兄病歿，由於經濟窘迫，難以入殮，羅振玉的妻子范氏拿出陪嫁的金飾，易六萬錢，才算辦了喪事。家人讚歎范氏明大義，卻引起富家出身的長嫂王氏不滿，認為是「市恩沽譽」，大家庭中的矛盾日益暴露。光緒十六年（1890年），祖母方氏卒；光緒十八年（1892年），妻子範氏也因為產後蓐勞而卒。一連串的不幸不僅使經濟生活雪上加霜，而且大家庭的裂痕、親屬的去世，尤其是賢儷由於疑謗橫生、多愁屢病而亡，給他心靈帶來深深的傷痛。他在《悼亡》（六首）詩中寫道：

填膺幽懣向誰伸，往事尋思總愴神。從此蘆風廬雨夜，牛衣對泣更何人。

卿從黃壤歸真去，我亦長征擬遠遊。最是雙珠難位置，彷徨終夜與誰謀。

表達了「腹悲何日已，淒絕只心知」（《內子亡後百日賦》）的心情。

正由於這一切，羅氏在《集蓼編》回憶說：自佐母主家政「畢生憂患自此始矣」。然而，在一定意義上可以說，憂患、艱辛也是一種歷練，它能錘煉堅韌的品質，培養才幹，開啟智慧。例如在淮安時，羅氏為補助家用曾為人刻印，訂有「陸庵仿秦漢篆刻潤例」[1]其後人繼之，漸成一派。羅氏在《答人問刻印書》[2]中主張「刻印以摹古印

1　羅繼祖：《庭聞憶略》，第10頁。
2　見《貞松老人外集》卷三。

為第一，猶唐人學書從油素雙勾及響拓殆正相同，但漢人印多鑄成，鑿者惟私印及官印之急就者耳，故學朱文印以秦璽為佳」。他對諸家印譜加以評論，首推吳氏《雙虞壺齋印譜》代表了古文字學者兼篆刻家的一派。又如羅氏於1896年「出門謀食，一肩行李，他無長物」。[3]開始是與蔣伯斧創建農報館和東文學社，後來舉私債「一身兼報、社兩事，財力之窮，一如予之理家，同輩贊予果毅，且為予危，其實此境予所慣經也」。以後，經濟情況好轉，卻有搜集古物的癖好，每每節衣縮食購置古器物和書畫、碑帖，遇到印書、搶救大庫史料等大宗急用，往往要舉債或出賣藏品。羅氏一生不僅著作等身，而且輯印了大量古籍，正如王國維所說：「國家與群力所不能為者，竟以一人之力成之。」有人猜測這是因為他有莫大的財力，而當時朝夕共處的知情人王國維卻寫道：在「流寓海外，鬻長物以自給」之時，「旅食八年，印書之費以鉅萬計。家無旬月之蓄，而先生安之。自編次、校寫、選工、監役，下至裝潢之款式、紙墨之料量，諸零雜煩辱之事，為古學人所不屑為者，而先生親為之。」這道出了羅氏學術成就取得的重要原因，而其形成則植根於艱辛的少年時代。

2.4 劬學與交遊

家政的重擔不能窒息對學業的追求，十六七歲的羅振玉，白天要應付債主，奔走衣食，只有在夜晚讀書。每天準備好滿滿兩盞燈的油，總要用盡才睡。由於每日睡眠太少，一年後，患了嚴重的失眠

3　《甲子歲諭兒輩》，見《貞松老人外集》卷三。

症。後來迎娶了比他大一歲的範氏入門，生活比較有規律了，失眠症才漸癒，但在賢淑妻子的支持下仍經常夜讀。《集蓼編》中寫：當時小僅方丈的書齋，別置小榻，每夕夜讀，妻子總要先幫他整理書案，自己持衣在旁縫紉，「兒啼則往撫之，予丙夜就寢，淑人必為予整書卷、理衾枕，始伴兒眠，往往匝月不通一語，恐妨予讀也」。

在淮安的那些年，讀的書大多是借來的，而引他入門的一部書，卻是父親以三十千錢給他買的《皇清經解》。光緒八年（1882年），他與兄長同赴鄉試，歸途繞道江甯省視父親，於書肆見到《皇清經解》，引起很大興趣。書中彙集清代學者經解，共一百八十八種，千餘卷，是摹勒《石鼓文》的阮元輯刻的。當時自己無錢購買，父親知道後，滿足了他的願望。書到手，他如獲至寶，歸後，按計劃每天讀三冊，一年間一字一句地將書讀了三遍。他在《集蓼編》中回憶說：「聞先輩言，讀書當一字不遺」，所以「雖觀象授時、疇人諸書讀之不能解，亦強解之。予今日得稍知讀書門徑，蓋植於是時也」。

在讀經史的同時，他深感古碑刻對經史考訂的意義很大，因而很重視這些物質文化資料。十七歲鄉試之行的另一項重要收穫，就是在揚州買到儀征張氏榕園藏石拓本十餘紙，這是他一生收藏墓誌拓本的開始，對碑刻資料的收集、整理，並將其用於經史考訂之學，就是從這裡起步的。

首先校勘《金石萃編》，這是清代重要金石著作，王昶著，共一百六十卷，收錄秦至宋、遼、金碑刻達千五百種，還有一些銅器和其他銘刻。內容包括：銘文、考釋或前人題跋、按語。內容豐富，但

有一些訛文、誤字、漏字。當時家無碑刻拓本，又無力購買，就賃碑校讀。當時山東碑帖商人劉金科常帶山東、河南、陝西碑刻拓本到淮安販賣，租賃每份二十錢。從光緒九年到十一年（1883—1885年）共賃碑八百餘通，與長兄振鋆共同研讀。羅氏後來回憶說：當時兄弟二人各居東西二舍，每夜在青油燈下疾讀，煤染於手，十指盡黑，摩挲倦眼，面目亦黝然而墨，二人相顧不禁啞然失笑，就這樣滌蕩了平日的抑鬱憂愁。在長兄去世的第五個周年，他曾請人畫《賃碑圖》，自己寫了《賃碑圖記》，編入《面城精舍雜文》甲集，追憶這一段生活經歷，寄託對長兄的懷念，「且以志寒士為學之非易也」。

在這幾年中，長兄完成了《碑別字》五卷。長兄去世後，隨著所見碑誌的增多，又一再進行了校補，羅振玉曾讓三子福葆隨時將所見新字補於書眉，後成《碑別字補》五卷。1928年將正續兩編十卷合刊為《增訂碑別字》五卷時，距離長兄著作《碑別字》已四十三年了。而他自己，通過賃碑校讀完成了《金石萃編校字記》，對照碑文將《金石萃編》失錄的字補上，訛文誤字予以補正。還有《寰宇訪碑錄》是清代大經學家孫星衍和邢澍合撰的歷代石刻目錄，收錄周秦到元代碑刻八千餘種，注明書體、立石年月等，是很有用的目錄書。後來趙之謙又作《補寰宇訪碑錄》。羅氏通過賃碑校讀，作《寰宇訪碑錄刊謬》一卷，二十八歲再作《補寰宇訪碑錄刊謬》一卷和《再續寰宇訪碑錄》二卷，以後還有學者不斷續補、校勘，使《寰宇訪碑錄》逐步得到豐富和完善。

賃碑校讀過程中羅振玉還作了《讀碑小箋》、《存拙齋劄疏》，均成於十九歲（1884年）。《讀碑小箋》主要是以碑刻證經史，收筆記

九十九條，除了訂正《金石萃編》十九條外，訂正涉及的書有段氏《說文解字注》、《集古錄》、《金石錄》、《中州金石記》、《字彙》、《正字通》、《寶刻類編》、《授堂金石跋》、《關中金石記》、《曲阜志》等二十餘種，反映當時他已讀了很多書，而且能融會貫通。《集蓼編》寫在淮安時「平日就人借書」、「日必挾冊出入」絕非誇大之辭。《存拙齋劄疏》是集小小考訂，如證《論語》「溫故而知新」的「溫」即「蘊」字，《禮記・中庸》「素隱行怪」《漢書》引作「索隱」，乃「素」「索」古字通用。清代經學大師俞樾曾將其中的一些考證摘入《茶香室筆記》。就像童子應試時學使張霽亭懷疑試卷並非出於一少年之手一樣，《存拙齋劄疏》再次被誤認為出於名宿。後來，有人把該書送給著名學者汪梅村看，汪梅村為之作《跋》，稱「其書不盈一卷，而考證極多精核」，「君貧篤行，敏於著述，年才弱冠，斐然有成，後來之彥，非君莫屬」。這兩本小書是羅氏著書之始，由妻子範氏脫簪珥刻行。

從十九歲開始著書到二十九歲，十年間著作近二十種，有的在他此後的一生中還不斷增補、完善。熟悉他這一時期著作的學者，如張舜徽教授曾評說，這些著作「內容極為廣泛，而他的治學嚴謹、考證精審，是承乾嘉學者們的學術風氣一脈而來的」，「在很年輕的歲月裡，就已成為清末學術界的知名人物了」。

羅氏早年在故鄉淮安期間的學術活動，還得到一些志同道合的友人支持。

光緒九年（1883年）冬天，羅振玉結識了周至路山夫（岯）。路

山夫出身翰苑世家，以蔭子得官做到知縣，由於不肯逢迎上司，被劾罷官，流寓淮安，築屋於郡城東北隅，因在邊高士（壽民）葦間書屋之西，就稱「葦西草堂」。他有學問又有收藏，生於道光十九年（1839年），比羅振玉年長近三十歲，但二人談起金石考訂之學卻很投契，從而訂忘年之交。「遂晨夕過從，無聞寒暑」，稍後，常會於草堂的還有丹徒劉夢熊、劉鐵雲兄弟，山陽邱崧生，吳縣蔣伯斧等。在草堂或「各出金石書畫相娛樂，或劇談痛飲抽毫賦詩」。[4]

　　羅氏與山陽邱於蕃（崧生）訂交是在光緒十四年（1888年）二十三歲時。邱氏出身詩禮世家，家境也不錯，有先世的遺產足以自贍，但因不善治家，隨著子女婚嫁，家道日益衰落。在淮安時，他們不僅一起談學，邱氏對羅氏經濟困境的解脫，也給予過幫助。

　　羅氏自長兄病逝，家計愈加艱難。祖母說，死守祖產不忍割捨，志雖可嘉卻未免太愚，應割產一半還去急債，得脫身出門謀生才能打破僵局，使家庭有復興的希望。但當時米價極賤，田更難賣，想通過父親在外謀職，也未找到門路。後來，還是邱於蕃推薦，應山陽劉氏館為童子師，每年酬修兩萬錢（約合白銀二十兩）。三年後，移館邱於蕃家，再一年又移館劉家，教授劉夢熊、劉鐵雲兄弟之子，歲收增至八萬錢。由於當時的物價賤，這筆收入對一個債務重壓下的家庭是不小的幫助。羅氏家庭困境的緩解，第一步是在邱氏幫助下邁出的，這是事實。然而有一種說法流傳頗廣，如溥儀在《我的前半生》就說羅氏在邱家教書時，將其百數十件唐人寫經及五百多件唐、宋、元、

4　　《路府君（岯）墓誌銘（並序）》，見《永豐鄉人甲稿》。

明字畫席捲而去，因此發了家，卻是無稽之談。羅繼祖在《永豐鄉人行年錄》中進行了剖析，特別指出：唐人寫經是光緒二十六年（1900年）在甘肅敦煌始被發現，光緒三十三年（1907年）年以後，大量流出國外，才逐漸被國人所知；羅振玉於邱家為童子師是在光緒十九年（1893年），初見敦煌卷軸是在宣統元年（1909年）赴日本考察農學歸國返京，與伯希和相見時，伯氏告知石室尚有卷軸約八千件，以寫經為多，由此羅氏奔走於學部和京師大學堂，致力於將「唐人寫經」等購至京師；而邱於蕃卒於光緒三十一年（1905年），完全不可能家藏「唐人寫經」。可見這種說法缺乏基本的歷史常識。而且從《永豐鄉人行年錄》中可以看到，羅、邱的關係絕不僅僅是西席與東家，而有終其一生的友誼和交往。如：

　　1888年，訂交，羅氏得山陽阮吾山（葵生）《風雅蒙求》稿本，「以示路山夫與于蕃，路、邱各作序、跋，醵金刻行之」。

　　1889年夏，「以所藏明仿宋慶元晁氏寶文堂本《具茨集》贈邱於蕃」。

　　1890年正月，館於山陽劉氏，「邱於蕃所推薦也」。

　　1891年，「有李氏者藏五代楊吳李濤妻志石，揚州浚漕渠所得」，後「移石至邱於蕃家，鄉人與吳縣蔣伯斧親施氈墨」拓之。該年還常在一起作詩聯句。

　　1892年，妻子病逝，愁苦中邱於蕃等友人時邀為文酒之會，曾留下步韻和遣懷之作，有《悶坐書懷呈邱君薔庵》等。

　　1893年，館于於陽邱氏。次年移館劉氏，仍有交遊。

　　1895年，存詩有《有感事步邱薔庵韻》（七律）二首。

1898年，在滬創東文學社，舉邱於蕃任校務。

1905年，邱於蕃卒，年四十八歲，羅氏為其作墓誌銘，敘其平生抱負。還提到「及今年夏，君以益貧且病，將歸淮安，邂逅於滬瀆」，「乃不數月而遽死矣」。[5]

由此可見羅氏非但不可能從邱家「席捲唐人寫經」，也不可能「席捲」其他財物字畫，這是沒有疑義的。

蔣伯斧，家境小康，中鄉試後父喪，定居淮安讀書養親。他和羅氏同庚，關係更為密切，交誼「垂二十年，出入與共，方在淮安寓居，過從無虛日」。[6]後來一起在上海辦農學社，一起到廣東參議學務，到蘇州辦師範學堂，同在學部授二等諮議官。因而是「在上海居比舍，日數見，當世賢達以人才詢予者，必舉君以應，故予客粵中、客吳下皆與君偕，出則連軫，居則接席。及君來京師，住予家者半歲……」蔣氏卒於1913年，羅氏為之撰寫了墓誌銘。

在劉氏兄弟中，羅氏較早熟識的是劉渭清（夢熊），他懂法文，醉心西學，不願為官而閒居淮安。1895年邑中擬開西學書院，曾聘他教授外文、算學。羅氏同劉鐵雲的交誼始於光緒十七年（1891年），當時山東河患頻繁，山東巡撫的幕僚中，多援引賈讓不與河爭地說，主張放寬河身。上海籌賑紳士施少卿，更擬用海內賑災之款收購河邊民地。羅振玉以為不可，作《治河論》五千餘言，擬投報社以警當世。劉渭清得見文稿，寄給在山東的劉鐵雲，鐵雲讀後大喜，將自己

5　《邱君崧生墓誌銘》，見《永豐鄉人甲稿》。
6　《蔣君黼墓誌銘》，見《永豐鄉人甲稿》。

所作《治河七說》送給羅氏，附信說：「君之說與予合者十八九，群盲方競，不意當世尚有明目如公者也。」[7]1894年，劉鐵雲回鄉守喪，兩人才相見。當時正值甲午戰前，友朋相聚常論及時事。1915年羅振玉在《五十日夢痕錄》中回憶道：

時諸軍皆扼守山海關，以拱京師，予謂東人知我國事至熟，恐陽趨關門而陰持旅大，以覆我海軍，則我全域敗矣。儕輩聞知皆相非難，君之兄且引法越之役法將語，謂旅大難拔以為證。獨君意與予合，憂旅大且旦夕陷也。乃未久竟驗，於是同儕皆舉予與君齒，謂二人者智相等，狂亦相將也。

儘管羅、劉二人性格不同，但不少見解一致，特別是都有「好古癖」。劉鐵雲對古文物有相當高的鑒賞力，收藏範圍廣、數量多，羅振玉在同一篇回憶中，曾念念不忘地說「予之知有殷虛文字，實因丹徒劉君鐵雲」。也許正因為這些共同語言，使他們有較深的交誼，並成為兒女親家。

淮安時代的交遊在羅振玉一生中是難忘的，後來他在《題小像》[8]一詩中深情地回顧道：

少年意氣正縱橫，何事呼朋共耦耕。

種樹書成誰乞稿，海濱回首不勝情。

7　《五十日夢痕錄》，見《永豐鄉人甲稿》。
8　《貞松老人外集》卷四。

第三章

開拓現代農學

為童子師勉以維持生計，債務卻無法清償，為家庭考慮，他念念不忘祖母的教誨：宜棄產業的一半以還急債，得以脫身外出謀生，「負米四方，門祚之興，乃可望也」。[1]從自身考慮，那正是「少年意氣正縱橫」的時代，羅振玉在《集蓼編》中回憶說，當時「年少氣盛，視天下事無不可為，恥以經生自牖」，「好讀杜氏《通典》及顧氏《日知錄》」。懷抱著見用於世的志向，也不安於長久在家鄉為童子師。尤其1894年甲午一戰的失敗，全國人心沸騰，在「國家興亡，匹夫有責」的思想感召下，為國、為家，也為了個人，羅氏決心到風氣早開的上海做一番事業。1895年出售薄田百畝，得錢千餘緡，更將腴田百畝抵押給蔣伯斧，貸款兩千緡，償還了急債，又繼娶丁氏，將寄養外家的女兒接回撫養。安排好家事，終於在次年（1896年）三十一歲時來到上海，與蔣伯斧一道創辦學農社，辦農報館。此後十餘年間，究心於農業問題，譯述歐、美、日本的農學著作，出版《農學叢書》，投身農業教育，成為我國現代農學的早期開拓者之一。

3.1　創辦學農社與《農學報》

光緒二十二年丙申（1896年）春，羅振玉與蔣伯斧共同籌資，到上海創辦了學農社，組織人編譯日本和西方的農學書籍，並成立農報館，出版《農學報》傳播國內外農業方面的知識和資訊。

當時的上海，維新變法的思想非常活躍，學社報館林立，不過農社還是首創。當時汪康年創辦的《時務報》影響很大，羅氏在《集蓼

1　羅振玉：《集蓼編》。

編》中曾回憶汪氏在談到辦報宗旨時說「今柄者，苟且因循，呼之不聞，撼之不動」，積重難返，必須大聲疾呼伸民權、開民智。他聘梁啟超任撰述，縱論時政，激勵人心。當時羅氏也曾為之激動，在家書中說「穰卿（即汪康年）與兒舊交，所著《時務報》切中時弊，留心時事者不可不讀」。[2]但是對於解決時弊的辦法，羅氏與當時《時務報》的觀點有所不同，他認為首先要瞭解西學，學習外國的先進經驗為我所用。如光緒二十二年（1896年）五月十九日的家書曾對守舊派「談及西學，輒斥為用夷變夏」的思想表示極大的反感，而為朝廷開始頒發一些新政歡欣鼓舞。同年五月的家書中說：

　　近人談及洋人，恨之至骨，絕不知西人法制之美，學業之精，安於固陋，人才日衰，皆由於不立學堂之故。刻處處有興學之議，津漢鐵路准辦，又奏准民間開礦，此等事皆時實有轉機之象，杞人之憂為之頓解。邇日淮人之來從兒西學者漸多，亦風氣略開之徵也。

　　可見在變法前夕羅氏也是比較活躍的，以至變法失敗在家鄉淮安曾出現康梁變法羅氏參與其事的傳言，引起了家屬的驚慌。實際上羅氏對於康梁維新派思想是有疑慮的，康有為講托古改制，他撰述的《新學偽經考》、《孔子改制考》是為他政治觀點服務的，從學術觀點上，必為學風嚴謹、不尚空談的考據學派繼承者所不能接受。而以章炳麟為代表的革命派，以排滿復漢為旗號，更與羅氏的思想格格不入。羅氏所受到的全部教育使他認為，清王朝「以三百年天下共主」

2　　羅振玉家書，見羅繼祖：《庭聞憶略》，下引同。

就是國家的象徵，「我高曾祖彌以來，賴國家之庇蔭，得守田園，長子孫」，不能不顧國家的存亡。[3]他還認為「中土立國之道，在禮讓教化，務安民而已」，「且古者治法、治人並重，今弊在人耳，非法也，至以民權輔助政府之不足，異日或有冠履倒置之害」。[4]將清王朝與國家混為一談；只講民生，不要民權；只講保持社會秩序的穩定，而害怕革命，反對打破舊制度。這些是他思想的誤區，也正是這種思想決定了他一生的政治態度。

正因為這種思想分歧，羅氏認為當時的志士多數浮華少實，和蔣伯斧議定與他們要保持一定距離。所以未參加他們的政治活動，而潛心研究農學，考究其新論、新法。羅氏在上海曾將數年研究農學的成果集成《農事私議》，序中他談到學農的宗旨，說：

> 理國之經，先富後教，治生之道，不仕則農……爾來外侮頻仍，海內虛耗，利用厚生，尤為要圖，爰就斯業，專慮探討……一得之愚，羌得獻曝，世有達者，舉而行之，空言之誚，庶幾免夫。

可見羅氏認為要富國就要發展農業，他研究農學的目的，就是給當政者提供切實可行的富國謀略，並希望這些成果能夠得到實施。他是這樣想的，也是這樣做的。例如光緒二十三年（1897年），即戊戌變法的前一年，羅氏得到無名氏撰《黔蜀種鴉片法》一卷，作跋付印，[5]對當時廣種鴉片以挽利權的社會思潮進行了批判，並提出了解

3　《五十生日諭兒輩》，見《貞松老人外集》卷四。
4　見羅振玉：《集蓼編》。
5　見《貞松老人外集》卷三。

決辦法。文中說鴉片之害眾所周知，只因種煙利厚，「今倡禁煙者日少，謂宜廣種者日多」。有人說廣種鴉片可阻止外貨輸入，白銀外流，這實是一種「欲杜利之外溢，不顧自賊自斃」的辦法，就像一座美好的園林，為阻止鄰家無賴折其護欄當作柴薪，主人自己盡毀房舍作為柴用。所以廣種鴉片以挽權利之說是毫無道理的。不過強令百姓不種鴉片，改種各種穀物也是行不通的，因為鴉片之利數倍於穀，必須找一種獲利高的作物取代鴉片。文中提出最好用種桑取代種煙。一畝之地可種桑百八十株，三四年後售葉之獲可數倍於煙。若自己養蠶「每畝之獲將十萬以視」，而種煙每畝所獲不過萬餘錢。文中還分析種桑較種煙有三利，如植桑用勞力較少，逢歉歲少；種煙用勞力多，且或敗決於割漿之時，雖平日長勢良好，割漿時遇雨，則「無纖毫之獲」。特別是種煙之家吸煙者過半，自種自吸已去其利十之二三，而植桑則有利無弊。不過種煙利在當年，植桑利在三四年之後，所以煙田改桑田要一步步進行，「有田三畝者，令二畝植煙一畝樹桑，三年以後桑樹既成亟興蠶利」。百姓嘗到種桑的甜頭，「植煙之二畝將不令而自改，但必須官紳協力，將煙田編籍，行三畝改一之法」，然後「立繭廠、學織造，其利可勝計哉！」在這篇跋中，羅氏還提出兩點，一是希望當政者能「起而行之」；二是指出「聞近來印度植煙之處，政府令其改植桑、茶、木棉」，印度是最早種鴉片的國家，已翻然改圖，中國不能再「瞑然不知變計，而日竭脂膏于一呼一吸之間」了。說明羅氏此論是為了解決時弊而發，而且是在吸收了國外好的經驗，做了一番調查研究後提出的具體可行的辦法。他不僅有紙上的議

論，而且積極推行科學實踐，從羅氏起草與蔣氏聯名的致張謇書，[6]可知他當時還積極參加了推廣蠶業的活動，為浙江蠶業局訪求教習，尋找當年派出留學的歸國人員。還散發學農社章程，徵求意見，呼喚同道，當時有人願捐沙地若干加入學農社，則又準備開荒試種，尋找當行切實之人作為總理。

當然，學農社最主要的工作還是譯書。在《集蓼編》中羅氏回憶道，當時認為實現用世之志，需要立一業，中國是「農為邦本」，因而立志學農，先讀了中國古代農書《齊民要術》、《農政全書》、《授時通考》等，又讀歐洲的農書譯本，後者講到用科學方法進行農耕可增收獲，卻缺乏詳細的資料，因此辦學農社的目的就是「購歐美日本農書，移譯以資考究」。書籍的印刷出版是需要一定週期的，為把新知、新論迅速傳播開來，就要辦報，所以又創辦了農報館，出版《農學報》，由蔣伯斧總庶務，羅振玉任編輯。該報創刊於光緒二十三年（1897年）四月，初為半月刊，每期約二十面，載農事奏摺、條陳、農事譯文。次年改為旬刊，增加了稟牘、事狀欄目。1900年篇幅減半，內容分文篇、譯篇兩部分。1902年刊頭始加江南總農會印字樣。[7]羅氏關於農學的著述，多先在該報上發表。

正因為這樣，百日維新時，湖南巡撫陳寶箴曾舉羅氏應經濟特科；端方以三品卿管京師農工商總局，銳意興農，致書羅氏詢問措施，羅氏答書千餘言，提出興修京畿水利，這是他們訂交的開端，端

6　羅繼祖：《永豐鄉人行年錄》，南京：江蘇人民出版社，1980年版。
7　參見楊直民：《中國傳統農學與實驗農學的重要交匯》，《農業考古》1984年第1期。

方接受意見擬先墾張家灣荒地。[8]而且光緒皇帝還有上諭:「務農為國之本,亟宜振興……上海近日創設農學會,頗開風氣,著劉坤一查明該學會章程,諮送總理衙門查核頒行,其外洋農學諸書並著各省學堂廣為編譯,以資肄行。」[9]看到自己提倡的事業得到回應,羅氏非常高興,他在家書中寫道:「中國農業轉機將在於是,不僅草野小臣,私衷欣慰也。」此外,家鄉浙江上虞地方官也與羅氏聯繫,擬辦上虞農工學堂。[10]但不久變法失敗,振興農業的種種措施也隨之流產。當時朝旨禁學會、封報館,雖未封農報館,但蔣伯斧主張農報館也自行關閉,卻由於尚欠印書費無法關閉,羅氏致書兩江總督劉坤一,請將報館交農工商局改為官辦。劉坤一答「農報不幹政治,有益民生,不在封閉之列,至於農社,雖有亂黨(到會簽)名,然既為學會,來者自不能拒,亦不必解散,至歸併農工商局未免掠美,有所不可」。並批示上海道撥款二千元維持。當時蔣伯斧以此款償還印費欠款後,回鄉侍奉老母,羅氏獨自一人擔起農社與報館的職責。不久學農社雖經劉坤一改名為江南總農會,但和報館一樣,仍由羅氏舉私債維持,直到1907年羅氏進入學部供職,攜眷入都,才將學農社和報館結束。

3.2 編輯出版《農學叢書》

學農社自1896年初創辦,到1900年已移譯了不少農書,羅氏編為《農學叢書》,始擬措資出版。最初計畫印行百部可售得五千元,以

8　見羅繼祖:《庭聞憶略》,第17頁。
9　光緒二十三年五月十六日上諭,轉引自楊直民文。
10　見羅繼祖:《庭聞憶略》,第17頁。

半數償付印費，餘款可維持農報館。後湖廣總督張之洞邀羅氏至湖北主持農務局和農校，提出叢書可印二百部，由他出面要各州縣購買，以擴大發行。由於這部書適應了當時社會的需要，後並未借助張氏之力，亦十分暢銷，第二年售書所得除償還本金及維持報館學社開銷外，尚餘數千元，羅氏得以清償了家庭舊債，僅剩下抵押給蔣伯斧的田產尚未贖回。因產生了一定的社會效益，1904年從湖北調任江蘇巡按的端方，在聘羅氏為江蘇教育顧問時，將《農學叢書》五集進呈光緒皇帝。端方在《進貢農學書籍折》中談了學農社成立經過及宗旨，說經調查瞭解羅氏「家本寒畯」，學農社「雖經改為江南總農會，公家並未助給經費，而所譯農書袞然成帙，皆系該員獨立支持，未嘗中綴。較之妄出報章有害人心希圖漁利者，用心相去不諦天壤」，「觀其考核之勤，採取之博，自應將原書進呈御覽」。[11]

北京農業大學農史研究室楊直民撰文《中國傳統農學與實驗農學的重要交匯》，[12]詳細介紹了這部《農學叢書》。文中說該叢書署江南總農會編，共七集，包括二百三十三（一說二百三十五）種譯著，光緒末年石印出版。它的內容既有傳統農學中的要籍《陳旉農書》，又有大量歐美日本農學著作；既有主要農作物的生產經驗技術，又對各地種蘭、植茶、藝花、養金魚等需要特殊技術並容易獲利的生產項目給以更多注意；既有完整的農學著述，又有重要技術專題的摘編，如《人工孵卵法》系從楊雙山《豳風廣義》中摘錄的。此外還有專題的調查，如《南海縣西樵塘魚調查問答》就是據羅氏提出的問題，由南

11　《端忠敏公奏稿》，轉摘自羅繼祖：《永豐鄉人行年錄》。
12　載《農業考古》1984年第1期。

海陳敬彭回答而撰的。內容相當豐富，所以研究者指出它「彙集了我國古代農業科學技術的不少要籍，增添了不少民間農業生產調查內容，反映了當時中國傳統農學及其發展方向。它又通過譯述歐美日本農書，較全面地引進實驗農學的豐富資料」。這部叢書在近數十年來的學術界尚未引起足夠的重視，但從農史研究的角度看，它至少是將兩種不同發展階段的農學，即「建立在經驗基礎上的傳統農學」與「以科學實驗武裝的現在農學」，「開始結合在一起，初具現代農學的雛形」，「中國農學史的研究，無法繞開它行走」。

研究者認為，我國移譯介紹國外農書，可以追溯到19世紀中葉，李善蘭譯英人林德列《植物學基礎》。此後，梁啟超編《西學書目》，蔡元培編《東西學書目》，都有若干動植物學、昆蟲學、林學、農政等方面的著述。但是《農學叢書》中，不僅有移譯，還有羅氏結合中國農業發展情況所作的點評，體現了傳統農學與實驗農學交匯的特點。例如：

第一，《農學叢書》突出了農事以辨土性為第一的思想。翻譯了代表這種觀點的農學著作，如英人黑球・華來思的《農業初階》，不僅論及「農學之法，先須辨其土性之所宜」，而且具體介紹如何用物理、化學分析的鑑定方法。在《耕土試驗成績跋》中羅氏寫道：「右耕土試驗成績，從日本農事成績中摘譯出，考農事以辨土性為第一，能辨土性，方知土中所缺者何元素，所饒者何元素，然後施肥乃有把握。中國農民，概施固定之肥料，泥守往制，鹵莽因循，不知變通，故譯此卷資借鑑焉。」

第二，提倡使用化學肥料。在《人造肥料品目效用及用法》一書的編者記中羅氏寫道：「肥田之物，在化學未發達之前，概用天然肥料，如人畜便溺、草木根芥之類，及化學進步，而人造肥料興焉。人造肥料有數益：切效宏，一也；體積減、便運輸，二也；可按物之特性而施所嗜之要素，三也。」在《啤嚕（即秘魯）鳥糞論跋》中說：「考今日東西各國多用化學肥料，而中國則至今尚無用之者，此卷文筆拙劣，故刻存之，以資參考。」

第三，主張引進良種和科學育種。羅氏在《農事私議》中提出，各地應設「售種所」，用科學方法檢驗種子，從國外引進良種，如歐美的小麥，美國的棉花、玉米，瑞士的羊，義大利的蜂，荷蘭的牛，阿拉伯的馬等。還介紹並提倡用雜交方法改良作物品種。

第四，提倡種牧草以興牧業，種豆科植物及使用植物枝葉漚肥等。

第五，倡議創立蟲學研究所。羅氏因浙江紹興塘決以後，發生較嚴重的蟲害，因而提此建議，其中包括：購害蟲、益蟲標本以資考究；購置有關儀器設備，如顯微鏡等；購殺蟲藥品，以資試驗；種植除蟲植物，如除蟲菊等；備飼育室，研究觀察害蟲習性狀態；購益蟲、益鳥廣為傳殖，利用天敵殺滅害蟲。

第六，發展農業中商品生產。《農學叢書》中收錄了《戊戌年中國農產物貿易表》，是輯譯於西方報紙並參以海關稅冊編成的，羅氏於次年十月刊出時作跋，說：「表中所載農貨出入了如列眉，其執論謂中國農事之不修，由於士夫不講農學及無工商輔農，故不能起其

業，此語精確。」並指出曾有西方人評論中、日商業之盛衰，說日本將勝於中國，因為日本輸入機器，輸出加工品，而中國輸出原料，經外國加工成成品又輸入中國。羅氏說「此論精賅，與此表所言，殆足針吾之膏肓，識之以告秉鈞者，幸留意焉」。[13]

從以上簡單的介紹可以看出，《農學叢書》不僅僅是輯錄傳統農學要籍、有益的實踐經驗以及國外實驗農學的主要內容，而且集中了羅氏「學農」的主要收穫，即農學研究的主要成果，包括在農學新法新論啟示下對傳統農業及農業經濟的反思。積極推動傳統農學向現代農學發展，是《農學叢書》一大宗旨。所以說它是實驗農學在中國發端的標誌是有道理的。

值得提出的是1902年漕運總督陳夔龍在《保送經濟特科人員折》中，對羅氏「考究農學及教育各事，皆可坐言起行」的評語是毫不誇張的，羅氏不僅組織翻譯國外農學書籍，編輯出版了《農學叢書》，對於在中國開展農學研究提出了很有見地的看法，而且身體力行，重視實驗農業的開拓。如前所述，1897年即學農社成立的第二年，就將辦實驗場列入議事日程，積極籌畫開墾如皋沙地，然後準備「相厥土宜，再定試種物品」。[14]此後，1900年羅氏任湖北農校監督，在整頓教學的同時，向張之洞提出請撥地為試驗場，以資實驗。1901年冬赴日本考察教育與財政，卻仍把農業科學實驗作為重點考察專案之一，在次年春返程中曾夜抵長崎，「登岸觀長崎農事試驗場。時試種大小

13　《貞松老人外集》卷三。
14　羅繼祖：《永豐鄉人行年錄》。

麥，分畦列表，部署井井，並觀柑桔室及暖房、分析室等」。[15]可見羅氏是十分重視農業科學實驗的，可惜當時正處社會動盪之時，以上計畫均未能實現。

不過通過十年的努力，羅氏對於農學已有了較高的造詣。後來他在《集蓼編》中回憶了為詳細瞭解西方農業增產的新法而組織學農社，「先後十年譯農書百餘種，始知其精奧處，我古籍固已先言之，且歐美人多肉食乳食，習慣不同，惟日本與我相類，其可補我不足者，惟選種、除蟲及顯微鏡驗病菌，不過數事而已，至是益恍然於一切學術，求之古人記述已足，固無待旁求也」。在這看來是明顯的過頭話中，反映了他晚年思想變化趨於保守，也帶有解嘲的意味。[16]但是從中國傳統農學作歷史的考察，這種說法也不是毫無道理的。

首先中國的生活習慣和飲食習慣確與歐美不同，尤其是近百年前的20世紀初差距更大，研究中國農學不能脫離中國國情。同時，中華大地是世界農業起源中心之一，歷史極為悠久，我國古代農業技術曾居於領先地位，只是在長期封建統治下逐漸沒落了。正如1898年浙江《海甯紳士請創樹藝會稟》所說「鄉民務農，而不知農之有學，其於辨土性、興水利、除蟲害、制肥料等事，懵然不知，古法相傳，日就湮沒」。[17]就文獻記載看，在周秦之際留下的有關生態地植物學的論著《管子・地員篇》，是通過對各種土地地勢高下、土質優劣、水泉深淺及其所生植物種類的實地調查，來判斷土地的好壞對農業生產的

15　羅繼祖：《永豐鄉人行年錄》。
16　羅繼祖：《庭聞憶略》。
17　楊直民：《中國傳統農學與實驗農學的重要交匯》。

利弊。[18]戰國時期留下的《呂氏春秋》中保存了四篇古代農學論文：《上農》、《任地》、《辯土》、《審時》，第一篇講農政，後三篇講農業技術。對於充分使用土地、改良土質、控制土地肥力、耕地、整地、播種、田間管理，都有極精闢的議論。如在黃河下游多鹽鹼的土地上農作，利用壟溝排水洗土的辦法，就是對土地處理的重要措施；《審時》更詳細地記述了各種作物得時和失時的各種情況，是對古代農業實踐的總結，反映了戰國時期對農業技術的重視。[19]《周禮》也有不少涉及先秦農業的記載，諸如農田耕作、水利、林木、養馬、漁獵、防治蟲害等，反映了當時農業科學已取得的光輝成就。如用動物骨汁處理種子；將田中雜草燒灰或漚腐作為肥料；農田設置排灌系統；重視馬的牧養、訓練和選育種馬；合理安排仲夏、仲冬伐木；用火烤或水漚之法防治木材害蟲等。[20]在時代更早一些的《詩經》裡也有涉及先秦農學發展的記載。如西周留下的讚頌其先祖後稷的長篇敘事詩《大雅・生民》有「誕後稷之穡，有相之道，茀厥豐草，種之黃茂，實方實苞」。是說後稷善於耕種，掌握考察土地辦法，會選擇益於耕種的土地，除去雜草，選用光亮美好而且肥大飽滿的種子。可見傳統農業中的辨土性和選種有極其悠久的歷史。同一篇詩中提到的作物中有黍的兩個品種：秬和秠。稷的兩個品種：糜和芑。春秋時留下的《魯頌・宮》中更提到了黍、稷、菽、麥有早熟、晚熟，生長期長、生長期短等情況。另外，《生民》還反映出至少在西周時，農業上已

18　參見夏緯瑛：《管子地員篇校釋》，北京：農業出版社，1981年版。
19　參見夏緯瑛：《呂氏春秋上農等四篇校釋》，王毓瑚：《先秦農家舍四篇別釋》，北京：農業出版社，1981年版。
20　參見夏緯瑛：《周禮術中有關農業條文的解釋》，北京：農業出版社，1979年版。

實行條播，而且不同作物有不同的疏密等等。[21] 此外，更為古老的與農業有關係的古籍還有《夏小正》，其記載反映了我國古代勞動人民很早已開始注意到了農田的害蟲、鼠害，對某些作物已有先育種後分栽的措施。[22]

總之，且不論《齊民要術》、《農政全書》、《授時通考》等較晚的農書，僅就以上先秦古樸的農學著作和有關記載看，我國農學和中華文化一樣，有著自己悠久的傳統和深厚的根基。我們當然不能妄自尊大、故步自封，而要吸取人類一切進步的文明成果發展自己，應該看到在世界範圍內向現代實驗農學發展過程中中國農學的落後，但也不能因此迷失方向，割斷歷史。所以羅氏之說也並非完全沒有道理，而且正因為他對傳統文化有著很深的修養，對傳統農學進行了鑽研，又考究了西方及日本的現代農學，所以能一下子抓住傳統農學止步不前的癥結所在，從而積極推進實驗農學在中國的起步。在傳統農學與實驗農學的匯合點上，羅氏做出了有價值的貢獻。

3.3　從總理農務學堂到京師大學堂農科監督

1900年秋，正當羅振玉準備輯印《農學叢書》時，湖廣總督張之洞邀他去武昌總理湖北農務局，兼任農務學堂監督，而且兩日連發三電促行。羅氏只好將農館託付給沈肱，往武昌面見張之洞。張之洞表示可為《農學叢書》擴大發行出力，但不許推辭鄂省農政之事。

21　參見夏緯瑛：《詩經中有關農事章句的解釋》，北京：農業出版社，1981年版。
22　參見夏緯瑛：《夏小正經文校釋》，北京：農業出版社，1981年版。

原來湖北農務局已成立三年，主要設一農務學堂，有農、桑兩科，學生七十餘人，延請日籍教習四人，譯員四人。張之洞任命一觀察（道員）做農務局總辦，總辦又委派一候補縣丞為學堂監督（即校長），又設一收支員，此外還有一位是張之洞的同鄉，僅掛名支俸。當時總辦及監督向張之洞報告，學生都是敗類，不堪造就；教習不盡心講課，一味索求供給，學堂只能停辦。張之洞是久經封畿的精幹大員，又是著名的洋務派，不完全相信這一報告，又考慮國家經費與學子光陰不應白白浪費，因而急找正在潛心農學又有辦東文學社經驗的羅氏接辦。考慮到羅氏當時沒有官銜，公事文移不便，準備代為報捐候選知府，羅氏說明自己曾捐過候選光祿寺署正，不必再捐知府了。但張之洞仍因其職銜低微而保留了原總辦，任羅氏為農務局總理並兼任農校監督，又改原監督為幕僚。

羅氏就任後，曾任三年監督的那位幕僚立即找上門來，重申農務學堂必須立即解散。羅氏認為學堂辦不下去，首先是監督有不能推卸的責任，所以沒有只聽一面之詞。而是一一接見了教習、譯員、收支員等瞭解情況，還上堂督課，分班接見了所有學生。發現問題的癥結在於管理者的官僚主義，不深入瞭解師生情況，致使收支員託名冒領，卻說教習殊求供給。另外譯員多是使館學生，所譯講義文理不通，因而影響了學生成績。羅氏在上海辦東文學社，各科授課都用日語直接講授，學生日語水準提高很快，所以詢問農務學堂的日籍教習，為什麼學生入學三年，仍不能直接聽講。回答說原監督嫌第一年課表中東語（日語）太多，認為既有譯員不必再重東語，至於教習倒希望以後再招新生可不用翻譯。

經過深入瞭解癥結所在，羅氏首先訓誡學生要珍惜自己的光陰和國家的經費，敦行力學，一洗過去學風素劣之恥。以後有偶犯過者免究，再犯記過，三犯開除。而自己每天上堂督課，事必躬親。學生見新監督如此認真，都頗有戒心。半個月後學生中有故態復萌被記過的，一個月後有個別被記過的學生舉止異常，與一些譯員關係密切，暗中鼓動風潮，後按約法三章將三犯者開除，於是校風日正。羅氏向張之洞報告了整頓的經過，並提出：一、請裁不稱職的譯員，暫覓人代替，以後不用譯員，令學生直接聽講；二、請撥地建試驗場，以便進行科學實驗。張之洞都高興地同意了，答應撥撫標馬場地為試驗場。但曾任監督的那位幕僚很不高興，因為羅氏不但沒有接受他解散學堂的意見，反而把學堂整頓得日見起色，還要裁掉一向對他阿諛奉承的譯員，因而遣人密告將裁員之事，慫恿譯員以全體辭職來要脅。但羅氏由於辦過東文學社，培養了一批高材生，所以立即接受了他們的辭呈，並電邀王國維、樊少泉前來代替，他們都是熟手，很輕鬆地勝任譯員的職責，日籍教習也很滿意，教學日益走上正軌。此後，羅振玉在鄂常有閒暇與章泰康、楊守敬等友人談金石目錄之學，章是一位誠篤的學者，楊更是著名的歷史地理學家，酈學研究中地理學派的主要代表人物。羅氏很推崇他的「水地之學，為本朝之冠」，在《五十日夢痕錄》中，還記述了和這位老友的最後一次會面。1914年羅氏將返海東，他趕來送行，並請羅氏為他的《水經注疏》作序，後來還曾寫信給羅氏，解釋他接受邀請到北京任職是出於「謀刻所著書，非以求仕」的苦衷。但不及一年，書未刻成而去世，羅氏「與靜安追談往事，為之黯然，然異日必當為一傳，以章所學，慰此老於九泉」。

羅氏整頓農校取得了成效，卻因此得罪了那位幕僚，為請撥地辦試驗場事，幾次上謁張之洞均未能得見。張之洞提倡「中學為體，西學為用」，羅氏認為應以西人學術資中學之助，由於思想的一致，他們是彼此看重的。但羅氏作為學者，對於當時官場很難適應，後來他在《集蓼編》中回憶說：不僅辦試驗場事受阻，「予又見凡在鄂任事之人，見文襄（張之洞）皆極其趨承，而陰肆譏謗無所不至，意甚薄之不欲為伍，乃於次年暑假返滬，遂再三辭職」。這時農務學堂已走上正軌，管理也不困難了，不少人在謀求校長的職位，張之洞遂另派人接辦，另委託羅氏襄辦江楚編譯局。

通過整頓農務學堂，張之洞對羅氏的才幹有了進一步瞭解，1902年經濟特科複開時，他帶頭舉薦羅氏。1907年升入樞府兼管學部後，又在京師大學堂設經、法、文、理、農、工、商七科，任命羅氏為農科監督。此時，羅氏已入京供職，在學部歷任考試留學生的考官，主要負責農科，以及閱各科的語文卷。這表明他在當時農業學術上是有成就有地位的，對於培養農學人才也做出了貢獻。

1909年羅氏被任命為京師大學堂農科監督後，當年即奉命赴日本考察。據羅繼祖《庭聞憶略》和《永豐鄉人行年錄》所載，這次考察自五月中旬至七月中旬，歷時兩個月，寫有《扶桑再遊記》一卷。主要考察了日本的農科大學教育及財政，會見了京都大學校長前文相菊池大麓，還有藤田虎次郎、桑田鷙藏、狩野直喜、富岡謙藏等知名學者，更見到了已歸國任教的藤田劍峰。此次行程是自東京先至札幌參觀農科大學。在農科大學訪校長瞭解設備投資情況及經費來源，又仔細參觀了校室、實驗室、藏書室、標本室、養蠶昆蟲教室、水產教

室、農場等設置情況，還會晤華僑瞭解日本的農租、稅務及開拓北海道開荒費和納稅規定。至六月再返東京參觀駒場大學。也是先詢問建校的投資和經費來源，再參觀農、林二教室，林產物試驗室，養蠶室，農具場，農藝化學和獸醫等專業講堂、圖書閱覽室。考察歸國後，羅氏馬上積極籌辦京師大學堂農科。當時的經、法、文、理、農、士、商七科均在北京馬神廟某駙馬舊府，就職後羅氏第一件事就是申請「撥西直門外釣魚臺地，建新校設試驗場，溽暑嚴寒往返監視」施工，至辛亥（1911年）秋始落成。[23]這就是現在北京農業大學的前身。

羅氏在一生的學術活動中，從事農學的時間並不長，從三十一歲創學農社，到三十五歲將歷年論農文字集為《農事私議》一卷，為研究國外農學新法、新論作一小結；三十六歲主持湖北農務學堂，力圖推進中國農學向實驗農學發展，卻受挫而離開農校；同年及1909年四十四歲時兩次赴日本考察農科教育，對建立在科學實驗基礎上的現代農學及農科教育，有了更多的感性認識。但自1911年辛亥革命始，羅氏東渡日本，從此再未進行有關農學的活動。然而農史研究者指出，在20世紀初，我國現代農業艱苦開拓的早期階段，康有為、梁啟超、張謇等都在改進農業方面提出過積極的主張，「他們所開拓的工作方面各具特色」。「而像羅振玉這樣三十歲立志學農，在當時農業科學、教育、報刊、譯書、撰述，下過十多年工夫，同時在農業學術上達到較高造詣的，尚屬不多」，「在近世中國農技史有關問題的探討中，羅振玉在農學方面的活動是不能不略與提及的」。董作賓說羅

23　羅振玉：《集蓼編》。

氏在學術上有五大貢獻：一是內閣大庫明清史料的保存；二是甲骨文字的考訂與傳播；三是敦煌文卷的整理；四是漢晉木簡的研究；五是古明器研究的宣導。而實際上，「羅振玉在興辦學農社、主編《農學報》著述編輯農書、興建農科大學堂，在中國參與開拓現代農學，其業績與上述五項是不相上下的」。[24]

24　楊直民：《中國傳統農學與實驗農學的重要交匯》。

第四章

究心教育

羅振玉在從故鄉淮安到了上海立志學農的同時，還究心教育。
1902年張紹文在羅氏考察日本教育筆記《扶桑兩月記》的跋中寫道：
「君少時銳志撰述，壯而留心當世之故，頻年乃專意學農與教育二
者，以教養兩事為政治根本。瘏口焦唇，日聑於當世，冀一挽今日之
厄運」。實際上他從在淮安的時代起就力主辦學堂。1895年邑中擬開
西學書院，授輿地、時務、算學、外語四科，除聘任劉渭清外，經常
關心時務的羅氏也被聘為前兩科的教習。[1]他非常高興家鄉的這一變
化，後來卻因無從籌款，而使西學書院的計畫流產，僅設一算學義
塾。羅氏認為辦學堂培養人才是當務之急，又寫信給越中友人徐維
則、蔡元培，請他們向當政者進言，紹興當局表示贊同這一意見後，
也是再無下文了。所以羅氏到了上海不久，就與朋友創辦了私人的東
文學社，以後又多次應聘於湖北、廣東、江蘇等地辦學堂。端方在
《奏陳辦學情況折》中說羅氏「明於教育管理之法，若能假以事權，
始終經理，將來必有成效可睹」。[2]可見其辦學是有成績的。在進入學
部前後，羅氏對國內外教育進行考察，提出了興辦學堂的全面規劃措
施，還為了研究借鑑國外經驗，創辦了第一個教育界專門刊物《教育
世界》。只是作為一介寒士，私人辦學財力不足，又由於當時政治腐
敗，在國家辦的學堂中，羅氏始終沒有得到「假以事權，始終經理」
的機會，究心教育十餘年後，又轉入了殫力國學的時期。然而他為興
辦學堂教育方面，仍做出了不少貢獻。

1　　參見羅振玉家書，轉引自《永豐鄉人行年錄》。
2　　《端忠敏公奏稿》四，轉引自羅繼祖：《庭聞憶略》附錄一，第135頁。

4.1　創辦東文學社和《教育世界》

1896年羅振玉、蔣伯斧在上海創學農社後不久，又創辦東文學社，聘請日本學者藤田劍峰（豐八）任教務。藤田劍峰畢業於日本東京文科大學漢文科，獲文學士學位後，任教於東京專門學校及哲學館，來華後受聘學農社譯書。相處日久，賓主很為投契，關係也日益密切。他常將日本訪華學者介紹給羅氏，致力於中日文化交流。後又在上海南洋公學東文科及蘇州師範學堂任總教習，與羅氏一起從事教育活動，後來回國，成為日本東洋史學家。

東文學社是光緒二十四年（1898年）五月成立的，最初目的是培養日語翻譯人才，主要工作是翻譯農學書籍。開始僅授日語，後因農書內容常涉及物理、化學、數學，所以後來又添置了這幾門及英語課程，均用日語講授。當時上海還沒有傳授日語的學校，所以報考的學生很多，於是從淮安請來邱於蕃總管校務，教務除了藤田劍峰負責外，又增聘田岡嶺雲為助教，上海日本領事館副領事諸井六郎、書記船津辰一郎任義務教員。經費原定由學農社、農報館籌措，這一年八月維新變法失敗，農報館瀕於倒閉，學社經費落空，學生散去約三分之一，邱於蕃、蔣伯斧先後回鄉，但羅氏還是獨自一人借資將學社堅持辦了下去。當時沈肱、樊少泉、王國維都是該校的學生，曾由於月末考試不及格面臨除名的危險，羅氏瞭解他們一貫學習努力，仍允許他們繼續學習下去，後來他們都成了學社的好幫手。這一事例反映了羅氏確實明於教育管理之法，不僅僅以考試成績判斷一個學生。而對

於王國維來說，進入東文學社則成了他走上學者道路的契機。[3]在樊、王等人結業後，第二年羅氏組織他們將學社中講授的歷史、地理、物理、化學講義譯成中文，籌款付印，由於銷路甚暢，基本解決了經費困難。靠著這樣的經營周轉，學社不僅維持下來了，而且學生日益增多，以至要遷到更大的校址中。1900年秋，學社再次由於經費問題擬停辦，後靠輯印《農學叢書》解決了學社經費。因而有論者指出，當羅氏一身兼主農報館和東文學社之時，「數載之間，財力困窮，時告支絀，而先生始終如一，獨立支持，親友輩莫不憂其艱苦而服其勇氣，蓋由於出身寒苦，憂患備經，故能堅持奮鬥，沉毅不撓」。[4]東文學社的成績據《戊戌變法資料》記載：「出於此學社者頗多，而翻釋東方書籍、派遣赴日留學生，實發軔於是焉。」[5]

由於東文學社取得了成績，1902年羅氏還受聘南洋公學東文科任監督。南洋公學是洋務派大員盛宣懷所辦，委託沈曾植主持的。沈氏字子培，是光緒六年（1880年）進士，授刑部主事，學問淵博。羅氏於1898年在上海與之相識，1915年曾介紹王國維向他學古音韻之學，所以王國維對他推崇備至。盛宣懷當時以工部右侍郎留滬辦鐵路，為培養日語人才，於虹口增設南洋公學分校，為東文科，聘任羅氏創設。羅氏有辦東文學社的經驗，輕車熟路，舉薦藤田劍峰為總教習，再次共同辦學。由於他們協作得好，師資配備得力，學生勤學，東文科雖只開設了兩年，但成績可觀。光緒二十九年（1903年）十月，兩廣總督岑春煊聘羅氏任教育顧問，曾將南洋公學東文科高材生數人補

3　參見蕭艾：《王國維評傳》，杭州：浙江文藝出版社，1983年版。
4　陳邦直：《羅振玉傳》，見《羅振玉傳彙編》，香港大東圖書公司，1978年版。
5　轉引自楊直民：《中國傳統農學與實驗農學的重要交匯》。

官費留學海外。

為適應瞭解世界須具備大批翻譯人才的社會需要，羅氏最初興辦的是語言學校，但對中國發展教育事業，僅培養外語人才是不夠的，還要通過組織他們移譯國外教育學說、規章、經驗，作為我們的借鑑。為此羅氏仿效學農社和《農學報》的辦法，於1901年創辦《教育世界》。這時湖北農務學堂已步入正軌，樊少泉、王國維所任譯員工作並不繁重，因而可利用閒暇移譯國外資料。該刊物在武昌創辦，寄到上海印行，最初是旬刊，專載譯文，第六十九期後改為半月刊，有論說、學理、教授、訓練、學制、傳記、小說、國內外學事等欄目，先後五年出版了一百一十六期。[6]這是我國教育界最早的專門刊物，欲讓國人瞭解包括國外的有關教育問題而稱《教育世界》，這一新生事物當時甚至在文化人中也發生過誤解。被端方聘任主持南洋譯書局的鄧嘉緝，曾將刊名中的「教育」二字讀為動詞，在致繆荃孫信中大惑不解地說：「叔蘊至欲教育世界，可謂毫無忌憚。」[7]實際上從《教育世界》刊登的廣告可知，羅氏當時也準備像編輯《農學叢書》一樣，將自辛丑（1901年）四月創辦以後，所譯數十種有關教育的文章及教育界發表過的各種見解、介紹「按年分集，合訂叢書，以便觀覽」。[8]

《教育世界》發行量不大，保存下來的已難見全貌了，不過從這則廣告約略可知其內容相當豐富，《教育叢書》共三集三十七種。初

6　張靜廬：《中國近代出版史料初編》。
7　《藝風堂友朋書箚》。
8　《教育世界》第二十二期，《教育叢書》廣告。

集有國內外教育小史、國民教育資料、教育學、學校管理法、學校衛生法、算術條目及教授法、法國鄉學章程、十九世紀教育史、日本教育家福澤諭吉傳、日本文部省沿革等十一種；第二集十五種，有家庭教育法、簡便國民教育法、社會教育法、實業教育、子女教育論、心理教授原則、小學教授法、理科教授法、教育法沿革史、歐美教學觀、日本近世教育概覽、孔門之德育、讀書法、二十世紀之家庭；第三集十一種，有西額微克氏著西洋倫理學、幼稚教育恩物圖說、斯邁爾斯氏著自助論、心裡記憶術、盧騷著教育小說愛美爾鈔（今譯《愛彌兒》）、日本現實教育、費爾巴圖派之教育、日本高等學校規劃要覽、視學提要、日本海軍學校章程匯纂、學校衛生書等等。以上是《教育世界》主要內容的大類，據今所見其細目譯篇不僅有日本文部省下達的《師範學校簡易科章程》、《發佈實業補習學校規程訓示》等檔，還有《論英普小學之優劣》、《記闈族博物館》，後者設於美國紐約哈巴達大學，文仲介紹該博物館的沿革、主旨及藏品。雜纂有《留聲機教授法之利害》，介紹國外討論的意見。

《教育世界》設有文牘欄目，主要交流資訊，曾刊羅氏《江蘇教育辦法說帖》、《學部為學堂考試事簡各省提學司文》、《學部為飭議羅署正振玉草案剳各省提學司文》、《北洋大臣袁南洋大臣端會奏調用留學生變通舊章折》等等。占分量較大的文篇欄目，主要載國內學者關於教育方面的論文，如羅氏所撰《教育五要》一文曾刊於某年八月出版的第九期上，提出：

第一是教育要翻譯國外資料，他比喻說教育有如營室，「教習猶工匠也，學生猶材料也，章程猶繩墨也，課書猶斧斤也」。所以辦教

育首先要譯教科書；二要譯教育法令規則之書；三要譯農、工、商、礦、醫、法、兵的專業之書；四要譯宗教、風俗、哲理之書以認識世界。「四類之書，當合朝野之力次第印行，必須計三年之中應用之書略備，於是政府行政乃有措手，學子受業乃有成效。」否則「學子既迷於問學之途，政府亦窘於措施之術」，教育是辦不好的。

第二是教育要用本國的宗教、語言、文字，它凝聚著國家民族的精神情感，「考俄帝大彼得大改其國之文物制度，惟語言、文字、宗教不改」。俄國兼併波蘭，先禁用波蘭語，「後乃概用俄語」、「此外交家長技也」。他認為「中國宜定孔教為國教，其他各國各教若不礙法令，亦得自由崇奉，但不得喧賓奪主」。學堂講課要用國語講授、記述，外語應是中等教育的科目，為研究專門學科及外交之用，普及教育不宜「用西書講授」。

第三是教育之權不可授之外人，提出「近者官府立一學堂，必聘一西人主其事，民間興學堂，亦願與西人合作經營，而同國人反無協力圖維者」是不應該的。教育與開礦、修路一樣，是國家的主權，沒有授予外人的道理。

第四是不可開不合規則的學堂，小學、中學不同級別的學校有不同的宗旨、不同的學科，但應有一定的規則。當時很多學堂的教育不是循序漸進，而只教西語、算術，辦教育者對其他學科茫然不知。這樣的學堂只能培養買辦或翻譯，開展國民教育事業，應改變這種狀況。

第五是要把「修身為教科之首要」，提出「凡一切國民，無論才

技如何優美，而德行缺然，如此人者有益於國家乎？有損於國家乎？此不待智者而知之」。而培養德行，以公德尤為重要，就是說要反覆教育學子，修身勵行並「謀公共之利益」，「以修身為首，由親親而仁民，由仁民而愛物，此當強聒於學子之前而不休者也」。換言之如果教育偏於技術，修身僅備一科，甚至不立該課程，長遠看來，培養大批「有才無行之士」，「非國家之福矣」。

最後還說「以上五者，語焉未詳，然大旨則如是矣，審而行之，是所望於有位之君子」。可見羅氏辦《教育世界》與辦《農學報》的宗旨是一樣的，是要通過辦雜誌，將自己的研究成果奉獻於社會，呼喚同道，尤其是當政者共同復興中國的教育事業。

《教育世界》也載有王國維的文論，在《哲學辨惑》一文中，一論「哲學非有害之學」；二論「哲學非無益之學」；三論「中國現時研究哲學之必要」，強調言教育，不得不言教育學，而教育學即心理學、倫理學、美學的應用，都與哲學關係密切，不通哲學而言教育，猶如「不通物理、化學言工學，不通生理學、解剖學而言醫學」；四論「哲學為中國固有之學」，六經與宋儒之說，都涉及哲學問題的探討；五論「研究西洋哲學之必要性」，提出並不是要人人研究哲學，也不是要人人都成為哲學家，但在專門教育中，哲學應與其他科目並列，培養教育家更必須學哲學。

羅氏關於教育方面的撰述，主要發表在這一刊物上。如文篇欄目中還有《教育私議》、《學制私議》、《設師範急就科議》、《各省立尋常小學議》、《與友人論中國古代教育函》、《擬定尋常小學校課程表》

以及高等小學校、尋常中學校課程表，視學報告有《山東學務調查總說》、《安徽學務調查總說》等。這些都是研究中國教育史的重要資料，而就羅氏來說，更是研究他的教育思想及學風的第一手資料。

他在《集蓼編》中總結自己十餘年究心教育時說，辦教育雜誌「先後凡五年，予始知外國教育與中國教育不能一致，外國地小，故可行義務教育，中國則壤地占亞洲之半，人民四萬萬，勢必不可行，故古者四民分職，各世其業……」「強行義務教育，於是各省苛捐日出，民不堪命，謀之不臧，卒陷國家于危地。」如果說中國的國情不同，不能照搬外國普及教育（或稱義務教育）的經驗，這是正確的；但如果說中國因此不能實行普及教育並通過這一途徑提高全民族素質的觀點，則是不妥的。它反映了羅氏晚年思想的倒退，實際上在他究心教育的時代，曾是積極按照中國國情，多次提倡普及教育的。例如在《學制私議》中提出「定六歲至十二歲為義務教育年限，於此期間內必授尋常小學四年，不得違犯」。而且特別提出，不僅男童要接受尋常小學的普及教育，還要立「女子尋常小學」，「將來更須立女子高等師範學校」，而且「謀教育之普及必須立簡易學校、廢人（殘疾人）學校」，簡易學校以教育貧民及工人，或為半日學校，或為夜校，或為周日學校，以利半工半讀。殘疾人學校教以音樂、按摩及手工之類，使他們得以自食其力。同時還提出不僅要普及教育，將來更要實現小學義務教育，但根據中國國情，不能一步到位，「尋常小學為國家義務教育，理宜免束修，以公費任之，然此刻尚未能，且援日本之例，權行徵收，隨後豁除」。為了大量培養教師，以適應普及教育的需要，參證國外經驗，他提出，惟師範生不出學費，連同食宿均

為官費，但畢業後，至少從事教育工作十年，「十年內不得事他業」。此外對教師還有一定禮遇，如「教育有功，得相其勞績而加俸金」，以後在有條件時，還應實行對老教師的退休金及遺屬贍助費制度。這些都反映出在辦《教育世界》時，羅氏是積極推行普及教育的。該刊物的很多議論在當時是有積極意義的，在中國教育史上，應佔有一席之地。

4.2　從參議學務到創建師範學堂

光緒二十九年（1903年）初，羅振玉母親病逝，父親看他過於悲哀，過了百日就催他回上海料理館務。九月又回淮安卜葬，十月兩廣總督岑春煊聘任他為兩粵教育顧問，為了同樣的原因，家人都勸他接受聘任，他自己也想領略從未見過的嶺南風光，就答應了。到粵後，羅振玉住在粵秀書院，曾購買了不少南海孔氏後人出售的岳雪樓藏書，這是他自己藏書的開始。由於當時兩粵教育未大開展，顧問無所事事，愧於掛名領薪，第二年暮春即托故辭職。

光緒三十年（1904年）六月，端方調任江蘇巡撫，聘羅氏為江蘇教育顧問，並委託他在蘇州創立師範學堂。羅氏在1902年考察日本教育歸國後，就曾應當時蘇撫恩棠之邀，赴蘇定中學堂課程。因此很快接受了端方的聘任，七月即赴蘇任學務兼監督，籌建學堂。薦藤田劍峰為總教習，徐賓華為監院，定校址在撫標中軍操場，先修繕紫陽校士館（原紫陽書院）辦校，十一月江蘇師範學堂成立，分兩科，講習科一班四十人，速成科三班共一百二十人。次年四月，設體操專修

科。五月，講習科、體操專修科畢業。七月，招初等本科生兩個班共八十人；同時設附屬小學校，招收初、高兩級學生六十餘人，八月開學。九月作《序江蘇師範學堂一覽》，是對前一段工作的總結，指出學堂初具規模及有待進一步完善的問題。

從這個日程表不僅可以看到羅氏做事雷厲風行，而且反映了他對辦教育有一整套計畫，僅就《教育世界》刊出的《設師範急就科議》、《江蘇教育辦法說帖》二文可以看出，羅氏認為鑒於現實情況，振興教育要從兩方面著手，一是設中等以上學堂，學生先入預科再入本科，培養急需人才；二是興辦小學，學生自幼受教育，循序漸進，從基礎抓起。而無論哪一方面，關鍵都是要有合格的教師。按照常規，小學教師應系尋常師範畢業，中學教師應為高等師範畢業，但師範學制三年，既不能等三年後再辦小學、中學，也不能使未受過師範教育者充任教師，所以應仿日本速成科之例，設立師範急就科。急就科學制一年，從本地二十至四十歲的生員中公開考試擇優錄取品學兼優者。課程有教育學、史、地、數、理化、博物等六科；教材包括學校管理法、教授學、學校衛生學、國內外教育史、教育學以及史地、數理化教科書。學習方法除理化等需教習示範、學生實驗外，其他文科以學生自修研究為主，每日教習上堂一二小時，以便諸生質疑問難。每科都要進行考試，及格者發給文憑。為保證教學品質，師範急就科同樣要購置動植物標本、礦物標本、地理模型、圖表儀器等教具以助教學。待到有正規師範生畢業，就不再招收急就科，任過教習的急就科生，仍可以再考師範深造。因急就科學制一年，為解決燃眉之急，再暫設講習科，招中學堂畢業生，傳習教育心理、學校管理法

等，教科章程以師範急就科為准，學制六至八個月。江蘇師範學堂正是這一計畫的實踐，首先講習科與速成科同設，再設體育專修科，半年後有了第一批畢業生，可充小學教師，加上體育專修科畢業生，足以創辦附屬小學，同時招收初等師範本科生。第二年夏、秋，三個班的速成科相繼畢業，又有了百餘名教師，可設完全小學數十所。而師範學堂亦可擴大本科生的招生。講習科、速成科、本科生一個個梯隊相繼投入教學第一線，可以最快的速度，培養出懂得教育學的合格教師。

羅氏在有關教育的文論中，特別強調教師必須經過師範學校的專門訓練，認為當時辦的很多學堂由於缺乏教師，以尋常舉貢生員充任是不恰當的。為解決老塾師失業的生計問題，宜優先培養其子弟入師範學習，這樣少則一年多則三年，就可以畢業供職養家了。同時羅氏也很注意教育經費的落實和充分利用，如提出整頓學堂裁冗員，利用原有書院之地辦學堂等，提出不少落實與節約經費切實可行的辦法。

他還認為一個學堂是否能辦好，關鍵在於管理者，《序江蘇師範學堂一覽》中特別談到這個問題。光緒三十一年（1905年）九月，在江蘇師範學堂成立近一年時，羅氏將開創以來完成的各項工作和尚未實現的目標，如窘於財力、學生尚未能符定額、教學設施尚不完備等等，及其解決方法一一列出，序中說學堂成立以來，由於蘇撫提倡、教習勤職、學生刻苦勵學，成績可觀。要辦好學堂主要責任在管理者，「管理之責在輔助學生之自治，當相學生開進之程度而斟酌以施其教，行己務勤察，執法務公嚴，臨事務速斷而一行之」。這樣，就可以保證法紀嚴明成績良好了。江蘇師範學堂的管理也正是這樣做

的，羅繼祖在《庭聞憶略》中寫道，羅氏辦師範學堂，「一如在鄂時，每日到堂督課，到寢室視察學生行檢，課暇分班接見學生，誠以敦品力行，俾不愧『師範』二字。有揭示都親手寫，不假乎屬員，除休沐日，身不離校。並於校中設立萬歲牌，每朔望率諸生行禮」。當時為官以耿直明察聞名的江蘇按察朱之榛、劉鐵雲等，參觀江蘇師範學堂後都讚揚學風清肅井井有條。江蘇師範學堂是今天蘇州中學的前身，在建校八十年後，蘇州中學寫校史時還認為羅氏在創辦學堂時「作出了不可磨滅的貢獻」，辦學的成績值得肯定，「缺點只是設立『萬歲牌』一條」，「教育方法重德、智、體，和今天也不相悖」。

羅氏辦學校原則注重德、智、體，還可以在他設置的課表中反映出來。《教育世界》曾載羅氏就「藤田劍峰君考求茲事，就中國中小學課堂應授之學科」，擬訂的課程表。其中首列「修身」，六至九歲的尋常小學課程內容為「童訓講話」，以後逐漸加兒童容易接受的「本朝名人言行」；十至十四歲的高等小學講「外國名人言行」；十四至十八歲尋常中學改授倫理課，內容是從古今人物言行進到倫理學。智育更是循序漸進的，尋常小學最初只講演算法、讀本、習字，第三年加地理、歷史，講本地地形、史跡；高等小學授算術，歷史、地理從中國講及外國，始設理科，講動植物、礦物、理化概略。尋常中學增加中學（即四書五經及諸子百家之論）和外語。體育在小學為體操，到高等小學的第三年始授兵式。

江蘇師範學堂初具規模，羅氏也曾準備在這裡繼續實現自己振興教育的抱負。這時蘇州城內還有廢基隙地，當事者招人購領建房，羅氏購得操場附近官地兩畝，建房準備迎養老父，房未建成父親就去世

了。1906年春，百日居喪將滿，忽發生蘇州教育會逐客事，有人以會長張謇的名義在報上刊出文章，說羅氏建房占校地。實際是因為江蘇師範學堂辦得有起色，外地考生漸多，因建校時端方曾提出招生面向江蘇省，但要一律憑文錄取，且學校初創，限於人力、財力招生數額有限，羅氏又不輕受人請托，致使蘇州士紳子弟入學受到限制，十分不滿，所以發起逐客。羅氏與張謇當時都投身農學和教育事業，交好多年，不願與他們計較，不久羅氏便上書朱按察辦明建房用地之事，表示建房原擬迎養，現父親已故去，願將房屋捐獻。朱按察原對教育會登報事很氣憤，所以沒有接受捐贈，而用官款償還了購地和建築費用。這時，汪康年的弟弟汪詒年說蘇州教育會既然公開登報中傷，不應不公開答辯，否則造成默認的假像，所以代寫了一份答辯登在報上，教育會再未作任何表示。

百日居喪期滿，羅氏至蘇州辭職，蘇撫和按察都出面挽留，但他還是離開了學堂，從此也再沒有去過蘇州。但是直到晚年羅振玉在《集蓼編》中回憶起蘇州紫陽書院仍是充滿感情，他寫道「紫陽書院舊祀徽國文公，予嘗擬將過去院長學行足為師表，若錢竹汀先生等附記其中，以資學生觀感景慕，乃事冗不果。院中本有春風亭，故址不可尋，乃于荷池旁構一小榭，揭三字榜以存其名，捐經史書置其中，於門庭植卉木，宿舍前雜植桃柳，池中補荷……今時移事異，不知如何，念之憮然」。

4.3　海外視學

1901年，羅振玉辭去湖北農務學堂之職後，張之洞又委任他襄辦江楚編譯局。當時兩江總督劉坤一、湖廣總督張之洞共同設立江楚編譯局於江甯，請黃紹箕、繆荃孫為總纂，羅振玉襄辦。任命之後即派羅氏率兩湖書院監院劉洪烈、自強學堂漢教習陳毅等六人東渡日本考察教育，又因為沒有經濟基礎，教育難以振興，所以還兼考察財政。

這次考察，於光緒二十七年（1901年）十一月四日動身，經長崎、馬關、神戶到達東京，再至京都。次年孟春經奈良、大阪、神戶、長崎，於正月十二日抵達上海，歷時兩個月零八天。在東京先是師範校長嘉納為講教育，每日一小時，其餘時間參觀學校，訪談教育界知名人士等。所視察的學校有東京農科大學、高等師範學校、高等工業學校、中學校、府立師範學校、私立女子職業學校、高等女子學校、美術工藝學校、濟美尋常小學校等，每日將觀看、考察所得一一筆錄。回國後，山陽舊交張紹文曾將該筆記清繕為《扶桑兩月記》，並在跋中寫道：「記中於東邦教育，鉤元提要，如指諸掌，且於財政、治體、風俗，稽考尤詳。披覽一過，不啻置身十洲三島間也。」這本考察記於同年三月，由教育世界社石印出版。

這次考察，首先是開闊了眼界，得到不少有益的啟示。例如《扶桑兩月記》中談到：

聞客言，日本去歲商船學校諸生畢業學駕駛，舟行不遠而沉沒，學生數十人畢無蹤跡……然後來投考入校，乃較多於前，此可見彼邦

人之勇猛勵學，遭失敗而不懼，可敬可畏也。

予嘗與友人論人禽之界，在用外界之力與一己之力之分也，禽獸之力恃爪牙之力、羽翼之豐、蹄足之捷耳。人能以絲布為衣被，鑄金鐵為戈矛，服牛馬以奔走，求知識於世界。

蓋取之於一身其力有盡，借助於外界其力無窮。世之欲成事業、成學問者，皆非借助於外界之力不可。

日本實業多師法各國，如制茶、哺雞皆聘中國人為教習，鉛字印刷機器亦薩摩藩遣人就上海所購者，今則其技精出中國之上矣。又聞醫術中之按摩法，西洋初無之，後自荷蘭人得其法於日本，始傳入歐洲。今西人按摩法乃遠過東邦。冰寒青勝，前事可師，我邦人其勉旃勿恥學步也。

可見這次走出國門羅氏深深感到，要振興中國首先要求知識於世界，要學習的不僅有科學技術，還有教育制度，以及他們勇猛勵學的精神，這是他回國後積極投身教育事業的動力。

但還有另一方面。他在晚年寫的《集蓼編》中，曾強調此行當記者有三件事。第一是日本外務大臣小村氏談對中國留學生中革命思潮的恐懼。第二是日本貴族院議員伊澤談變法須相國情，不能概法外人，他認為日本明治維新初派的留學生回國後，照搬歐美教育制度，棄東方學說於不顧是不對的，「東西方國情不同，宜以東方道德為基礎，而以西方物質文明補其不足」。「新知固當啟迪，國粹務宜保存，此關於國家前途利害至大，幸宜留意。」羅氏很同意他的話，並表示回國後「言之當道」。要根據國情進行改革，當然是完全正確的，但

是如果對於傳統文化的精髓與糟粕缺乏清醒的認識，這就會貽人以保存封建專制制度的口實，羅氏晚年思想的倒退正與此有關。第三是日本同文會會長長岡子爵的所謂「密事相質」，長岡說，甲午戰後日本日益強大，日俄戰爭將難以避免。而一旦開戰，中國的東三省首當其衝。「日本為戰爭存計，必首先侵犯貴國中立。甲午之役睦誼已損，何可一而再乎？」為避免戰爭，日本天皇與元老樞府協商提出一策，「變法危事，今中國日言變法，其得失非可一言盡……何不由貴國皇帝遴選近支王公之賢者，分封奉天，合滿蒙為一帝國，開發地利，雇用各國客卿，以此作為新法試驗之地」。新國即建，通過國際會議「暫定為局外中立，惟不可以為藩屬」，由此「貴國可免變法之危，日本亦可免日俄之戰」，「請密告江鄂兩督與政府籌之」。從長岡巧舌如簧的遊說中，我們已看到了後來偽滿洲國的影子，實際上日本帝國主義早有蓄謀。1898年，羅氏創建上海第一所日語學校—東文學社，日本也開始創建以公爵近衛篤麿、子爵長岡護美為首的同文會，標榜同文同種，來華聯絡感情，「於是兩國朝野名人交誼增進」。後來羅氏正是被這「故交」的巧言令色所動，「亟稱其策之善，意之誠」，回國後密陳張之洞、劉坤一，經二督會商，張之洞令羅氏密招長岡面談。後來，正會長近衛公爵來華，鄂撫端方曾與之「相商極洽，乃以此密詢榮文公，文公不可，遂已」。榮祿制止了此事，應該說是值得慶倖的，羅氏卻長久未能識破日本野心勃勃的陰謀。這三事對羅氏一生影響很大，當然也影響到他的學術思想，不過從日本考察歸來時，起主導作用的還是前述積極的方面。

羅氏視學日本歸來，立即擬關於學制的報告，呈張之洞、劉坤一

兩督後深得讚許，準備提出江鄂會奏。二月羅氏在家書中寫道，在鄂張之洞接見五次，「學務一切順手，並屬於督署學務處，為幕府及各學堂提調教習與守令演說教育事十天，所擬教育制度允商江督會奏，請頒行天下」。又至江甯劉坤一督署，劉坤一「以病臥不能接談，由其幕府施君傳語，亦深以此事為然」。[9]由於「兩帥虛衷以聽」，羅氏很振奮。所擬的《呈兩帥之學制》原件已佚，但《教育世界》第二十四期（三月下旬）刊出羅氏的《學制私議》，可反映出他這一時期的思想觀點。全文共十二條，列有教育宗旨，義務教育年限，自小學至大學的學制，教育設置（包括學區、校舍、教學用具、學生、班數等），各種學校應立學科及其課時、教材，學校管理（包括機構、學費、規則及簿籍等），關於考試、畢業、名位及任用，關於圖書館、博物館、植物園、動物園的設立，為貧民和工人設立簡易學校，為盲啞人設立殘疾人學校，提倡民間創立各種學會、商埠設商品陳列所，進行實業教育等等。內容十分具體細緻，有的注明一時條件不成熟可稍事緩辦，但必不可少。最後說明「以上所陳，乃通國教育通制，本現在之程度立之，隨後逐漸更改，至各學校設立時當再擬細則」。

羅繼祖《庭聞憶略》一書談到送呈的學制稿時曾說，顧家相《勵堂讀書記》著錄有羅氏《日本教育大旨‧學制私議》：「顧說『此乃中國議設學堂之始，叔薀就考察所得，抒陳所見，自謂排印便於傳抄，尚非定本，然後奏定學堂章程，莫能外也』。」《教育世界》所

9　張本義主編、蕭文立副主編：《羅雪堂合集》第七函《永豐鄉人家書》「稟堯欽公」第三十九通，杭州：西泠印社出版社，2005年版。

發的這篇《學制私議》，確是時代較早又較全面的議設學堂的文論，提出不少值得注意的問題。如文中第一條第一項就指出：「守教育普及之主義，先教道德，教育國民教育之基礎及人生必須知識、技能（即小學教育），馴而進之以高等普通教育（即中等教育）再進之……循序漸進。」教育設置除普通小學、中學、大學、師範規劃外，商埠附近立商業學校，以後漸及內地，礦產勝處立礦務學校，以後還可逐步建員警學校、商船學校等。校舍除教室、實驗室外，還提出要「有體操教場，有雨中體操場」，小學將來要設手工教室，理化等課要有階梯教室，以便觀覽教師實驗操作。教室桌椅「與衛生大有關礙，必折中東西洋學校之桌椅，相中國人體段尺寸而頒為定式」。此外如設圖書館、博物館、陳列所、殘疾人學校等都是很重要的倡議。

羅氏關於學制和學堂章程的意見，原擬先在兩江討論，劉坤一為此於二月下旬曾急招張謇參加商議，三月中再與黃紹箕商酌並送至鄂便可奏出。但據《張謇日記》[10]，在兩江署衙討論時，「司道同辭以阻，胡道（鹽道胡延）言曰：『中國他事不如人，何至讀書亦向人求法？此張季直（謇）過信羅叔蘊，叔蘊過信東人之過也。』吳藩司（吳重熹）亦贊之」。劉坤一認為「此事難辦，歎息不已」。奏稿在兩江未能通過，江鄂會奏遂成泡影。羅氏振興教育的計畫得不到支持和實施的機會，不久辭謝了江楚編譯局襄辦之職回到上海，接受了南洋公學的聘任，後來又接手創辦江蘇師範學堂，雖數經挫折，但還是抓住一切機會投身振興教育事業。

10　轉摘自羅繼祖：《永豐鄉人行年錄》。

4.4　進入學部

光緒二十七年（1901年），清政府在內外壓力下，開始實行「新政」，九月命令將書院改為大學堂或中學堂，1902年至1904年先後頒佈《欽定學堂章程》和《奏定學堂章程》。光緒三十一年（1905年）九月下令廢科舉，年底成立了學部掌管教育事業。學部正式成立前，先設學務處，劉鐵雲乙巳（1905年）日記載，八月十三日訪學務處主持人之一的喬茂軒，「議舉羅叔蘊入學務處，先為作函」。[11]可知羅振玉於這年八月中始知舉薦學部事，而「乙巳九月」即寫出《學部建立後之教育管見》，列二十二條共六七千言，可以想見這一得以參與振興教育的機會使羅氏多麼振奮。1906年羅氏被學部派往直隸、山西考察，1907年攜眷入都，供職學部，又視察河南、山東、江西、安徽學務，歷任考試留學生考官等。

羅氏被選入學部，是因為多年來致力於現代農學與教育，譯述各國書籍，屬於「維新派」，但很快就被一些人視為保守派的代表了。這是因為他不能適應當時官場，初到學部就直言縱論自己的看法。例如到學部後第一次議事，討論廢國子監和以南學為京師第一師範學堂的提案，羅氏反對說：「師範雖急，京師之大，似不至無他處可為校地，何必南學，即用南學，似亦不必遽廢國子監，且是否當廢，他日尚須討論。」[12]第二天又去太學觀石鼓，見有歷代皇帝臨雍講座，回來問相國榮慶，廢國子監這些座位如何處理。後來這一提案被撤銷

11　轉引自羅繼祖：《永豐鄉人行年錄》；又詳見劉惠蓀：《劉鐵雲先生年譜長編》，濟南：齊魯書社，1982年版，第128頁。
12　羅振玉：《集蓼編》，下同。

了。又如關於各省提學的任命，學部侍郎天津嚴修提出應遴選懂教育，即曾在學校任教職員者充任，羅氏認為「提學使與藩臬同等，名位甚尊，似宜選資望相當者」，並提名曾在南洋公學主事的沈曾植、江楚編譯局總纂黃紹箕等，但遭到曾任小學教員的部員激烈反對，說沈曾植腐朽頑固萬萬不可用。由於羅氏雖然致力中外學術，宗旨還是要保存和發展國學，所以往往與當時作為「維新派」代表的同僚意見相左，「居官數載，終未騰達」。[13]然而讀一讀羅氏關於教育問題的撰述，可知至少在當時、在教育問題上，他並不屬於維持舊學制的保守派。僅就《學部設立後之教育管見》[14]一文而言，他曾寫道：「右管見二十二條，乃就蠡測所及，拉雜書之，未能詳備。」然「犖犖大者咸已包括無遺，若循此而力行之，二十年間謂不能與日本教育爭烈於亞東者，吾不信也」。這反映了他對振興現代國民教育的熱切企望，而這正是當時中國所要做的事。

羅振玉不僅是企盼，而且提出了具體措施，他認為振興教育要重點解決三個問題：一是「增進主持教育者之知識」；二是「循先後本末之序」；三是「節省經費」。並將這三點融入二十二條具體措施中。這二十二條是：

第一，開教育講演會。羅氏說「中國今日設立學部，苦於深明教育者尚少」，若待深明教育者培養成再成立學部，則將無成立之日矣。提出解決辦法是「開教育講演會」，即今日常用的講習班。請國內外教育家，講「教育原理、教育行政等，而後漸及精深」，可分為

13　陳邦直：《羅振玉傳》。
14　見《教育世界》第十八期，1—18頁。

數學期結業。此外還「可開臨時講會，如派視學官時，則增講視學制度之類，凡部中辦事之人，上自侍郎，下至司員，皆一律聽講，若尚書能親臨尤善」。部中事務雖冗，但只要每日抽出兩小時參加學習班，數月以後，就能知教育大要，再「分科授職，必能事事洽當，教育之發達，乃有望矣」。

第二，修訂章程。以前訂的章程適應於科舉、教育並行，現專一育才於學校，則應酌情修改，如大學「固應相本國之宜定之，而學科結構則與外國大學不能殊異。」又如小學學制九年，「初等小學之學科已能精深至於五洲各國，恐無此理」。而且學制太長，加上中學八年，入大學專科前已讀十七年書，大學畢業年將三十。「將以何時為辦事之歲月乎？」「此次興學方始，章程早改一日，早得一日之益。」而修訂以前應先在講習班「講演教育原理與各國學制」，這樣修訂時才不致於只憑理想而有所借鑑。

第三，養成師範。再論成立兩級師範及師範傳習所的辦法，經三個梯隊的前後相繼，「五年以後，小學可遍立而基礎固矣」。

第四，各府迅立中學校。提出「今科舉遽停，各省撫多留意于安置老生，而緩于教育少年之生徒，此誤也」。對於超過小學年齡的少年，「十人中居五六，此急應為之設法」，因而急需設立中學，學制暫定四年，第一年為預科，後三年學本科。每府立一學校，生徒至少三百人，外國教師七八人，「今學生貼膳及學費，歲二萬元足矣，當就各府所有賓興書院考費積穀等費充之，不足再於完糧時加串費以充之」。認為「興學之費與其立苛細各捐，不如仍取之於地丁，所加甚

少而積之則多，至各處積穀徒飽劣紳之囊橐」，不如充之學費。至於「聘教員於外國，暫時雖似失利，然此系無可奈何之舉，譬如求穀種於外國，一熟以後，不復再求」。這些中學畢業生或入高等及各種專門學堂，或入高等師範，開教育研究科，半年至一年，即可任小學教師，以助小學的普及。

第五，亟立高等專門學校。倘若財力不足，可數省共立一所，或文科、或理科、或醫、或工、或法，聘請外國大學專家為講師，學制五年。每年每所學校費用至少十萬元，「各省合籌，尚易為力」。當時官費留學生很多。僅以留日學生，「近公私費生將五千人」，以半數為官費計，學費、裝費、津貼每人每年約四百元，總計一年「六十萬矣，省此一項，即可於國內設完全之高等學堂六所」，畢業生或入大學，或充中學、師範任教，「較之在外國短期修學，所得多矣」。

第六，省外國留學生而興國內教育。選派留學生必當「外國語嫻熟，已卒高等之學科」，「捐巨金於海外，以修普通學，非計之得者」。

第七，卒業學生不必仍用科舉出身。

第八，各省學務處宜直隸學部。

第九，勤設地方教育公所。教育公所直隸於各省學務處，照學部之法開教育講習班，培訓各學堂辦事人及教育公所紳士。

第十，嚴禁因循苟且教育。

第十一，罷學使。

第十二，安置年老諸生。

第十三，劃定經費。以便於籌措，保證落實。

第十四，定視學制度。學部及各省學務處都應設視學官，巡視各級學堂學科是否完備，教職員是否勝任，對該地教育總體情況及改進意見要寫成報告「以資參考，此亦興學之要圖也」。

第十五，譯印書籍。提出開教科書編纂研究會，以研究編纂之法，然後從事編輯，還要譯印中西教學參考書。

第十六，製造學校用器。提出僅上海一埠購買外國教具、儀器等歲約數十萬金，全國要教育振興，所需要增加數十百倍。「此項經費盡為外人所得，甚屬可惜」，而且「本國所用標本，應用本國物產」。要聘專家進行調查製作，其他教具「宜雇傭外國技師，令生徒傳習，一一仿造，一面挽回利權，一面取便教育，此亦必要之事」。

第十七，創圖書館、博物館、教育陳列館。

第十八，興實業教育。

第十九，振興醫學與法律。提出大專學校均立醫科，學法律除辦學校外，「宜令各省開政法講演會」，層層培訓，普及政法知識，「將來憲法立後，所有議士，不至無議員之知識矣」。

第二十，兵事教育。高小以上，設兵式體操，為全國徵兵之準

備。

第二十一，罷捐納，捐官改為虛銜的鬻爵。

第二十二，獎勵宿學及教育有功者。

以上二十二條的提出，不僅參考了日本及其他國家的經驗，而且還切中了當時廢科舉辦學堂面臨的很多問題，有些內容如中小學的學制，大專學校的學科設置，圖書館、博物館的創辦等，後來得到實現，無疑是正確的。又如教師的培養，經費的落實，在有關的國家公職人員中普及現代國民教育及政法知識的具體做法，考慮得相當細緻，其中有些在他自己辦學過程中曾加以實施並取得一定經驗。能在前後不足一個月的時間內，寫成並刊出這一比較全面而有系統的推行現代國民教育的意見，反映了他長期以來的潛心研究，更和他在力所能及的條件下進行的實踐密切相關。

羅氏在教育方面的實踐，不僅有創辦學堂，還多次視察學務，今見其1907年視察安徽、山東等地的視學報告，刊於《教育世界》第十一和第十三期上。如《山東學務調查總說》，首先提出山東教育「著手較早」，當道「提倡頗利，署提學亦能洞悉學務利弊」；同時指出了辦學成績、尚存在的問題及改進意見。如首創師範教育方面，學堂及傳習所從1902年陸續成立，畢業生不少，「可謂得要」，但教員未盡合宜，學期又短，畢業生成績不夠理想，因而提出裁併傳習所，「立初等師範，精選合格之教員，改良學科」等意見。並說可用直隸經驗，解決簡易師範畢業生的安置辦法。在專門教育方面，指出山東法政學堂、省城農林學堂組織完備，基礎較好，但校舍還應擴大，教

員仍須增多，「將來成績，必有可觀」。提到山東濟寧、青州、兗州分別成立農桑、蠶業、農業學堂，將來「農業改良大有可望」。山東造林風氣漸開，應大力提倡林業和林學，尤其是「現在鐵道敷設，又各處建築日增，林木日少」，「東撫於此著意頗力，深為得要」。此外蠶絲和柞蠶自古以來是山東特產，「宜於學堂依新法制無毒蠶種，出售於養蠶各家」，還要在農學堂中「研究柞蠶飼養及柞蠶絲製造改良之法，以廣利益，此東省蠶學中應特別講求者」。關於初等和中等教育，提出省城中學堂「名實未能相副，學科、設備、校地均未能完善」。但「公立初等女學一處，組織頗完善，成績尚佳，手工成績尤良……」下注「此堂匆匆，未填調查表，故補著於此」，未立專項報告，由此可見當時調查相當細緻。此外還列有「省外各州縣教育」、「建築與衛生」、「私立學堂」、「外（國）人所立之學堂」、「教育經費與行政組織」各項。更提出山東各州府縣教育，較山西、江西為優，但濰坊等富裕地區士子求學之心不如較貧膠州縣，「宜由提學使加意勸導」。還有教育經費雖已籌足，「但仍一面力求撙節，一面再圖推廣」。僅從這一報告，就可以看到羅氏對振興教育不僅提出建議，而且身體力行。

近年有研究者指出，一個多世紀以前，中日兩國「師夷之長技」是在同一條起跑線上開始的。日本明治維新，致力於破除封建制度，學習西方資本主義，明治政府十分重視教育與人才的培養。1872年開始，興辦現代國民教育，到1898年，學齡兒童就學率達97％，同時通過聘請外國專家、學者和派遣留學人員積極引進西方科學技術，並且自上而下地進行一系列資產階級改革，終於富強起來了。並經過十幾

年努力，在1911年迫使西方全部廢除了對其不平等條約。而中國守舊思想濃重，守舊派敵視、蔑視西學，洋務派對西方文明也沒有足夠的認識。因而洋務運動只著眼於技術，很少留心西洋的政治、法律、教育制度，不求根本的改革，官場上的種種惡習，在各個領域養了一批不懂經營管理和科學技術的官僚，所以同樣歷經三十年，清政府到滅亡也沒富強起來。[15]在這種情況下，羅氏「與日本教育爭烈於亞東」的理想，當然也是不可能實現的。然而，他究心教育十餘年，像開拓現代農學一樣，組織移譯國外教育資料，創辦刊物，外出考察，較系統地提出在中國辦教育的規章制度和措施，投身辦學實踐並取得一定成績，這些都是值得肯定的。可以說，在我國現代國民教育最初的起步階段，羅振玉做出了自己的貢獻。

---

15   參見王戎生：《中日甲午戰爭反思錄》，載《炎黃春秋》1994年第9期。

第五章

殫力國學

羅振玉辦《農學報》和《教育世界》，移譯介紹西方文明的目的就是以「西人學術」資「中學之助」，他主要的注意力始終放在發展國學的問題上。1903年羅振玉撰《本朝學術源流概略》論述清初以降國學研究狀況，提出取得的成果主要有三大特點，「一曰師承有自」，「二曰研究有法」，「三曰取材宏富」。他認為清代國學導源於顧炎武，「處士之學在明體達用，而紹其學亦得其半」，「不復留意於致用，而于經史考訂紹述甚廣」。研究方法有徵經、釋詞、釋例、審音、類考、輯佚等，有繼承也有創新，「心精力果，其法至密」。「故得超軼漢唐，著作宏富。」最突出的是取材方面大大超過前代。如「程瑤田作《考工創物小記》，就傳世古器以證經傳，吳大澂用其法以考度量衡，遂一洗前人鑿空臆定之弊」。尤其是殷墟甲骨，流沙墜簡，河南陝西大量古器物、古金石的出土，提供了大量「可據以考證古文字經史者，不少又為以前學者所未見」。這些都是清代國學超過前代的特點，羅振玉也正是在這三方面繼承和發揚了清代國學研究傳統的。

羅振玉在淮安的青少年時代的學術活動主要是繼承清代金石考據之學，到上海、北京後眼界日寬，日益注重用出土文獻及實物資料比勘傳世文獻。他在《魏書宗室傳注序》中曾回顧說，「予弱冠有校勘全史之志，苦一人見聞有限」，乃與黃紹箕「謀分任之，定校勘為二類，一取宋元槧校刊，一仿元史本證例，以本史記傳表互校」。由黃紹箕任前四史，校以宋元本；羅氏用本證校前五史，1891年，完成了《梁、陳、北齊、後周、隋五史校議》。接著校《魏書》，由於傳世本有佚卷、佚頁，王先謙《魏書校勘記》所據也不是宋槧善本，也有佚

頁，無從校補。羅氏則據洛陽新出北魏宗室墓誌銘比勘史傳，故能多有補正，並作《魏宗室傳注》。在羅氏進入學部前後，正是各種古器物、古文獻大量出土流散之時，他對國學的研究是和對這些「前人所未及見的」新資料搜集、整理、刊佈、流傳結合在一起的。正因為如此，他的眼界較不少同時代人更為開闊，獨具慧眼，終得「創不朽之巨業，成一家之絕學」。[1]

就國學研究而言，清末著名學者繆荃孫在致羅氏信中曾評說：「兄之古學，力辟新機，為當今第一流，弟不免于乾嘉學派腳下盤旋，咸豐、同治間人見識不過如此。」[2]

5.1 從倡議建立國學館到創辦《國學叢刊》

1907年春，羅振玉攜眷入京，到學部上堂議事的第一天，討論國子監存廢，他是極力主張保存，因而被視為守舊頑固派代表。實際上在這時，他對弘揚國學並闢以新機已有一整套設想。

還在1906年，羅振玉撰寫了《京師創設圖書館私議》，刊於當時（光緒三十二年六月）出版的《教育世界》上。開宗明義說：

保固有國粹，而進以世界之知識，一舉而二善備者，莫如設圖書館。方今歐、美、日各邦，圖書館之增設，與文明之進步相追逐，而中國尚闕然無聞焉。

1　莫榮宗：《羅雪堂先生著述年表・引言》。
2　轉引自羅繼祖：《庭聞憶略》，第136頁。

接著提出建圖書館應先由學部宣導，規劃京師圖書館，再推廣到各省會，京師創設圖書館的辦法為：

一、擇地建築。宜建於往來方便而遠市囂，不易遭火災之處。用地須四五十畝，以備進一步擴大發展。用經費至少一百萬金，可分三期籌備。每期三年，籌款三十三四萬金供建築和購書，不難辦到，這樣九年可全部告成。由於調查、建築、搜集書籍都需要時間，所以要抓緊進行，不可拖延。

二、請賜書以立其基地。圖書館的書籍分兩大部分：一本國，一外國。本國之書宜奏請頒賜庫藏。查從前頒賜的庫書，在南方各省的多毀於戰火，但在瀋陽、熱河的均完好，四庫存目之書尚存大內。又，《圖書集成》及累朝方略、翰林院所存《永樂大典》殘餘、外務部所存的外國書籍，以及武英殿、欽天監所藏書版，均宜歸圖書館保存。

三、開民間獻書之路。從前庫書多採自民間，近百年來新著日出，對古籍也未再徵取，不少藏書家所藏多有散失，雖還有完好無缺者，但繼續保存亦難免於散失。如聊城楊氏藏書，後裔雖珍重保守，而艱於嗣續；歸安陸氏則登廣告於報紙，言有造藏書樓者，願盡捐其所藏。羅氏因而建議不要失去徵搜遺書的機會，宜收二家之書入京師圖書館，並給予破格獎勵。

四、徵收各省志書及古今刻石。這些都是研究歷史、地理、古文字、古史的重要資料。

五、置寫官。民間珍異之書，不願獻納者，由寫官移錄，而返其原本。選各省士子文學較優者任之，待遇如各部書記。

六、採訪外國圖書。先由調查員諮訪專家，編出書目，回國後依次購買，逐年增置。

此外，關於監守之法、借閱之例等，也先由調查員瞭解各國成規，再參考制訂。除京師建立圖書館外，各省首府也應建立一所，以宣導府、廳、州、縣都建立自己的圖書館，這樣「二十年後，我國之圖書館或稍有可觀乎！」[3]羅振玉發表了這篇《京師創設圖書館私議》以後，第二年春，奉學部之命視學山東，至濟南準備參觀文中提到的聊城楊氏海源閣藏書，進一步瞭解將這批藏書收入京師圖書館是否可行。山東巡撫楊士驤為羅氏舊交，告訴他閣主不僅珍視舊藏，自己也收集了不少善本，且誓守藏書不肯示人。但今老而無子，後繼無人，深憂身後藏書會散佚。還說閣主人有一個願望，是希望得到京卿的頭銜，因此可以在他身前立案，將其全部藏書捐獻國家，並呈書目，由朝廷獎賞卿銜，待他身後再按目錄點收書籍，解送京城。羅氏認為這是切實可行的辦法，因此回京後，立即稟報主管學部的榮慶，榮慶雖也同意，卻以為無關緊要而擱置了下來。羅氏晚年在寫《集蓼編》時，還回憶起此事，不勝惋惜地說：「今楊氏藏書曆遭兵事多散佚，則當日所請不行，為可惜也。」

創設圖書館，只是他振興國學設想的一個方面，學部成立之初，

3　見《中國古代藏書與近代圖書館史料》，北京：中華書局，1982年版，第123—124頁。

張之洞在兩湖曾奏設古學堂，集議該案時，羅氏提出了設國學館的提案，《集蓼編》中記述了他這一設想的主要內容：

　　各省宜設國學館一所，內分三部，一圖書館，二博物館，三研究所。因修學一事宜多讀書，而考古則宜多見古器物，今關洛古物日出，咸入市舶，極宜購求，以供考究。至研究所，選國學有根底者，無論已仕未仕及舉貢生監，任其入所研究，不限以經史、文學、考古門目，不拘年限，選海內耆宿為之長，以指導之，略如以前書院。諸生有著作，由館長移送當省提學司，申督撫送部。果系學術精深，徵部面試，其宿學久知名者，即不必招試，由部奏獎。

　　據今所見，明確提出將近代圖書館、博物館納入國學研究的機構，改進研究手段，這是最早一份資料。這樣的國學館，已有近代研究所的雛形，而與舊式書院有了根本的不同。

　　光緒三十三年（1907年），張之洞調京，授體仁閣大學士、軍機大臣兼管學部，到部後曾就設古學堂事徵求羅氏意見。羅氏認為國學浩博，而學堂年限短，同時還要傳授其他科學知識，為弘揚民族文化，以設國學館較易見成效。對這一觀點張之洞深為贊同，表示要「當謀奏行」。羅氏又提出1903年頒佈的在全國首次採用近代教育體制的《奏定學堂章程》，因是以日本學制為藍本，有與中國國情不合者，應加增損。如大學文科設埃及古文而不設滿、蒙、回、藏文是不妥的，埃及古文雖也是象形，卻與漢字不同源，滿、蒙、回、藏文則是中國本土的民族文字，也是為考古所必須的，所以文科應增設滿、

蒙、回、藏文。此外，經科應增曆法，這也是讀經書不可缺少的知識。張之洞表示支持，要他「加以補正，當奏具改」。羅氏一一照辦，將補正意見加籤呈送，主管官吏卻認為不是急務而擱置下來，兩年以後張之洞病故，國學館等建議就不了了之了。僅1909年學部奏訂《京師及各省圖書館通行章程》，建立了京師圖書館。

研究國學，首先須整理刊行史籍，1916年羅振玉為張石銘《適園叢書》作序，[4]回顧了在學部時「議刊經苑」的設想，當時曾提出分六類刊經部之書：

一、群經。刊行今所見到的古代石經墨本、雕版、古寫本殘卷及宋刻本群經。

二、經注。刊行今所見到的諸經單疏及宋十行本之初印無補版者。

三、經說。取諸家說經之書，斟酌損益而刊之，即如今之集釋。

四、訓詁文物小學校勘。包括古說文字之書《爾雅》、《方言》、《廣雅》、《釋名》，還有禮樂、車服、宮室、天象、地形、名物圖及校勘諸經之書。

五、目錄。取諸史志所載經部書目、四庫總目經部提要和存目，編輯海內藏書家書目，將諸經善本會為一編刊行。

六、傳記。取歷史上和當代通經諸家傳志合刊之。

4　羅振玉：《適園叢序》，《貞松老人外集》卷一。

按此六類刊出經部之書，即可反映諸經較原始的面貌和最早的注疏，又彙集後來的研究成果，而通經諸家傳記則可揭示各個時代研究成果的背景材料，這不僅對「保固有之國粹」有積極意義，更能為進一步的研究奠定良好的基礎。因此，羅氏認為「如斯編輯，萬卷可盡，刊刻之期，計以十年，剞劂之費，得好古有力者數人任之，更得通雅之士十人任編校之役，則茲事舉矣」。編印這樣大部頭的叢書雖需相當的時間和財力，但不是不可能的。他說從漢代開始，將群經合刊，刻於石上，才有後來的十三經。佛經也是一樣，最初各自為書，隋代僧人靜琬開始「聚諸經論，勒石房山，至遼始盡，一藏其石」。今「房山之藏，綿歷數代，宋藏四刊，卷且數萬，釋氏所能，吾人寧都不能，在有堅貞不移之志爾」。他相信，在古人能做到的，今人更能做到，而且能在更高的水準上整理和保存中華文化遺產。然而20世紀初，正是中國革命風起雲湧之時，清王朝的腐敗和各種社會矛盾的尖銳化必然影響到文化事業的發展，系統整理出版大部頭的經學叢書的計畫是不可能實現的。於是羅氏像辦《農學報》、《教育世界》那樣，創辦了《國學叢刊》。

　　羅氏先草擬序言，徵求王國維意見，王氏為添「老成未謝，睹白首之伏生；來者方多，識青晴之徐監」兩句。又送端方，端方回信表示支持，說：「今承學之士新學半襲皮毛，而舊學已歸荒落，國學雜誌之作，將以商舊學而迪新知，此舉良不可緩。」此信寫於庚戌（1910年）重陽次日。就在這一年，羅氏開始編輯《國學叢刊》，年底曾將編好的前三編送沈曾植處徵求意見，沈氏答書稱：「大著三編，盡一日夜之力競讀之。地學精確，石史甄核，固已軼駕前賢，而

殷篆一編，絕學創通，遂令吾國小學家言忽騰異彩……《國學叢刊》，鄙人極表同情。要當以世界眼光擴張我至美、至深、至完善、至圓明之國粹，不獨保存而已。而亦不僅僅發抒懷古思舊之情抱，且不可與《國粹學報》重複。公果有意於斯，鄙固願隸編摩之末也。」[5]得端方、沈曾植等學者的支持，《國學叢刊》於辛亥（1911年）春開始刊出。

羅振玉在《國學叢刊序》[6]中，首先對當時流行的「稽古之事今難於昔」以及「書不能救衰，古先學術必歸淘汰」的觀點提出異議，說隨著文化和傳播手段的進步，大批古文化遺跡、遺物的出土，研究古史今易於古。就傳世文獻而言，除經典的經史著作外，還有「諸子之學說，百家之撰論，文字之訓詁，名物之考證，挹其精華，故光焰之常在，存其糟粕，亦史氏所取資」。至於求其義，語其方法，對以後也是有其意義的。編輯出版《國學叢刊》，計畫一年出六期，內容包括經、史、小學、地理、文學、目錄、雜識，「將以續前修之往緒，助學海以涓流」。《國學叢刊》在京師出版了三期，收錄了《殷虛書契前編》初版本的前三卷，後來由於辛亥革命爆發、羅氏攜家東渡日本而停刊。

到日本後的第三年癸丑（1913年）五月，上海友人建議續出《國學叢刊》，羅氏遂籌備復刊，並將編校之事委以王國維，每月饋俸兩百元，以助其生計。1914年正式復刊，五月王國維代作的《國學叢刊》復刊序中，重申振興國學主旨「欲標藝林以寸草，助學海以涓

5　見《永豐鄉人行年錄》，宣統二年。
6　《雪堂校刊群書敘錄》卷上。

流，乃因同契之求，重續春明之夢，盡發敝篋，聿求友聲，聊供研悅之新知，並刊散亡之故籍，先民有作，同驚風雨之晨，來者方多，終冀昌明之日」。復刊的《國學叢刊》新舊著雜採，王國維在日本撰寫的國學論文，大都刊於其上。一年半以後，王國維應上海法租界工部局董事英國人哈同之邀，任其主辦的學術叢編的主編，於丙辰（1916年）正月返國。此後，羅氏獨力編校，繼續編次平生所欲刊佈之古籍，並著錄所見所得古器物墨本，次第刊行，分別成書。1915年，將刊於《國學叢刊》上的大部分著作收入《雪堂叢刻》。

《雪堂叢刻》共五十二種、一百一十七卷。[7]其中不少舊著是收集到的稿本，如《西夏姓氏錄》為張澍撰，伯希和得於關中作者故家，攜至法國前，羅氏在京得見此稿，親手移錄並做跋語，為給後來的研究者提供線索，特記作者述此稿附於《遼金元姓氏錄》之後，而《遼金元姓氏錄》亦落法京。《洛陽石燒錄》署常茂徠撰，常氏收藏不少石刻墨本，欲以續《中州金石考》，其後人售予廠估，捆載至京，為羅氏所得，羅氏見其署名《續中州金石考》，但墨本缺佚很多，「茲姑就完全可寫定者，錄為《洛陽石燒錄》」，甲寅（1914年）為之作跋，一併收入《國學叢刊》。此外王紹蘭《讀書雜記》、《列女傳補注正》，翁大年《陶齋金石文字跋尾》，鈕樹玉《匪石先生文集》等十餘種，都是據一些稿本刊行的，有的羅氏還進行了整理。還有一些雖非首次面世，但傳本甚少，如施國祁撰《吉貝居雜記》，羅氏於跋語中寫道：「北研先生熟精金源史事，所著書先後均已刊行，惟此雜記

7　　《雪堂叢刻》，見《羅雪堂先生全集》三編，臺北龍華出版公司，1968—1977年。羅氏跋見《雪堂校刊群書敘錄》卷下。

十餘條，刊於烏程範氏《花笑廎雜筆》中，雜筆傳本甚罕，因命兒子福萇錄出別刊之。」新著多為有關國學研究成果，如藤田豐八校注《島夷志略校注》，王國維《洛誥箋》、《生霸死霸考》、《三代地理小記》，還有他自己撰寫的《三國志證聞校勘記》、《高昌氏年表》、《瓜沙曹氏年表》等，《五十日夢痕錄》也刊於《雪堂叢刻》之中。

羅振玉一貫主張弘揚國學不僅要繼承傳統深入研究，而且要和古籍的搜集、傳佈、古器物的研究聯繫在一起，還要溝通資訊，進行學術交流和研討。第一次世界大戰以後，歐美各國競相研究東方學術，法國大學公推羅氏為東方通訊員。東方文化在西方引起重視，更使羅氏產生振興國學的緊迫感，於是聯合南北同道，創建東方學會，[8]學會擬設四部：

一、印刷局，以傳佈古籍；
二、圖書館，以收集古籍；
三、博物館，以搜集古器；
四、通信部，與國內外學者通音問，相切磋。

先從印刷局開始，當1920年羅氏從日本歸國定居天津時，柯劭忞與羅氏議籌辦京旗冬賑，後來擴大辦京旗生計維持會，在天津辦博愛工廠，附設的印刷科，即充任東方學會印刷局。後義金盡，則由羅氏個人籌資以供廠用。1924年，編輯出版《東方學會叢書》初集三十種，計四十九卷。晚年羅氏在《集蓼編》中感慨地說，所謂學會者，

---

8   羅振玉：《集蓼編》；又見王若：《新發現羅振玉〈東方學會簡〉手稿跋》，《中華讀書報》2008年8月20日。

僅留此爪痕，其二、三兩事，則以經費浩繁，不願向人集資乃無從進
行。

　　在1923年，羅氏還曾為建立皇室博物館、圖書館作過一次努力。
1911年辛亥革命成功後，廢除帝制，建立民國，但當時在紫禁城內，
溥儀仍維持小朝廷的鋪排，出售宮內所藏歷代珍寶、文物，以維持其
用度，其中暗中偷盜之事就更難避免了。之後，民國方面曾以退職總
長張國淦名義提出，將民國從前借陳三殿之物及宮中所藏關涉文化之
物出讓民國，作價一千萬元。溥儀內務府諸人與之商議，議而未決。
羅氏聞訊與同人籌商，借升允[9]名義致書溥儀的兩位師傅陳寶琛、朱
益藩，提出五條理由表示反對，其中例舉「朝鮮為日本吞併，尚許李
王舉世守之物，建李王博物館，今變計收買，于義何居？」[10]羅氏在
《集蓼編》中回憶說：「當時想，為防流失，不如由皇室自立圖書館、
博物館，但慮首都頻年兵事不已，即建立亦難免咸陽一炬，不如立之
使館界內」。因而向德國友人、當時德使館顧問衛禮賢諮詢，衛「聞
之欣然，轉謀之德使，德使與荷使甚契，複商之荷使，皆極端讚許，
為予言：奧國自大戰後未派使臣，以後且無派使臣之日。其館地甚
大，由荷使代管，現方閑曠，若皇室定計，即由荷使致電商奧國，借
為兩館籌備處，奧必允諾。至以後建造兩館，德使願將彼國在京兵房
操場捐為館地。皇室若無建築費與維持費，當由使團在各國招募，不
難集事。囑予以此陳皇室」。羅氏據情作函請陳、朱二傅與內務府大
臣代陳，一直沒有下文，卻流傳出流言，說羅氏欲借此謀盜竊，羅氏

9　　升允，字吉甫，蒙古族旗人，姓多羅特氏。以舉人累官陝西督糧道、山西按察
　　　使等。王國維入值南書房即其所薦。1931年貧病而死。
10　　羅繼祖：《涉世瑣記》，載《海角濡樽集》，長春文史資料第41集，1993年出版。

「知阻力甚深，乃謝衛君」。建皇室圖書館、博物館的設想流產了。

1924年，馮玉祥發動北京政變，在被驅逐出宮前，溥儀已將大批文物珍寶轉移，其中一千五百餘件文物字畫就是以賞賜溥傑的名義轉移出去的。其下屬大臣也曾弄出十幾箱東西到日本使館，羅氏對此也曾極力反對但無濟於事。[11]積聚數百年的宮廷文物寶藏，再一次大規模地流散已在所難免了。

德、荷、奧等國積極支援在使館區建立皇家圖書館、博物館當然為各自利益考慮，散佈流言者亦有其各自的目的。溥儀在《我的前半生》一書中仍然重複流言，說羅氏反對將宮中財寶文物送到日本使館，是為了「把宮裡的東西弄到他可以支配的地方」，這是毫無根據的。回顧羅氏一生學術活動，辦圖書館、博物館是他一貫主張，並曾為之奔走呼籲，《京師創設圖書館私議》一文也表明他將此作為既保存國粹又與世界文明進步相溝通的舉措。所以儘管今天看在使館區辦皇家二館的考慮有欠妥當，但公開籌建二館與將宮中財寶文物偷運到日本使館，是不可相提並論的。而且溥儀為這種猜度提供的證據只有「在清點字畫中，那些股肱之臣，特別羅振玉也遭到物議……東西越點越少，而且給遺老們增闢了各種生財之道。羅振玉的《散氏盤》、《毛公鼎》古銅器拓本，佟濟煦的珂珞版《宮中藏畫集》都賣了大價錢」。羅繼祖在《庭聞憶略》中，評論「這些話，無的放矢，多非事實。東西越點越少拿不出憑證來，溥儀把它歸到南書房翰林身上，未免冤屈」。確實如此，毛公鼎和散氏盤是兩件西周晚期的銅器，因鑄有長篇銘文（分別為四百九十七和三百五十七個字）是極珍貴的第一

11　羅繼祖：《庭聞憶略》。

手史料，羅振玉曾先後輯印、傳佈，但均與他入宮「清點字畫」毫不相干。關於這兩件銅器拓本的由來，羅氏在題跋中寫得很清楚，收入《貞松老人外集》卷二。如下：

《毛公鼎初版本跋》：「毛公鼎為三代古金之冠，顧拓本極不易致。予曩在南中既得陳氏精拓本，去歲來都下，複得此本，乃秦中初出土時所拓，雖氈墨不如陳氏之精，而神采有轉勝處，爰裝成冊子與陳本並存之。丁未冬。」

《又影印陳氏拓本跋》：「毛公鼎，吳憲齋中丞有石印本，然頗漫漶不可辨，予即得陳氏精拓本，乃選工精印……丁未冬。」

《散氏盤跋》：「此盤往歲由內庫搜出，少府諸臣不能定真贗，邀振玉審定，番禺商承祚實侍行並拓墨，故與拓本之賜……戊辰冬。」

丁未年為1907年，是在羅氏入京供職學部之初，所以他獲得和刊印毛公鼎拓本時溥儀尚未登基。據《永豐鄉人行年錄》記載，羅氏鑒定散氏盤是在甲子（1924年）三月，由鄭孝胥題黃葆戊所藏散氏盤拓本，知該器於二月出於內庫，「皆以為贗，孝胥視之，真也，命周康元拓以進」。溥儀看到拓本後，三月再邀羅氏進一步審定。後來直到八月，溥儀才「由於升允的推薦，也由於他（羅氏）考古學的名氣，我（溥儀）接受了陳寶琛建議，留作南書房行走，請他參加了對宮中古彝器的鑒定」。[12]可證溥儀「賜」散氏盤拓本，是在八月羅氏被召直參與「清點字畫」之前。至十月，馮玉祥逼宮，此後再無清點鑒定

12　溥儀：《我的前半生》。

之事。而戊辰（1928年）羅氏始作《散氏盤跋》，可見拓本仍在手，所以並不存在清點文物時出賣宮中銅器拓本之事。而且銅器拓本只為專業學者所珍視，不可能成為「賣大價錢」的「生財之道」，世人只要略翻閱一下羅振玉、王國維、郭沫若、容庚等人的往來書箚，就可以知道當時一代學人對這些文物資料的態度，並不同於某些庸人的想像。1921年，羅氏借山東濰縣大收藏家陳介祺小盂鼎銘拓本，影印百部行世。此器已於太平天國時亡佚，銘文三百餘字，涉及古史古禮，而且所傳拓本僅此一份，文物價值絕不下於毛公鼎。1922年，容庚以著《金文編》請見羅振玉，羅氏拿出所藏墨本，助其輯補；1930年，容庚為收集編《秦漢金文錄》的資料訪羅氏於旅順，羅氏再以十數巨冊拓本借他使用。1931年，郭沫若在日本編輯《兩周金文辭大系》，其中不少重要資料都是容庚給他提供的，包括上述小盂鼎原拓影印本和自己珍藏的一批精拓本，都曾寄到海東，借給郭沫若。有一件五十餘字的宅簋精拓，雖然郭沫若在信中一再申明「決當慎重，萬無一失，請釋慮」，但還是丟失了。後來通過東京文求堂主人，從該器藏主羅振玉處求得一張精拓奉償容庚，以後仍繼續借閱其他拓本。[13]類似的例子在當時學人的記載中不勝枚舉，學者們對珍貴的銅器拓本的態度於此可見一斑。就是拓本的輯印流傳，雖與當時佟濟煦影印宮中書畫珍品行銷，但根本不能相提並論。此二器銘是專業性很強的學術資料，經濟效益不能與藝術類相比，無論古今中外都難成生財之道，更不要說在民生凋敝、文化落後的舊中國了。

13　曾憲通編：《郭沫若書簡》，廣州：廣東人民出版社，1981年版。

5.2 大庫檔案的搶救、印行

位於故宮東南隅（東華門內）的大庫，是清代內閣存放檔案和書籍的處所。它西臨內閣，北對文華殿，是由兩座上下各五間坐南朝北的樓房組成。庫分東西，實錄庫居東，俗稱東庫，紅本庫在西，俗呼西庫。實錄庫由滿本房掌管，以儲存《實錄》、《聖訓》和《起居注》為主。典籍廳管理的紅本庫（包括東庫樓下），主要儲藏檔案和書籍。大庫的功能告訴我們，除去這裡儲藏的宋代的典籍外，大量檔案是記錄清代二百多年歷史的第一手資料。然而，對於大庫內這些重要的典籍和史料，內閣並不重視，光緒年間修繕紅本庫時就曾焚毀過檔案，1909年大庫又要進行修繕，恰逢宣統即位，載灃監國，令內閣查找清初攝政典禮舊檔，閣臣們在堆滿檔案的大庫內找不到，便又採取光緒年間閣臣的辦法，稱庫中無用舊檔太多，奏請焚毀。內閣的奏章被批准後，一些閣臣首先關心的是自己和以前科舉名人的試策，紛紛進入大庫尋覓，而將大批檔案棄之而不顧。無意中章一山（梫）在典籍中發現宋寫本玉牒殘頁，便影照分貽同好，並呈文襄（張之洞）和榮相（榮慶）。羅氏在榮慶舉辦的一次午宴上，答張之洞問詢，說大庫內的宋人玉牒應是《宋史·藝文志》著錄的《仙源集慶錄》、《宗藩慶系錄》，南宋亡後元代試行海運，先運臨安國子監藏書，故此書得至燕京（按：即元大都）。又說大庫所在地為明代文淵閣舊址，故大庫內除此書外，還應有其他宋版書。羅氏之言，張之洞從其他閣僚處得到了證實，因此當羅氏向其進呈《文淵閣書目》並提出將大庫圖書儲藏到京師圖書館時，得到首肯。於是內閣奏請將大庫書籍和其他有關資料俱歸學部，明確指出「片紙隻字不得遺棄」。似乎保存大庫

檔案之事已經解決，但實際並不如此簡單，實行起來遇到了許多困難。當時受命清查整理檔案的內閣中書曹君直（元忠）和劉翰臣（啟瑞），未能貫徹執行「片紙隻字不得遺棄」的諭令。「時往相助」的羅氏一日到曹某整理的現場發現，所謂「無用」和「廢棄」的檔案在地上堆積得相當多，不僅如此，就連架上清初繪製的「地圖十大軸」也被列入「無用」和「焚毀」之列。看到這種情景，羅氏急忙「返部，以電話告文襄，文襄立派員徑運至部」，才使那些「無用」的檔案倖免於難。

羅振玉又一次查看整理的檔案時，見到大庫庭院裡已經「奏請焚毀」的紅本、題本[14]按年月順序捆紮得很整齊，堆積得如小山，隨手取出兩件翻看，一為管幹貞督漕時奏摺，一為阿桂征金川時奏摺。羅氏想，這是有關清初的重要史料，他不忍眼看其遭此厄運，再三懇請侍郎寶熙向張之洞轉陳，張之洞很贊同羅氏的意見，但內閣已「奏請焚毀」，只得讓寶熙轉告「羅參事速設法移入部中，但不得漏於外間」。據此，羅氏迅即與內閣會稽司長宗梓山磋商，為節省學部開支，便於運輸，決定把檔案裝入麻袋儲藏，經唐尚書同意，徑直將八千袋（有說九千袋[15]）檔案，運到學部後堂暫存，而後又轉移到國子監敬一亭。[16]

作為學部參事的羅振玉，並未受命督察清理檔案之事，僅以「相

14　紅本，是指皇帝或內閣批發的奏摺、公文等；題本，是各衙門署題鈐印上報的公文。
15　王國維：《庫書樓記》，載《觀堂集林》第23卷，1927年版。
16　以上事實參見羅振玉：《集蓼編》，載《貞松老人遺稿》甲集；又見徐中舒：《內閣檔案之由來及其整理》和《再述內閣大庫檔案之由來及其整理》，載《明清檔案》第一本，1986年臺北版。

助」之名來往於學部和大庫，卻積極主動提建議，上下周旋，身體力行，使十幾萬斤的檔案和典籍免遭焚毀，實屬不易。但他對於那些「私運外出」的盜竊者就無能為力了。後來從「南北人家流出」的庫書精品，都是「當日稱為無用廢棄」的書籍和檔案。[17]據羅繼祖在《庭聞憶略》中所述，當時負責整理大庫檔案的曹元忠、劉翰臣都從「廢棄」的舊檔中竊出過宋元刊本或抄本的書籍，尤以劉某竊書為多，辛亥後，他曾轉賣給傅增湘（民國時曾在北京任教育總長），在傅所著的《藏園群書題初續編》和《雙鑒樓藏書續記》都有記載。在學部供職的部員，應該說都是有較深舊學修養的人，對於內閣保管的宋元古書和明清檔案的重要性本應有足夠的認識，他們對庫檔的態度卻令人費解。眾多讀書人哪個不是由經、史起家？面對即將被焚毀的典籍和舊檔卻無動於衷，竟沒人發表不同意見，保護大庫檔案的動議，卻讓一個沒有科第身份的羅氏率先提出來。這種現象說明科舉考試成名的人，並不見得有真才實學，他們進入大庫開始只是汲汲於尋找自己或名人「試策」，似乎宋元版古籍和明清檔案與他們無關。及至見到古書，他們掌握的版本目錄學知識也不用在正道上，而當作竊奪古籍的技能加以施展，足見這些人的心目中根本沒有保護祖國文化遺產和歷史資料的見識。相比之下，羅振玉則不然，在檔案遭毀的緊急關頭，不僅一再向上司建議保存，而且親自參加搶運封存，將檔案安置在較為安全的地點。今天，許多海內孤本和善本書得以流傳，明清檔案能刊印出來供學者研究，實不應忘記當年羅氏的奔走努力。

　　明清檔案從大庫經學部轉移到國子監，暫時擺脫了被焚毀的境

17　見羅振玉：《集蓼編》；又參見《藝風堂友朋書劄》中羅振玉致筱珊第四劄。

地，不過等來的不是重登歷史殿堂，而是要變為「還魂紙」的厄運。幸虧又一次得到羅氏的解救才化險為夷。事情的經過是這樣的：1921年這批檔案又從國子監搬到設在午門的歷史博物館，當時任教育總長的傅增湘，令人在午門上拆開幾十麻袋，尋找宋元刊本、寫本的古書，後來傅某曾通過傅斯年把這部分古籍賣給史語所。當時的歷史博物館館長彥德，也從麻袋裡找到海內孤本的《司馬法》，因而「致富」。[18]八千麻袋檔案再次遭此洗劫後，幸虧比較完整的被北京大學借去「十二箱，一千五百零二麻袋」進行整理，餘下的數千麻袋檔案卻被歷史博物館冠以「爛字紙」三字，並以館內「絀於經費」為由，申請教育部批准賣給同懋增紙店。其實博物館是為「運動費」而出賣檔案的，今查到1922年紙店買「爛字紙」的帳單為證。[19]紙店用四千元買這些「爛字紙」，是要作「還魂紙」的原料。[20]大庫檔案真是多災多難，躲過「火劫」又將遭「水劫」。而參與出賣歷史檔案的文化人出自歷史博物館，更成為近代文化史上的大笑話！

這部分大庫檔案轉到同懋增紙店後，去掉麻袋另換蘆席漬水捆紮成包，分別運往定興和唐山化紙漿，同時也零星出售一些。羅氏此時因事至京，在市上看到洪承疇揭帖和高麗國王貢物表，斷定是大庫所出，於是與友人金梁訪得庫檔歸同懋增紙店，且聞該部分檔案已分別發往定興和唐山的造紙廠，於是立許以三倍其值買下所有檔案，為此奔走於京津籌款。甲子（1924年）十月，羅氏立遺囑時著重指出，有債務約四萬元，須變賣所藏書籍、字畫、文物以償清，「諸欠款中以

18　李光濤：《記內閣大庫殘餘檔案》，載《明清檔案》第一冊，1985年臺北版。
19　李光濤：《記內閣大庫殘餘檔案》，載《明清檔案》第一冊，1985年臺北版。
20　王國維：《庫書樓記》。

金息侯老伯之一萬元最要，此系京旗生計維持會公款，藉以購大庫史料者，次則借周作民之五千元……」[21]可知當時他是舉私債千餘元才換回這批「爛字紙」的。

劫餘的大庫檔案買下以後，羅氏先將留在紙店的數麻袋帶回，且令其速速追回已發運的檔案。從定興運回北京的初存彰儀門貨棧，又移商品陳列所大樓，再遷善果寺餘屋。[22]由唐山運回的留天津，特闢庫書樓藏之。羅氏的第二次搶救總算及時，把大庫檔案留存人間了。王國維為彰其保存檔案之功作《庫書樓記》云：「非篤古如參事者，又烏足以與於斯役也。」徐中舒則稱羅氏之舉是「保存內閣大庫檔案的偉績」。搶救保存大庫檔案的消息迅速傳開，四方友人紛紛催問清理狀況。羅氏自得檔案之後，確實著手翻檢，但因「以前稱貸既竭吾力」，不可能再長期請人幫助檢理，又無專館展開，只能在狹窄的地方進行小規模的清查，他曾提出「若得三五同志協力圖之，一面鳩金建築，一面賃大屋從事檢理，隨時刊佈，假以月成百紙，則十年得萬餘紙，是檢理告終，緊要史料亦得大要矣」[23]。但這在當時是無法實現的。由於個人財力不濟，1924年以不得轉售於異國為由，將全部檔案轉讓給大收藏家李盛鐸。[24]此後，羅氏繼續關注流散於市面之明清檔案的蒐集、整理，自1924至1936年間，總計編輯、影印出版的有：《史料叢刊初編》二十二種、《清太祖實錄稿》三種、《史料叢編》

21　羅振玉：《甲子歲論兒輩》，《貞松老人外集》卷三。
22　見徐中舒：《內閣檔案之由來及其整理》；又金梁《內閣大庫檔案訪求記》，載《東方雜誌》第20卷第四號。
23　羅振玉：《史料叢刊初編》序，1924年。
24　參見羅福頤：《清內閣大庫檔案之歷史及其整理》，《嶺南學報》第九卷第一期，1948年2月。

二十二種、《皇清奏議》六十八卷、《皇清奏議續編》四卷（未刊），還有《大庫史料目錄》等。這些資料的出版，不僅引起國內學術界的重視，而且影響遠播海外。傅斯年在致蔡元培的信中，對保存檔案的意義有精闢的論述，他說：「其中無盡寶藏，蓋明清歷代私家記載，究竟有限，官書則歷朝改換，全靠不住，政治實情全在此檔案中也。且明末清初，言多忌諱，官書不信，私人揣測失實，而神、光諸宗代，禦虜諸政，明史均缺，此後明史改修，清史續纂，此為第一種有價值之材料。羅振玉稍整理了兩冊，刊於東方學會，即為日本、法國學者所深羨，其價值重大可想也。」[25]傅斯年的觀點代表了當時學者的意見，故蔡元培接到傅信後，立即代為籌款，將檔案由李盛鐸處買下歸史語所。從此檔案有了歸宿。

羅振玉兩次搶救和保存大庫檔案的重大意義，從明清檔案整理的結果可以看得更為清楚，曾領導檔案整理的徐中舒先在《內閣檔案之由來及其整理》中肯定羅氏「對於整理、儲存、傳佈三事，都有相當的努力」。繼之又在《再述內閣檔案之由來及其整理》指出檔案的種類和重要性。他說，典籍廳管理的檔案裡「有許多宋、元版珍貴書籍，及外間不易得或已佚之地志及其他稿本等。此外還有明代啟、禎年間的題行稿，有清代開國期及雍、乾以前的重要檔案，有歷朝詔敕、試卷、金榜等」。這中間宋、元版珍貴書籍當然不容忽視，而檔案裡以明檔的遼事、邊情和「流寇」諸端，清人的盛京舊檔，清初對鄭成功、李定國的用兵，康熙平定三藩，各地的報銷黃冊等資料最為質實，可以說沒有這些史料，而使用經過再三修改過的實錄或官修史

25　參見李光濤：《記內閣大庫殘餘檔案》附表。

書，根本無法弄清天啟、崇禎時期與清人的關係及清初許多重大歷史事件的真相。羅氏保存大庫檔案的重大意義也就在於此。

5.3　古籍佚書的搜集、刊佈

羅振玉在古籍佚書的搜集、整理、刊佈方面的貢獻，是學術界所公認的。1928年羅氏的增訂本《碑別字》問世，書後附《雪堂校刊群書目錄》，其後的跋中寫道：

不佞夙抱傳古之志，凡古人著錄未刊者及舊刊罕傳者，嘗欲鳩合同志，創流通古書之會，以刊傳之。顧數十年來，同好聚合不常，益以世變，此願竟不獲償。辛亥以後，索居無俚，萬事無可為，乃慨然以一人之力任之。十餘年間，得書二百五十種，意所欲刊者，尚未及半，而資力已竭矣。

這是他自己作的一個小結。如文中所言，傳刻的重點是有學術價值的前人未刊遺稿和舊刻罕傳者，還有大量新發現的秘笈。早在淮安家居修學的時代，羅氏就曾謀刻過阮葵生《風雅蒙求》手稿，這是一部簡明詳賅的音韻書。由邱於蕃刻行、陸山夫作序，陸氏序中說「此書從古音正今韻，以五音配四聲，以唇齒清濁定通轉，證以古詩歌」。「以簡馭繁，以本齊末，使學者能于古韻今韻分合之跡，紐字反切之法，皆了若指掌。」後來羅氏又將此書與另一部罕傳古籍《經史動靜字音》合刊，後者為元劉鑒注，謝啟昆作《小學考》錄此書名卻注曰未見，鮮為流傳，故據明刊本精抄影印。羅氏三十歲以後，旅

食江南，見聞日廣，如1902年考察日本教育，《扶桑兩月記》中曾記述考察之餘遍閱書肆，每每得異書之事。1903年任兩粵教育顧問，曾盡薪水所得，購岳雪樓藏書。1909年再次考察日本教育時，更是每到一地必遊書肆，訪求秘笈，收集黎庶昌、楊守敬等家藏書流入日本者，並通過日本友人縱覽各大圖書館及私人家藏書。[26]這時羅氏已入京供職學部，有了一整套傳刻古籍的設想，不久就開始輯刻《玉簡齋叢書》，並且準備創辦《國學叢刊》。1911年辛亥革命爆發，日本本願寺教主大谷伯（光瑞）邀羅氏東渡日本，京都大學舊友內藤、狩野、富岡也紛紛來書相邀，在藤田劍峰的幫助下，羅氏舉家東渡，同行還有弟羅振常、長婿劉季英及王國維等三家。安頓好以後，就將很大精力投入古籍佚書的搜集、整理，刊行、編刊了一系列的叢書，到1918年已刊行了二百五十餘種、九百餘卷，羅氏曾將其中近一百六十篇序、跋集成《雪堂校刊群書敘錄》，回國後繼續刊佈。據不完全統計，從1901年至1936年編刊的叢書有：

《玉簡齋叢書》初集十四種，二集八種，共七十二卷；
《宸翰樓叢書》初編五種，續編八種，共四十八卷；
《眘古叢刻》十種，十一卷；
《永慕園叢書》六種，二十卷；
《雲窗叢刻》十種，十四卷；
《吉石庵叢書》初集十種，二集三種，三集六種，四集八種，共五十六卷；
《海東古籍叢殘》五種，十卷；《雪堂叢刻》五十二種，

26　羅繼祖：《永豐鄉人行年錄》。

一百一十卷；

《四時嘉至軒叢書》三種各一卷；

《嘉草軒叢書》十一種，二十八卷；

《雪堂金石叢書》十種；

《東方學會叢書》初集三十種，四十九卷；

《六經勘叢書》十三種，一百七十一卷；

《七經勘叢書》七種；

《殷禮在斯堂叢書》二十種，五十九卷；

《百爵齋叢刊》十四種，二十八卷；

《楚雨樓叢書》八種；

《鳴沙石室古佚書》初編十九種，續編四種；

《鳴沙石室古籍叢殘》群經叢殘十五卷，群書叢殘十五卷；

《敦煌遺書》三種；

《史料叢編》二十一種，十六卷；

《明季遼事叢刊》四種，十四卷；

此外還有輯印的單本及對古籍整理、校勘的自著文集。

羅氏在這幾十年中，刊佈的古籍內容十分豐富，而且他還儘量使其不斷完善，以方便研究利用。1934年墨緣堂編訂的《貞松堂校刊書目解題》，按經、史、子、集四部介紹了其中的大部分成果，例如：

（一）經部之書。

包括古寫本《尚書》、《禮記》等。1913年羅氏輯《鳴沙石室佚書》，收錄了法國巴黎圖書館藏的敦煌古寫本《尚書》殘卷，1918年

在日本又見到京都神田香藏日本古寫本《尚書》殘卷，可補敦煌本的不足，羅氏立即用珂瓖版影印，錄入《群經點勘》中。由於珂瓖版成本高，印數很少，因而1928年，將敦煌本及流傳到日本的唐人寫本合刊為《古寫本隸古定尚書真本殘卷》，影原本摹印。又如《六朝寫本禮記子本疏義殘卷》藏於日本早稻田大學，1916年羅氏作跋影印，說該卷前部斷缺，末書《喪服小記子本疏義第五十九》，無著者姓名，但書中見「灼案」，考《陳書‧鄭灼傳》載，灼受業於皇侃，尤明三禮，家貧抄義疏以日繼夜。則此即灼所抄皇侃之《疏》，「灼案」諸條則為灼時所增之《傳》，可見這是一罕見的古佚書。羅氏不僅搜集、考訂、傳佈傳世真本經典，還整理出版了地下出土的石經。不僅刊印了《漢熹平石經》，還刊印了《蜀石經殘字》、《北宋二體石經宋拓殘本》，後兩種石經碑絕大部分久已佚失，傳世墨本也極罕見了。

羅氏刊印的不僅有中土經典及研讀這些典籍所不可缺少的語言、文字學書籍，如《古寫原本玉篇殘卷》等，也有其他少數民族古文字、死文字和佛學經典。如《番漢合時掌中珠殘卷》是俄人柯智洛夫在我國張掖黑水河故址盜掘的西夏文字書，西夏骨勒茂才撰，乾祐二十一年（宋紹熙元年，西元1190年）刊行的一本字書。以黨項族為主體建立的西夏，早在立國前已創造了自己的文字，但在中土流傳甚少，無人辨識。《掌中珠》一書並列漢字和西夏文，各注音於旁，是破譯西夏文的重要字書，1921年俄國學者伊鳳閣博士攜其中一頁至日本，向羅氏請教，羅氏告訴他「此習西夏國書之津梁」，並提出希望能提供影本，不久獲部分殘卷影本，立即影印刊行。1922年伊鳳閣博士又攜其餘殘卷至天津羅氏寓所拜訪，羅氏「知攜有全書影本為之驚

喜，亟假歸影寫而還之」，使其長子羅福成「手摹一通，付諸石印」，[27]為《番漢合時掌中珠殘卷足本》。又如，刊行了三種研究梵文的重要資料，第一種是《古寫本涅槃經悉曇章》一卷，悉曇即梵語字母的譯音。羅氏在跋中寫道，兒子福萇粗明悉曇文字，於書肆得此書舊本，前有佚頁，後記《涅槃經悉曇章》羅什三藏翻譯，並考證「是書撰於晉世，言梵文者莫先於是矣」。於是1917年影印傳世。第二種是《日本古寫本悉曇字記》，唐沙門智廣撰，中土無傳本，不知何時流入海東，該本為日本寬治七年（西元1093年）古鈔，日本吉澤教授所藏，內容敘悉曇源流等，為習梵文者所必需。第三種是《景祐天竺字源》六卷，並附《字源私鈔》一卷，均為七百年前的古抄本，中土早已不見，羅氏認為，梵文「世罕習者，故尤易亡佚」，所以特地影印傳之於世。

（二）史部之書。

傳刻的古寫本也有不少是在日本發現的，如羅氏在《古寫本史記殘卷》跋中寫道，該卷為「東邦編入國寶者是也」，從書跡看，應是千年以前的寫本，雖有奪字，「然亦有勝今本處，爰寫影流傳之」。又《貞觀政要》是記載唐太宗李世民政績及君臣論政的史書，長期只見元戈直集論本傳世，戈氏作集論時曾移易篇章重新編輯，刊行過程中文字也多有衍脫。羅氏到日本後，得古寫本《貞觀政要》五、六兩卷殘卷於日本故家，1925年作校記及序為之刊行。羅氏在序中說，此古寫本為「彼邦六百年前物，取校戈本，凡衍脫不可通者，悉得據以

27　羅福成：《番漢合時掌中珠殘卷足本序》。

勘訂。且補逸文數章」，故傳刻之，使學者能「得窺唐本之一班」。羅氏於1924年至1927年輯印的《六經勘叢書》，收錄一批史部之書，如《皇宋十朝綱要》、《續宋資治通鑑編年》、《黑韃事略》（附校記）、《西遊錄》等等。《西遊錄》為元耶律楚材撰，不見藏書家著錄，日本神田信暢於昭和元年（1926年）奉命校刊秘閣，始得該書於金匱，遂別錄一本排印以永流傳。由於這是治元史的重要資料，羅氏將神田信暢所作的跋與全書一道刻行。

（三）子部之書。

傳刻內容包羅很廣，如關於醫學方面的有《食醫心鑒》一卷，唐咎殷撰，佚於宋代以後，此書為日本人從《高麗醫方類聚》中採輯而成。文學方面的有《唐寫本世說新書殘卷》，即《世說新語》，羅氏在跋中說，我國傳世最古的善本是嘉靖袁氏覆宋本。後悉日本所藏的唐寫本已斷為四段，分藏於小川簡齋翁、京都山田氏、小西氏、神田香翁等四家，「因請於諸氏，欲合印之，諸氏慨然許諾」，故得合影刊行。還有《宋槧本三藏取經詩話》，為日本三浦將軍所藏，羅氏借出付印，遂使宋人平話傳世者有了第四種。關於自然科學的有《空際格致》二卷，耶穌會士高一忠撰，附《地震解》一卷，龍華民述。

（四）集部之書。

羅氏刊行的古人文集有唐王績《王無功集》三卷。《補遺》三卷，羅氏作《校勘記》一卷。還據日本所見古籍，輯印了《王子安集佚文》、《臨川集拾遺》等。其中比較珍貴的佚書，有宋周密《草窗韻語》，為宋咸淳辛未（西元1271年）刊，羅氏為之影印流傳，跋中

寫道，該書「宋刊宋印，完善無絲毫缺損，字跡清勁」，是「宋季槧本之至精者」。並且考證了草窗著作皆載入《元史‧藝文志補》，而未載此集，亦不見明以來諸家目錄中，可知早已不傳，因而此卷可稱「天壤間僅存之孤本」。其內容可補《草窗年譜》和《元史‧藝文志補》。[28]而另一部書《唐寫本文選集注殘卷》的輯印過程，可稍稍反映羅氏在這項事業中的博識與毅力。《文選》是南朝梁武帝時昭明太子蕭統編選的文學總集，也是我國最早的一部全面的文學集著，在文學史上佔有重要的地位，唐李善注，後人的評價也很高。唐代又有呂延祚將五臣（呂延濟、劉良等五人）注進呈，成為同行的兩種注本。而《唐寫本文選集注》由於殘佚大半，不知撰人姓氏，但卷中所引除李善及五臣注外，還有陸善經注、有音決、有鈔，都是傳世本所沒有的。羅氏在京師時曾得一卷，極為珍視。1909年，奉命到日本考察教育，得知日本金澤文庫藏古寫本《文選集注》殘卷，「欲往披覽，匆匆未果，乃遣知好往彼移寫，得殘卷十有五。其本歸武進董氏，予勸以授之梓，董氏諾焉」。[29]羅氏以所獲抄本與善注本詳校，知異同甚多，且將善注本的六十卷分為百二十卷。又訪知《唐寫本文選集注》全書久已星散，自己辛苦搜集到全卷一、殘卷二，此外，日本友人小川簡齋、海鹽張氏、楚中楊氏等都藏有殘卷。1918年羅氏將所能借到的殘卷一併收集起來，除去重出的共得十六卷，寫跋付印。這時距請人從金澤文庫移寫殘卷已過去十年了，羅氏說：「予念此零卷者，雖所存不及什二，然不謀印行，異日且求此不可得。而刊行之事，余當任之，乃假而付之影印。」羅氏還發現小川簡齋所藏謄寫小字本鈔補

28　羅振玉：《宋槧本草窗韻語跋》，《雪堂校刊群書敘錄》卷下。
29　羅振玉：《唐寫本文選集注殘卷跋》，《雪堂校刊群書敘錄》卷下。

的部分，與原本所注詳略互異，但由於資料太少，其餘注文如何無從比勘，跋末注云「似此書原本外尚有謄寫別本，且與此本有異同也，顧未嘗聞東邦學者言之，附記於此，俟他日訪焉」。對於有價值的書長期關注訪求，不斷積累，進行考證、校勘，並把有待進一步解決的問題附後，以便後人在他的基礎上進一步探索，這些做法貫穿於羅氏整個搜集、流傳古籍的過程中。只要略加翻閱一下《雪堂校刊群書敘目》就可以看到很多類似的例子。

羅振玉傳刻的古籍包含的內容十分廣泛，既注重宋槧、正史資料，又不受傳統觀念的束縛，因而保存下很多長期不受重視卻很有價值的古文獻。例如他十分重視流傳於日本的古鈔本，這些相傳是唐代時被帶到日本的，因此羅氏稱之為「唐鈔」。過去黎庶昌刻《古逸叢書》不收日本古鈔本，張元濟等到日本訪書，也主要關心宋、元版書。羅氏卻認為這些鈔本時代更早，不少是中土早佚的秘笈，所以不遺餘力地搜集、刻行。同時，羅氏對當代藏家的古籍流入日本者，則亦儘量加以收集。如貴陽陳松山在清末光、宣年間「官掌印給事中，抗直不阿附，為權貴所側目，累疏劾慶親王奕劻誤國，又拒北洋賄買」，辛亥革命以後，「貧不得歸故里，罄所藏明人集數百種，乃得依其弟子于常德，後明人文集歸日本文求堂」。羅氏得知，從文求堂購歸數十種。[30]陳松山曾從日本得《宋槧本二李唱和集》刻傳於世，這也是中土久佚的古書，是宋李昉李至唱和的詩集。繕刻很精但有缺頁不完整，雕版輾轉歸羅氏。1909年羅氏在日本京都富岡氏桃花庵中，見日本影宋舊槧本《宋槧本二李唱和集》款式與陳刻全同，缺頁

30　羅繼祖：《永豐鄉人行年錄》，1915年。

則異，羅氏非常驚喜，影寫以歸，將兩本匯合，把陳刻補為足本，收入《宸翰樓叢書》，作跋「以記古籍複定之可喜，且志富岡君假錄之厚誼」。

流入日本的古文獻，還有一批敦煌石室古卷軸，羅氏在影寫刊行了歸法國巴黎的數十種敦煌古經籍後，又準備刊印歸日本的部分。1914年他到日本武庫郡觀西陲古物，與曾去過敦煌石室的桔氏（瑞超）相見，「亟請觀所得經卷，慨然見許，且示以編目，目中所列凡四百餘軸，詳記其卷第、尾題、印記……以今藏校其異同、存佚，頗秩然有條理。而題記中可考證史事者不少，因請假是目歸，籌燈錄之，印行以詒當世」。[31]羅氏刊行了這份《日本桔氏敦煌將來經目錄》後，繼續影印原件，但由於經濟條件的限制，敦煌卷軸及唐鈔本各書，只影印了少部分。而且出於對故土的眷戀，羅氏也準備歸國了。

回國之事大約在劉季英、羅振常、王國維三家相繼離日後不久就開始醞釀了。1915年以後羅氏頻頻回國掃墓、放賑、訪古。1919年春，堅辭了日本友人提出的優厚挽留條件，攜家返國。他在《題小像留別東友》中寫道：

八年浮海鬢成霜，魂夢依稀戀首陽。他日盲翁傳話柄，小臣有墓傍先皇。

在日本友人公餞宴上，羅氏賦長詩表達了同樣的心境：「一昨夢

31　羅振玉：《日本桔氏敦煌將來經目錄》序。

舳艫，疑綴鵁鷺行。又夢遊京洛，故宮禾黍長。一心交欣戚，志意方彷徨。」同時呼籲睦鄰友好：「敢陳恤鄰義，唇齒勿相忘。矧複迫外侮，胡不同舟船。」不過儘管歸國心切，羅氏仍不忘傳刻古籍之事，臨離東京前，曾寫信重托內藤、狩野，信中說：

> 玉昔嘗歎敝國黎蓴齋先生在貴國刻《古逸叢書》，但收宋、元刊而不收唐鈔，至為可憾，竊不自量欲身任之，而匆匆歸國，此願莫償。念有寓居可售以充印書之資……即以此資，煩諸先生印唐鈔古籍……書成，除頒送各國圖書館外，售價所入，以為維持之用。

後來內藤、狩野兩博士輯錄刊行了《京都大學文學部影印唐鈔本叢書》十集，將羅氏託付的書信刊於卷首，並寫道：

> 我友羅君叔言攜眷東渡，築室京都東山下，閒居無事，乃獲大展力於學，其述作足以傳後世……君將回國，托炳卿博士及予，鬻其田宅，舉所獲捐於京都大學充印書資，是其第一集也。茲記緣起，並附君書於後，以見其高義亮節，卓越時俗，而稽古樂善之志，窮而不少衰，尤可敬重雲。

羅繼祖在《庭聞憶略》一書中，收集和徵引了上述信件，評說羅氏「解囊傳古和日本公家學者的慷慨無私，交相輝映，這裡沒有一點金錢關係」，溥儀在《我的前半生》中宣揚的「羅氏通過售賣古籍文物路子，和日本拉上關係」之說，是極其荒唐的，當然也暴露了他對學術的無知。

不過社會上確曾有人見羅氏大量傳刻古籍，推斷他必然很有錢，或必然從中大獲其利。如羅繼祖（甘孺）在《永豐鄉人行年錄》中提到湖南學者葉德輝在《書林清話》中有「羅某在日本賣書買書頗獲利市」之說。但作者指出，羅氏祖產推於庶弟，清俸罄於訪古，避地海東不得不借鬻長物以代采薇，辛苦著書，不無盈利，然比諸賈販本一利萬不能同日而語。」這是有道理的。實際上對此最有發言權的應是王國維，羅氏傳刻古書最集中的時候，他們間的交往最密切，因而他最瞭解實情。1918年他為《雪堂校刊群書敍錄》作序，集中論及這個問題。王國維首先指出「近世學術之盛，不得不歸諸刊書者之功」，然後分析「刊書之家約分三等，逐利一也；好事二也；篤古三也」。且不論逐利者，就已知以好事或篤古而刊書的諸士，「皆生國家全盛之日，物力饒裕，士大夫又崇尚學術，諸士或席豐厚，或居官師之位，有所憑藉，成書較易」。羅氏刊書卻處於社會動盪的年代，條件不同，所以分外艱難，能取得這樣的成果，是由於與過去的刊書者有完全不同的動機。他寫道：

> 若夫生無妄之世，小雅盡廢之後，而以一學術之存亡為己責，搜集之，考訂之，流通之，舉天下之物不足以易其尚，極天下之至艱而卒有以達其志，此于古之刊書者未知前聞，始於吾雪堂先生見之。

以下記述羅氏截止到1918年以前，已校刊編輯古文獻、古器物著錄數百種，「其尤殊者，皆有敍錄，戊午夏日集為二卷，別行於世」。其所著所刊之書有功於學術最大的如《殷虛書契》、《流沙墜簡》、《鳴沙石室佚書》和《鳴沙石室古籍叢殘》，「此三者之一，已足敵孔壁

汲塚所出」。然後，著重分析羅氏與以往收藏和刊書之家的區別，他說，這些古器、古籍：

其初出舉世莫知，知亦莫之重也，其或重之者，搜集一二以供秘玩斯已耳。其欲保存之，流傳之者，鑒於事之艱巨輒中道而廢，即有其願與力矣，而非有博識毅力如先生者，其書未必能成，成亦必不能多且速。而此間世而出之神物，固將有時而毀且佚，或永錮海外之書庫中，雖出猶不出也。先生獨以學術為性命，以此古器物、古籍為性命所寄之軀體，視所以壽其軀體者，與常人之視養其口腹無以異。辛亥以後，流寓海外，鬻長物以自給，而殷墟甲骨與敦煌古簡、佚書先後印行，國家與群力所不能為者，竟以一流人之力成之，他所印書籍，亦略稱是。

序中還敘述了羅氏在日本印書，所費以萬計，而家無旬月之蓄，羅氏自己編次校寫，設計款式，計算用料，很多學者們不屑做的凌雜煩辱之事都親自動手，最後指出，羅氏校刊群書取得卓越成績不是偶然的：

書有之曰「功崇惟志，業廣為勤」，先生之功業可謂崇且廣矣。而其志與勤世殆鮮知之，余從先生游久，知之為最詳，故書以為之敘，使世知先生之所以成就此業者……非好事者與尋常篤古家所能比也。

這些應就是實情，羅氏在日本靠變賣長物維持生計，生活非常節

儉，卻大量印書，經濟上的窘境尚有當時與沈曾植、王國維等往來信函為證。1991年筆者在上海曾聽羅振常之女羅靜老人談及當時在日本的生活。老人雖已九十二歲高齡，卻耳聰目明，終日以讀書、看報、手工編織為消遣，關心國內外時局，對往事的記憶還非常清晰。她說，當時羅振常一家六口，每月的生活費是五十元，最少時僅三十元可過一個月。而稍晚，郭沫若流亡日本時，同樣一家六口，固定收入每月百元，後為二百元猶歎經濟有壓力。可見當時羅氏生活的簡樸，羅振常一家如此，羅振玉一家也是一樣，對此羅繼祖的《庭聞憶略》、《涉世瑣記》及陳邦直的《羅振玉傳》等都有記述，這裡不再贅言。而羅氏「世殆鮮知之」的「志與勤」則是貫穿了他一生的品格。

羅氏在日本「肆其才力以著書」，每年都要著書數種乃至十數種，刊書更不可勝計。沈乙庵（曾植）嘗謂鄉人「分公才力，足了十人」。[32]據他同時代的人的回憶，羅氏確實體質不健而精力過人，雖然養生之道惟在慎食節欲，而每日睡眠時間少於常人，卻精力充沛著作不已。但能取得巨大成績的根本原因，還在於他以學術存亡為己任的責任感。羅氏從青年時代就立下了傳古之志，中年以後聞見日廣，尤其是看到大量珍貴的古籍、古器物出土了，被珍藏了，過不了幾代人，卻又散佚、毀滅了。從而，懷抱著一種緊迫感，自覺肩負起搶救、保存、流傳中華文化遺產的職責，他緊緊抓住一切機會，搜集、校勘古籍，前述在日本搜集古抄本是這樣，在去日本以前和歸國以後也始終是這樣。如《永豐鄉人行年錄》載：

32　《永豐鄉人行年錄》附錄。

宣統三年辛亥（1911年）正月，《殷虛書契前編》二十卷成……二月，田伏侯歸自日本東京，以所得竹添氏舊藏宋本《莊子》示鄉人……伏侯為僚屬償虧欠，售諸廠友譚篤生。鄉人亟假歸校勘，記異同於浙局本上。八日，校竟兩卷……月望又從譚假得金鳳翔過錄何義門校本……時以陪祀關帝齋宿大學，複以成元英本與何校互勘……

如此緊湊的時間表，無疑記錄了羅氏收集、校勘古籍之「勤」，類似的例子，在有關他的一生的記載中屢見不鮮。

正是出於緊迫感，羅氏只要得知線索，無不積極設法借閱、抄錄、翻拍或購求，常常得到的只是殘本，但只要有流傳價值的就儘快刊印，並將可以進一步求索的線索記錄下來，以待來者。例如《敦煌本尚書顧命殘卷跋》，[33]不僅談到《尚書·顧命》殘卷的由來，還介紹了分藏於法國、日本的敦煌本、唐寫本及日本古抄本《尚書》各篇的保存和刊行情況，並記英國倫敦還藏有敦煌本《尚書》中的《洛誥》、《大禹謨》、《泰誓》等篇，以備後人去搜求。有時殘本刊出後，又有新的發現，則重新補為足本，再次刊行，而且只要有傳世本的，儘量詳加校勘。如宋陳舜俞《廬山記》是一部類似《水經注》的古地理書，在國內明初已佚失大半，傳世的僅有守山閣叢書所刊四庫本，僅存前三篇。羅氏很重視此書，卻不見善本。1909年，羅氏赴日本考察教育，得友人介紹縱覽公、私家藏書，在德富氏成簣堂文庫中忽然發現高山寺藏宋本《廬山記》，共八篇五卷，卷二、三為宋槧本，餘三卷為舊抄補，從文字中看到宋高宗及以前諸帝諱皆缺筆，知亦從宋

33　見《雪堂校刊群書敘錄》卷下。

本抄出。羅氏到日本以後,「丙辰（1916年）移書從蘇峰翁假印,慨然許諾,逾月影印告成」。作跋,記發現、刊佈的經過,並指出在日本還有元祿十年刊本,且略舉宋槧本、元祿本、守山閣本的異同。《宋槧本廬山記》刊入《吉石庵叢書》第二集,1928年羅氏輯印《殷禮在斯堂叢書》,又收錄了元祿本《廬山記》,以備學者比勘。1939年,羅氏在養病期間以宋槧本、元祿本、守山閣本《廬山記》互勘,完成《校記》一卷。

孜孜不倦地著書、刊書,是貫穿羅氏一生的事業,他卒於民國二十九年庚辰（1940年）五月,而這一年正月還影印了日本小山氏藏《日本古寫本華嚴經音義》,完成了《魏書宗室傳校補》一卷。羅繼祖在《貞松老人遺稿甲集》跋中記述了當時的情景,他說:「先祖晚歲,深居養屙,而伏案無間,臥榻左右,羅列圖史碑拓……己卯春病眩,屏書卷月餘,病已,又刻屬如故,秋初以明鈔《北堂書鈔》校孔刻,日盡數卷,繼祖侍側,以校書耗目力,竊以代任為請,笑許之,而別校《廬山記》。好勞而惡逸,天性然也。」陳邦直在《羅振玉傳》中根據他的所見所聞,記述說,羅氏晚年體力已衰,居常在病中,醫者常要他停止讀書寫作,靜心休養,但他仍手不釋卷,筆不停書,常說,「書為我之生命,讀書寫字,即為我之生活休養,倘若一律停止,則實不能生活,等於死矣」。這表明數十年來他的唯一嗜好是讀與寫,已養成牢不可破的習慣。

張舜徽在《考古學者羅振玉對整理文化遺產的貢獻》一文中評論說:

在中國的社會裡，從來喜歡藏書的，未必能讀；能讀書的，未必能下手做系統的研究工作，卓然有所發明，即使兼有數者之長，又未必能以私人財力印布書籍，留待後人整理。羅氏欲一生在這些方面都做了不少工夫，成為我國近代卓有功績的史料搜討者與傳播者。[34]

　　這個評論是符合實際的，羅氏一生搜集、傳佈了大量古籍，為後來的研究者提供了有利條件。不僅如此，他辛苦搜集、傳佈的還有一批學者的未刊遺作，這是前人的心血，也是後人繼續前進的借鑑。這些遺作中，既有乾嘉學派代表人物王念孫、王引之的《高郵王氏遺書》、《昭代經師手簡》；也有如孫詒讓《契文舉例》一類訛誤較多的開山之作；還有一些未定稿，如鈕樹玉所遺「塗乙狼藉，編次雜亂」的《匪石先生文集》，[35]翁大年所遺「零落散佚」、「塗乙描紙」的《古兵符考略殘稿》。[36]為了不使其湮沒，羅氏一一為之整理手寫付印，以貽當世。更有如山陽丁儉卿《頤志齋集》稿，羅氏從其後人手中得到後，感到「其說經之文多非精詣，其他酬應之作，亦可不存」。但還是從中選傳記十七篇，「非傳其文，傳其文中之人也」，並選感舊詩一卷，「以其略存當時事」，刊為《頤志齋文鈔》。

　　可見，羅振玉的刊書的過程就是儘量從歷史的時空中，收集學術研究成果的每一道光線，聚集起來，以便於後來學人繼續前進。

34　載《中國史論文集》，武漢：湖北人民出版社，1956年版。
35　見羅振玉：《匪石先生文集》跋。
36　見《貞松堂校刊書目解題》第一六一。

5.4 金石考古闢新途

考古學是對人類歷史上留下的遺跡、遺物進行科學發掘和研究，以復原古代社會的一門科學。田野考古學直到20世紀20年代以後，才由歐洲傳入中國，但中國考古學出現以後，能獲得很快的發展，還因為它有自己深遠的根基。中國考古學的前身—金石學，在西元11世紀的北宋中葉已經誕生，到了19世紀的清代末期，其研究範圍大大擴展，形成了已接近近代考古學的古器物學，而且在研究方法上開始趨向分期、分類整理研究和注意與研究對象共存的遺物，更借助當時最新的照相影印技術，用作研究流傳手段。羅振玉正是推動這一進步的宣導者之一，所以有人直接將他稱之為考古學家。

1919年，羅振玉從日本歸國寓居天津，北京大學校長蔡元培邀請他任職北大講授考古學，並詢問這一領域開拓事宜。羅氏答書數千言，一面辭謝了他的邀請，一面就中國金石考古的源流、發展方向、研究方法等提出自己的看法和建議。又以《古器物研究議》為名，發表了答蔡元培書的主要部分。次年將此文收入《雲窗漫稿》，易名為《與友人論古器物書》。在這篇文章中他提出「金石學」範圍較隘，應擴大研究領域，定名古器物學，研究對象可約略分十五目，即禮器、樂器、車馬器、古兵器、度量衡諸器、貨泉、符契璽印（含封泥）、服禦諸器、明器、古玉、古陶、瓦當墓磚（含墓中壁畫）、古器物範、圖畫刻石、佛教造像等。振興該學科的當務之急是先抓流傳環節，做四方面的工作：一、鑒定傳世古物真偽；二、傳拓文字、摹拓器形；三、制作古器物標本；四、撰述、編輯名物圖考。只要略加

翻閱一下現代考古學著述，就可以看到，以上提出門類已囊括了考古學研究對象中相當大的一部分，而對流傳問題的設想，如今已在考古學和博物館學中實現。在當時，羅氏不僅提出了這些設想，而且在幾十年的學術活動中，以過人的精力和毅力，努力去實踐，為打開金石考古研究的新途徑做出了自己的貢獻。這較集中地反映在他對古器物研究範圍、方法和目的等方面。

（一）研究範圍

清代是金石學發展的鼎盛階段，特別是由於乾嘉學派的影響，金石文字的考訂造詣精於前人，但範圍較窄，後來由於各種文物的大量出土，一些收藏家和學者開始注意到青銅禮器和金石文字以外的古器物，這樣，「金石學」這一用語已不能概括當時的研究對象了。所以羅氏提出用「古器物學」的名稱，以便有利於宣導對各種文化遺物的保護和研究。他在《與友人論古器物書》中提出，在金石學形成的宋代，「古器物」這一研究門類已出現在趙明誠的《金石錄》中。當時著名金石學著作《宣和博古圖》雖然以青銅禮器為主，但也收錄了釜、甑、鏡、奩等食器、雜器等，無論是否有文字，都有圖形，記尺寸、重量、發現地與藏所。古器物這一用語以後也在沿用，如金蔡珪撰《古器物譜》，可見羅氏所論是在前人研究成果的基礎上提出的。

然而，他並非僅僅重複前人的成說，所列十五目中的明器研究，就是羅氏首開風氣所宣導的。董作賓在《羅雪堂先生傳略》中將此列為「其於學術貢獻最大」的五事之一。因為彼岸世界正是人世間的翻版，隨葬明器能夠直接反映社會生產、生活的各個方面，但古董商不

收購它，百姓們將它視為不祥之物，發現後往往丟棄甚至搗毀，所以沒有人收藏研究，羅氏在京師學部供職時，經常涉足廠肆，盡俸金所入搜集古籍、古物，雖然由於財力有限，不能和官僚巨賈大收藏家相比，卻往往得到不被一般人重視的重要文物。丁未（1907年）冬，羅氏在京師廠肆發現並購買了兩個古俑，肆估說俑出於中州，是購其他古董時捎帶上的，驚異這還能賣錢。羅氏告訴他們，凡是墓中出土遺物，都是考古資料，是有價值的，要他們繼續代為收購，又開列《唐會要》所載明器目錄，說凡遇此類物不可棄毀。

此後，不僅中州所出，關中齊魯等地明器也相繼販京，充斥市肆。初只是唐代的，後來六朝、兩漢遺物也出現了，國內外收藏家、學者紛紛來購買，這就是明器為人重視的開始。羅氏最初是盡數收購，後來只能選購精品了，不及一年，幾案上下、室隅座右都羅列著陶俑等明器，故而稱之為「俑廬」，並進行歷代明器制度的研究。稿未及半而攜家東渡，收集的明器遭到不少損失。甲寅（1914年）返國，又傾資購歸一部分，總計三百餘件，加以整理選編成《古明器圖錄》四卷，包括人物、鬼神、田宅、車服、井臼、家畜、古畫等門類。丙辰（1916年）作序，記述明器發現搜集的經過，珂瑢版印行。從那時到現在，明器的發現研究作為現代考古學的構成部分取得了前人難以想像的巨大成果，被譽為世界奇跡的秦兵馬俑被發掘出來了，色彩絢麗的唐三彩被大量複製，作為藝術品走進千家萬戶乃至世界各地。而最初引起重視的卻是兩個被古董店小徒弟視為玩具攜回的陶俑。

羅振玉所處的是一個動盪的時代，在收集、研究古器物的過程中

有一個強烈的感受，即古物流失、損毀得十分嚴重。相傳五代時由太湖運到廣東的九曜石之中藥洲一石，舊藏廣州藩署，英兵入廣州，石為某教堂所得，張之洞為粵督時索歸粵督署。1903年羅氏任兩督教育顧問到廣州，問遍督署人員都不知有此石。一日制軍招飲，發現石就在花台竹陰下，遂與蔣伯斧各拓數紙。[37]像這樣由於國家不重視而泯滅的有歷史價值的文物是一大批，這也給外國古董商造成盜竊的機會，如保存在西安的景教流行中國碑，是記載流行於中亞的景教傳入中國的重要歷史資料，清末丹麥人何樂模曾複刻一石，準備移花接木盜竊原碑，其譯員為定海方藥雨（若）之弟，方藥雨與羅氏於光緒庚子訂交滬上，二人常同劉鐵雲、王孝禹一起交流學術，搜集古器物。[38]方藥雨得知何樂模陰謀，即告知正於學部任職的羅氏，羅氏聞此亟請學部致電陝撫及學使，最後將碑由金勝寺移入碑林，何樂模只得載贗碑而去。羅氏在《集蓼編》中回憶此事，曾歎息說，當他將此事報告學部時，「當事頗以為多事，強而後可。然我國之古物流出者多矣，此特千百之一，國家不意保護，亦無從禁其輸出也」。

不僅是流落國外的，就是國內的藏品資料研究者想收集也很困難。1902年羅氏在湖北時初與端方相見，端方題贈秦石權拓本，並同意羅氏盡拓所藏十一件秦權的請求，卻由於種種原因羅氏始終未能將這批資料收集到手。1911年端方被殺，他的收藏品也流散了。1914年羅氏編《秦金石刻辭》，序中說端方的秦權墨本雖未能得到，但數年來收集了一批海內諸家墨本，「不亟集錄，異日求如今之所獲或不可

37　《永豐鄉人行年錄》，1903年。
38　羅振玉：《壽藥雨七十》自注，見《貞松老人外集》。

得」。當羅氏最初得見殷墟甲骨、敦煌文書、流沙墜簡等考古資料時，總是慶倖自己有眼福，「山川效靈，三千年而一泄其秘，且適當我之生」。[39]然而隨著眼界日寬，「前人著錄未成，器已星散」[40]的事看多了，有了更深一層感觸，在1916年寫的《藝術叢編序》中他談到：

今出土古物誠眾矣，使無學者為之錄述，則今日之出為虛出，且漸滅隨之。又嘗念古人不能見而我所見，而古人所見，至今日散佚轉徙之餘，我之所不得見者亦多矣，即出於我之同時，而好事家之秘藏與夫舶載以航海外者，又不知幾許，凡是者，雖未即漸滅，亦與漸滅等耳，念之滋懼。

古器物比古籍更容易散佚、失傳，因為後者總還有副本，而前者即使不毀滅，成為國內外收藏家的秘寶，同樣不能起到學術資料的作用。正基於這種認識，羅氏非常重視古器物資料的流傳，而且有一種緊迫感，認為在當時流傳比研究更為重要。所以他總是把自己得到的有價值的古器物和墨本，尤其是器物已佚或已流散海外的器物墨本都一一著錄，到1916年已成書數十種，儘管要靠變賣動產維持生活，儘管家人竊笑他不顧「釜中生魚」，只想印書，他還是千方百計籌款刊行。抱著「傳古」的信念，不僅要印，還要印好，為了使後世不可能見到原物的讀者，從著錄中能儘量多地瞭解原貌，他根據不同文物的不同情況，有的用石印，有的用珂珞精印，如他在《殷虛書契續編》

39　羅振玉：《殷虛書契序》。
40　羅振玉：《夢郼草堂吉金圖序》。

自序中說：

　　甲骨文字與古金石刻不同，石刻可拓至數百本，古金文則視石墨本傳世者千分之一二而已；若甲骨文則施墨者不過一二本，墨本可貴，不殊實物，倘不精印以傳，而聽其漸滅，憾甚矣！

　　有的器物上的文字是用金銀或紅銅鑲嵌的，不能傳拓，則用手摹石印，有的為了給人以質感，則用花乳石摹刻，再拓印，使文字更傳神。

　　羅振玉在他著作自序中，不止一次感歎，由於經濟原因，他著錄問世的古器物資料只占他計畫的少部分，更由於他過去的著作多數自己刊行，印數少而且分散，未刊稿更是多散佚、毀滅。臺灣文華出版公司辛勤收集刊出的《羅雪堂先生全集》雖已出七編一百四十冊，但仍在繼續徵集。所以羅氏一生搜集、研究、刊佈的古器物學著述無法確切統計，但無疑其包容面是很寬的。羅氏在《俑廬日劄序》中說，在居京師的三年間，「廠肆知予所好，每以吉金古刻名跡善本求售」，雖然財力有限買得不多，但送上門求售的古物往往要在「齋頭壁上」留觀數日，亦可考察研究，又每觀友人藏品，「見聞所及，暇輒隨筆記之，久積稿狼藉」。在收入《遼居雜著丙編》的《古器物識小錄》中，羅氏在序中回憶道「居京師時，每見古器無文字，如車馬器之類，輒購取，複以暇日為之考訂，而筆記之，以為《古器物識小錄》」。1916年還編成《金石泥屑》二卷，將數量較少的零星古器物、既難斷代又不能按類別單獨成書的古器物小品合為一編，內容多為罕

見、罕傳或器已亡佚、打本難得的金石小品。又如1924年，編成《雪堂所藏古器物目錄》，內分四類，即金、石、陶、雜器共兩千餘件，此外還有泉幣、璽印、明器、甲骨因數目繁多，不統計在內。然後又于陶、金、玉、陶範、明器、雜器六類中，選出標本六十七件，用珂瑪版影印，成《雪堂所藏古器物圖》。1933年又作《雪堂所藏古器物圖說》，編入《居遼雜著乙編》，可見羅氏自己對於廣泛搜集、流傳古器物「以資考古」是身體力行的。

他搜集研究的範圍之廣，還反映在分類著錄上。如：

一、青銅禮器、樂器、兵器類圖形著錄的代表作有《夢鄣草堂吉金圖》、《貞松堂吉金圖》，攝影圖形、墨拓文字、影印精良，前書收錄二百二十器，後書收錄一百九十八器，殷周時器占半數以上，余為秦漢以至宋元時器，其中包括有帶鉤、庫鑰、權、西夏圖書銅牌、宋銀錠等。銘文著錄主要為《三代吉金文存》，這是羅氏以畢生精力搜集的金文拓本的總匯，共計四千八百三十一器，容庚等著《殷周青銅器通論》評介說，該書「搜羅之富，鑑別之嚴，印刷之美，可說是集殷周金文的大成，得此一書，如《愙齋集古錄》《周金文存》等書可不必備」。只是沒有考釋，初學金文的人，要與其他書同讀。

二、度量衡器，羅氏收集的古器或拓本散見於《夢鄣草堂吉金圖》及《秦金石刻辭》等，他刊佈了吳大澂《度量衡實驗考殘卷》的稿本，以推動這一分支科學的研究。此外，在《與友人論古器物書》一文中，涉及對古尺的考證。1936年命其子福頤作《傳世古尺圖

錄》，[41]六十年代初又作《古尺考》、《古代量器小考》，後將多年搜集的全部量器資料捐贈國家計量總局，匯入集大成的《中國度量衡圖集》中。

三、貨泉類，著有《四朝鈔幣圖錄》一卷，《考釋》一卷。輯金以來鈔幣及鈔版，用珂珞版精印，並考證其文字別書於圖後，以便後人進一步研究。此外還刊傳馬昂《貨布文字考》，唐與崑《製錢通考》。前一書有羅氏跋，說此書考古貨幣文字頗精審，所採古幣頗備，刊印精美，因版本亡毀，流傳至稀，故影印傳之。羅氏在《與友人論古器物書》中說，三代以來錢幣形制不斷變化，宋元以來集成的譜錄也不少，研究日益深入，「惟癖錢者尚無博古之儒，故修明此學，有待於後賢」。1982年，我國成立錢幣學會，錢幣學和錢幣史的研究日益活躍，也取得了很多新成果。

四、符牌璽印類，1914年羅氏輯《歷代符牌錄》，取墨本用珂珞版精印，以後不斷增補，1925年又印增訂本，為影摹石印，計收節六、符八十三、牌六十六。此外還刊佈了翁大年《古兵符考略殘稿》，其中對五件符、十六件牌有考證，刊之以供後人研究參考。古璽印與封泥是羅氏收集著錄較為集中的古器物，如1903年已編刊《鄭所藏封泥》，後知這批封泥非鄭所藏，易名《陸賡古錄》，十年以後，在收集更多資料的基礎上，與王國維合編《齊魯封泥集存》。古璽印的著錄則有《罄室所藏璽印》（1911年）、《赫連泉館古印存》（1915年）、《赫連泉館古印續存》（1916年）、《凝清室古官印存》、《隋唐

41　後增訂為《傳世代古尺圖錄》，北京：文物出版社，1957年版。

以來官印集存》（1916年）、《貞松堂唐宋以來官印集存》（1923年）、
《西夏官印集存》（1927年）等。羅氏在《與友人論古器物書》中說，
古璽印出土及著錄很多，「唐宋以後官印，則譜錄家多棄而不錄，今
宜留意採集」，「璽印之學有裨考古甚巨，古人但為譜錄，考訂之事
尚待來茲」。羅氏較晚的著錄偏重官印，應緣於此。此後，其子福頤
繼續致力於古璽印研究和資料的整理、考訂，編輯了《古璽漢印文字
徵》、《古璽文編》、《古璽彙編》、《秦漢南北朝官印徵存》等，不僅
為古文字和古史研究梳理出一批新材料，還培養出了研究人才。

此外，服飾諸器中，羅氏輯印了《古鏡圖錄》（1916年）、《漢兩
京以來鏡銘集存》附《鏡話》（1929年）等。古玉、古陶、古器物範
等除見於《雪堂所藏古器物圖錄》外，還有《古器物範圖錄》三卷、
《附說》一卷（1916年）。瓦當、墓磚、圖畫、刻石類有《秦漢瓦當
文字》（1914年）、《高昌壁畫精華》等等。總之，他所涉及的範圍，
基本包括了所列的十五目。

（二）研究方法

羅氏在《與友人論古器物書》中談到三代禮器後儒罕見，漢代經
學家箋注禮經已多舛誤，後世作《三禮圖》憑經注猜測禮器形狀，多
與實物不符，宋翟汝文提出應據傳世古器訂正禮圖，當時雖未能實
行，宋代金石學的形成對復原禮制和訂正前人記載之失已有所推進，
不過仍有待進一步解決。文中關於研究考釋的舉例，不僅談到古器物
與古文獻相印證，還列舉了保存在現代社會中之古代資料，如他談
道：

三代以來，泉幣流傳形制屢變，刀幣以外更有圜金，近世複流傳古貝，有天生之貝及貝制、骨制、銅制者。又有小於漢之榆莢、圓穿無文字，殆為漢莢錢所自昉，今臺灣番國尚沿斯制，但較小耳。

這裡他引述臺灣民族學資料，證明這種有圓穿而無文字的古貝是貨幣，還提出它是榆莢錢的源頭，這種證論的方法顯然是現代的方法。現代古錢學家論證貝在古代社會曾作為貨幣，也援引「雲南地區，貝（作為貨幣）一直沿用到清朝初年」作為證明。[42]近世「二重證據法」發展為「三重證據法」，正是引進了民族學資料作為復原古代社會的第三種參證。對於類似資料的收集，羅氏還提出「唐尺中土不傳，日本正倉院尚有之，當仿製以資參考」。收集在國外的資料不僅是古代流傳出去的，文中提到「每惜歐美諸國不知拓墨之法，但知藏去，人間不傳」。因而對流散海外的古器物要設法與各國聯繫，「拓其文字或模造其形，以資參考」。[43]

不僅在國外要收集資料，還要學習他們的經驗與技術，如論及對漢畫象石研究時羅氏說，漢畫象石上的圖像多畫古事，不僅能瞭解漢代社會，還能考見三代物象。如畫中捕兔的用具，正似甲骨金文表示捕獵會意字中某些用具之形，「知三代物象尚有存於炎漢者，歐人頗為考證」。又如佛教造像刻石，「其刻鏤之工可考見古美術而知其流派，歐美海東斯學頗熾，而中土但考文字尚未及此，亦當兼采，以存藝術」。此外，他很重視利用西方珂珞版印刷技術，如《古鏡圖錄》

42　朱活：《古錢新探》，濟南：齊魯書社，1984年版。
43　羅振玉：《與友人論古器物書》，載《永豐鄉人稿甲‧雲窗漫稿》。

編輯成於羅氏在京師之時，曾「謀鑴木傳之，時無良工，不能舉其事」。因為銅鏡精美繁縟的花紋、纖細的銘文木版印刷幾乎是不可能的，到日本後，借用珂瑪版影印的方法，「影印精良，視墨本不殊銖黍」。[44]雖然珂瑪版印刷成本高，但羅氏對不少出土文物都選取標本，用這種方法影印流傳以存其真，尤其對甲骨資料的編輯。

至於大量資料的整理方法，羅氏宣導使用分類法，在《集蓼編》中他回憶說，在日本時曾和王國維談到，「今日修學，當用分類法」。清代經史考證之學成績很大，清初多治全經，博大而精密較差，乾嘉以後多分類考究，因而更加深入。用這種方法治學，王國維寫了《釋幣》、《胡服考》、《簡牘檢署考》，羅振玉則分類編輯、刊佈了一批古器物資料。對此他有一整套計畫。如1916年他在《金石泥屑》序中寫道，金石文字之著錄，以三代禮器及寰宇石刻為大端，其餘分支如璽印、泉布也都有專書，但這還不夠，對於石刻應集中墨本，依文體分類，如訟、序、記、神道碑、墓表等等「分類輯錄、羅列眾本、精意校寫，名之曰《寰宇石刻文編》」。對青銅器銘文等斷代為書，分殷、周、秦、漢，至於六朝，「各為一集，名之曰《集古遺文》」。又將依物分類之書，如甲骨文、陶文以至明器、封泥、瓦當等「各以類別，總名之曰《集古圖錄》」。例如：

《寰宇石刻文編》按類分有《芒洛塚墓遺文》及恒農、鄴下、襄陽、廣陵、吳中、三韓等地塚墓遺文；《唐三家碑錄》、《昭陵碑錄》；《石屋洞龍泓洞造像題銘》；《西陲石燒錄》以及《西陲石刻後錄》；《嵩

44　羅振玉：《古鏡圖錄序》。

裡遺珍》附《考釋》；《石鼓文考釋》等。在晚年羅氏又致力收集熹平石經資料，「呼兒同校理，含毫考同異；及門有關生，千里馳驛騎」。[45]邊搜求、邊考證、編輯刊佈，而且不斷增補。1938年成《增訂漢熹平石經殘字集錄》，共收錄「殘石總得六千三百六十三言」，七經皆備。序中論其學術價值說，「蓋炎漢今文之學，絕於晉永嘉之亂者，至是複見於人間」。

《集古遺文》主要有《殷虛書契》、《殷虛書契後編》、《殷虛書契菁華》、《鐵雲藏龜之餘》、《殷虛書契考釋》、《殷虛書契待問編》、《殷文存》、《三代吉金文存》、《秦金石刻辭》、《漢晉石刻墨影》等。

《集古圖錄》則有《殷虛古器物圖錄》、《地券徵存》以及前述的一些依物分類的圖錄。

其他類除《金石泥屑》外，還有記新舊古刻轉徙、存佚、著錄情況的《石交錄》（1939年），記流落異域金石刻品目的《海外貞珉錄》（1915年），以及付工精印的敦煌唐拓溫泉銘等，名為《墨林星鳳》（1916年）。

分類斷代的著錄方法，是對前人成果的繼承，早在1895年，羅氏得到諸城尹祝年（彭壽）寄來的王懿榮所刻《漢石存目》，信中還提到要繼續作《六朝石存目》、《唐石存目》。此前羅氏校補《寰宇訪碑錄》時，已感到數量繁多苦不勝舉，產生了「斷代為之」的想法，所以得到王懿榮的書後很高興，後來進一步補訂了《漢石存目》和《魏

45　羅振玉：《遼海吟・得漢石經殘字》。

晉石存目》（1915年）刊入《雪堂叢刻》。[46]對古文物著錄有的也採取了這種辦法，有的更加以發展。如1917年成《南宋衣缽》，序中簡述我國山水畫源流說，「山水之畫其興差晚，雖導源於魏晉，實啟宇于李唐……開天之際，王、李挺生，兩宗並峙，而南宗嗣續孳乳尤繁」，至清初仍「哲匠踵起，良工不絕」。但嘉慶道光以後，名跡散佚日益嚴重，僅存者被秘藏，人間難以窺見，「致風流歇絕，斯道逾微，有識之士，望古興慨。十年以來，我國士夫頗或撰集，創為譜錄，然朱紫不分，糅雜無紀」，無益于繪畫史的研究。羅氏將所能見到的古今名跡，集為《畫苑珠英》，山水樹石畫為其中的第二類，再分山水為甲乙兩部，以闡明南北兩宗，《南宗衣缽》選錄的是南宗代表作，編輯方針、辦法和目的是：

　　所取之跡，甄別至嚴，不使苗莠並生，荊蘭同藝。先後之敘，約為四期，魏晉今不得見，爰以六朝暨五代為上古，宋元為中古，明為近古，嘉道以前為今代，按期分卷，摹印流傳，並各系跋尾，用志管窺，將以振方衰之墜緒，續垂燼之傳燈，綆短汲深，願奢知絀，方聞之士，幸有以啟予。

　　這種細緻分類、分期，選取代表作闡述繪畫史的做法，已經是現代考古學中常用的方法了。

　　（三）研究目的

46　羅繼祖：《永豐鄉人行年錄》，1895年，又見羅振玉《重訂漢石存目》序。

金石學偏重一器一物的考證研究，而羅振玉在《與友人論古器物書》中則更明確通過古器物學研究歷史的目的，而且涉及的面很廣，例如他提到值得特別注意的有「古代酒器之記容量者，並當資以考古」。漢墓明器中，曾見「獸圈中有一人以足踏弩，可考古者蹶張之狀」。「漢時制機械齒輪範，可考漢代已有機輪，尤為考古者之所取資也。」這些經濟史、社會生活史史料，在舊金石學中，很少有人注意。此外，如前所述，他還提到通過佛教造像研究美術史，「殷墟之古骨角蚌甲象齒之類，並可考古生物學，雖與古器物出於人造者略殊，並宜搜求以廣學術」。這最後一點認識更使羅氏超過了前代金石學家，與後世考古學的綜合研究得以接軌。

在搜求一種文物時，羅氏不僅注意一器一物的本身，還注意瞭解出土地情況及同時存在的遺物，這集中反映在安排羅振常與範兆昌同赴安陽小屯搜集甲骨的事情上。行前，羅氏囑託「與龜甲同出者，必尚有三代古物，其尊、彝、戈、劍之類，必為估客買去，其餘估客所不取者，必尚有之，即不知名，苟確為古物而非近代者之器，弟幸為我致之」。[47]所以羅振常攜帶的書籍除《殷商貞卜文字考》、《三禮圖》、《考工記》以外，還有一部講古生物、古人類石器時代遺存的《地球發展史》，據以鑒定所獲石器時代及以前所遺古器物和古生物遺骸。此行收集的有牙雕、骨柄、律管、蚌璧、石磬、古貝、獸牙、獸骨等。1916年羅氏於其中選出五十五件，著錄《殷虛古器物圖錄》一卷，附考一卷，自序中說，這些石、骨、牙雕很是精巧，無與倫比，雖是殘闕斷爛之餘，「而可窺見古良工藝製作，兼可考古器之

47　羅振常：《洹洛訪古記》，下同。

狀」。對於這部書，邵子風《甲骨書錄解題》介紹說：

自是書問世，契學範圍乃驟然擴大，由文字之研究而躍入器物之
探討。前此之以骨董視龜甲、獸骨，而純帶古文字學之興味者，自是
乃轉移視線于殷商一代之文化。[48]

之所以能取得這樣的效果，是因為羅氏從一開始研究甲骨，就論
證了這是商王朝遺物，並將它與商史的探索聯繫在一起。

羅氏還在京師時，1909年開始校補勞經原《唐折衝府考》。因為
府兵之制創於西魏，增於周隋，盛於唐代，但唐代所立的府數，早已
不清，《新唐書‧地理志》所載府名又多亡佚，勞經原父子輯於唐志
又博考諸書，得府名五百五十七，羅氏每於石刻及隋唐兵符見有府名
為勞經原未及者，則補錄之，截止到1920年，補唐府名三十八，補勞
注六十八。作《唐折衝府考補》附錄隋兵府見於金石刻辭者十六。[49]
直到晚年仍不斷增補，為唐史研究補充了新的資料。此外青銅器及銘
文拓本也是羅氏收集、整理、研究較多的。銘文考釋，部分集於《雪
堂金石跋尾》，收錄有關金文的四十五篇，大抵每篇都有考釋文字的
新創獲，如《不敦跋》，考釋了薄伐的「薄」字，補充論證了蔣伯斧
釋出的「束」字，聯繫其他銘文中的「匹馬束絲」，指出諸家釋「束」
為龜是錯誤的，又說文中「臣五家」之末字蔣伯斧疑為「家」，是正
確的，還列舉了其他銅器銘文中賜臣僕若干家的資料。這樣，這篇保

48　轉引自莫榮宗：《羅雪堂先生年譜》，載《大陸雜誌》第二十六卷，第六期。
49　羅振玉：《唐折衝府考補》序。

存了社會史重要資料的銘文就可以通讀了。又如《莽量拓本跋》，不僅訂正了《兩漢金石記》釋文之誤，還聯繫文獻考訂了新莽史事。在日本時羅氏還與王國維談到，金文研究不僅就一器進行考釋，還應會合其他銘文作分類考釋，並稱「古金文通釋，可約分四類，曰邦國、曰官氏、曰禮制、曰文字」。[50]這樣銅器銘文可以進一步梳理成便於史學家使用的資料。

由於羅氏以大量精力用於古籍古物搜集、流傳，用古器物學資料復原歷史的研究成果相對較少。但他在收集這些資料時，是很明確地作為歷史資料而收集、刊佈的。如在《赫連泉館古印存》的自序中說，自己十五隨學制印，始有印癖，稍長，漸聚諸家印譜，方知古璽印對小學、地理、官氏諸學大有裨益，但數百年來對此研究很不夠。文中列舉該書著錄的資料中有益於考證的八事，書中的廿八日騎舍印，無文獻可考，當為傳舍之印，從漢代木簡可知，塞上亭燧接受和發送文書皆紀日，「此印蓋亦為傳舍紀日之用」。又如，漢印中曾見「執法直二十二」的印文，「殆漢禦史亦分曹當值，此皆可補史志闕文」。不僅如此，即使對書畫藝術，羅氏在收集、整理、傳佈中，不止一次談到書畫不僅是供人欣賞，而且有學術價值。如在《藝術叢編序》[51]中他寫道：

藝術者，非供耳目之近玩已也，狹而言之，為學者遊藝之助，以考見古人技巧之美、製作之精；廣其義言之，則三古以來之制度，文

50　羅振玉：《三代吉金文存序》。
51　見《貞松老人外集》卷一。

物系焉矣，凡載籍之闕遺、文質之遞嬗、人才之興替、政俗之隆汙，莫不於是覘之。

這些都說明羅氏收集、研究、傳佈古物的主要目的是為古史研究提供資料。

這一目的還充分地體現在他對收藏古物的態度上。羅氏極喜歡收集古物，羅振常在《洹洛訪古遊記》中有「兄嗜古若渴」的評語。然而，他又和一般嗜古的收藏家迥然不同，陳邦直在《羅振玉傳》中說，羅氏搜集古物的方針，是求有益於學術，若文字有價值的，即使殘物碎片也重價購買，否則無論器形多完整，鏽色多美觀，也不甚重視。而且收藏家一旦得到珍品，必永久珍藏，輕易不會出售，羅氏不同，購買時是為了作治學資料，著錄完後，「往往絕世珍品亦多售出，再將所得代價重新購買，依然為治學資料」。「先生之收藏並非求富，亦非為誇耀一時」，「一生治學，惟以發揚東方數千年之文化為目的，至於一身之名利，子孫之產業，皆非先生之所計也」。確實如此，據所見材料，羅氏的藏品常在不得已的情況下賣掉。如在日本時用於維持生計及印書；也有義賣用作賑濟；[52]或者捐贈，1935年瀋陽博物館前身奉天國立博物館成立，羅氏將所藏明器精品悉捐該館。[53]近年沈信夫撰文《羅振玉晚年二三事》談到羅氏葬禮說，入殮時有不少市民看到，「棺材內除白石灰包（防潮濕）和遺體外，僅有平日用的眼鏡一副、懷錶一隻。終生所搜集的大批甲骨，鎖在附近藏

52　羅振玉：《夢郼草堂吉金圖續編》，載《雪堂校刊群書敘錄》。
53　參見陳邦直：《羅振玉傳》。

書樓上，一片也沒帶走。悲夫！」[54]實際上，這些正是羅氏的意願，1935年他在《貞松堂吉金圖序》中寫道：

> 予平生無它好，圖書以外惟喜收集古物……意謂金石之壽，有時不如楮墨，即為之編印流傳，則器之聚散當為一任其自然，固不必私之一己也。

他這種因「嗜古」而致力古物流傳，不在乎是否「私之一己」的思想，為當時不少人難以理解，所以才有羅振玉做古董買賣而發財的流言。實際上在那個時代，學術活動沒有國家支持，一個沒有恆產的學者不這樣做，又怎麼能收集刊佈更多的史料呢？

54　《淮安文史》第十輯，1992年。

第六章
甲骨學的奠基人

殷墟甲骨的發現，迄今已過百年。近一個世紀以來，甲骨學日益成為顯學。治史、治古文字以至從事書法藝術的人都要吸收這門學科的研究成果。而殷墟甲骨被安陽小屯村民發現，至少可以追溯到19世紀中葉。那時無字卜骨與鏟去刻文的龜甲、獸骨每每作為「龍骨」售與藥鋪，所以後來有由於用藥而發現甲骨文的傳說。但這是不可能的，因為藥鋪不收字骨。

甲骨文被收藏家發現是在19世紀末，一般認為1899年被王懿榮首先辨認出來，最早的一批收藏家則還有王襄、孟定生、劉鶚等。但是甲骨文從發現到形成一門科學，是又經過一批學者辛勤耕耘的結果。在這一批奠基人中，首屈一指的就是「四堂」之首—羅振玉。

6.1　甲骨四堂

20世紀30年代，古文字學家唐蘭在一篇文章中概括甲骨學發展史時說：

卜辭研究，自雪堂導夫先路，觀堂繼以考史，彥堂區其時代，鼎堂發其辭例，固已極一時之盛。[1]

這段著名的評論，點出了甲骨學發展史上四個代表人物各自對該學科的貢獻，為學術界所公認，並被簡稱「甲骨四堂」。這「四堂」分別指：羅振玉（號雪堂）、王國維（號觀堂）、董作賓（字彥堂）、

1　唐蘭：《天壤閣甲骨文存》，自序。

郭沫若（號鼎堂）。

「鼎堂」郭沫若涉足甲骨研究始於1928年，當時正流亡日本，進行中國古代社會的研究。先是在東京上野圖書館借到羅振玉編輯的《殷虛書契》，從序言得知是出於殷墟的古文字，正是他要尋找的第一手資料。接著轉向求索甲骨文入門書，找到了羅氏的《殷虛書契考釋》及王國維的《觀堂集林》等，初步掌握瞭解讀卜辭的鑰匙。經過刻苦的自學，除了文字考釋和利用卜辭復原歷史外，較多地注意到通過辭例分析，探討卜辭語法、契刻規律，同時進行殘片綴合、殘辭互補。因而其突出的貢獻為「發其辭例」。談到甲骨學史，郭沫若在1929年9月竣稿的《卜辭中的古代社會》和《中國古代社會研究・自序》中一再寫道：

　　甲骨自出土之後，其搜集保存傳播之功，羅氏當居第一，而考釋之功也深賴羅氏……《殷虛書契考釋》……則使甲骨文字之學蔚然成一巨觀。談甲骨者故不能不權輿於此，即談中國古學者亦不能不權輿於此。

　　羅振玉的功勞即在為我們提供出無數的真實的史料，他的殷代甲骨的搜集、保藏、流傳、考釋，實為中國近三十年來文化史上所應該大書特書的一項事件。[2]

「彥堂」董作賓是1928年至1936年河南安陽殷墟發掘的主持者，並對發掘出的兩萬多片甲骨進行了整理研究，輯為《殷虛文字甲

2　見《郭沫若全集》，北京：人民出版社，1982年版，歷史編 I 第193頁，第8頁。

編》、《殷虛文字乙編》。1933年發表了在甲骨學史上有劃時代意義的《甲骨文研究斷代例》。對於殷墟甲骨發現和研究的歷史，他曾評論說，劉鶚印《鐵雲藏龜》「斷定甲骨卜辭為殷代之字」，孫詒讓撰《契文舉例》「為中國史學開闢一新領域」，但是：

> 劉、孫兩氏相繼凋謝，在甲骨學中只算曇花一現。劉氏書原由羅氏手拓編次且慫恿付印者，王氏（按：指王國維）考證卜辭，皆在羅氏之後，且受羅氏的啟迪實深。所以嚴格來講，甲骨學能建立起來，得有今日，實出於羅氏一人之力。[3]

「觀堂」王國維，與羅氏一起作為「羅王之學」的奠基者，他對甲骨文研究的貢獻早已為人熟知，尤其在清華學校所作《古史新證》講義提出「二重證據法」，即以「紙上」和「地下」（甲骨、金文等古文字）資料互證研究古史，對後來的學術研究產生重大影響。而在王國維以前，首開利用甲骨文研究商史先河的正是羅振玉。1903年，羅氏在《鐵雲藏龜》序中就明確提出甲骨文可證經史，1910年在《殷商貞卜文字考》中更將卜辭中的王名與《史記·殷本紀》對勘。後來，他在《殷虛書契考釋》中作了進一步的研究和闡發。而王國維正是在作《殷虛書契考釋》抄錄工作之後，才開始研究甲骨文的，更是在羅氏對勘的基礎上，又作深入細緻的研究才完成的《殷卜辭中所見先公先王考》、《續考》等重要的考史著作，並把他使用的方法概括為「二重證據法」加以提倡。正因為這樣，1925年，王國維在總結

3　董作賓：《甲骨學五十年》，第63頁。

《最近二三十年中國新發現之學問》[4]一文裡，論述甲骨出土後「審釋文字自以羅氏為第一，其考定小屯為故殷墟，及審釋殷帝王名號，皆由羅氏發之」。

由此可見，「雪堂」羅振玉被推為「四堂」之首，並非唐蘭杜撰，而是對其他「三堂」所論的概括；也不是由於他最年長，而是取決於他在甲骨學起步時期的先導作用，這先導作用都記錄在羅氏有關的學術活動及著作中。

6.2　雪堂與兩部最早的甲骨學著作

光緒二十五年（1899年）一種人們從未見過的文字—甲骨文被發現。這一發現應歸功於國子監祭酒王懿榮。他在古董商求售的骨頭上辨認出文字，並斷定其字「在篆籀之前」，故「畀以重金，囑令悉數購歸」。[5]從此甲骨成為士大夫爭相收藏的古物。翌年（1900年）王懿榮死於國難，1902年其子翰甫為「清公夙債」，將「千餘片」甲骨轉售劉鐵雲，劉氏又從他處「收得三千餘片」。[6]次年一起攜至江南。1903年，第一部甲骨著錄書《鐵雲藏龜》問世了，這部書引起了經學大師孫詒讓（仲容）很大興趣，他寫道「不意衰年睹茲奇跡，愛玩不已，輒窮兩月力校讀之，以前後複者參互采繹，乃略通其文字」。[7]遂於1904年撰《契文舉例》二卷，這是第一部考釋甲骨文字的專著。

4　刊於1925年9月《學衡》第45期。
5　王漢章：《古董錄》，《河北第一博物院畫報》1933年第50期。
6　劉鶚：《鐵雲藏龜》自序。
7　孫詒讓：《契文舉例》自序。

《鐵雲藏龜》和《契文舉例》是兩部最早的甲骨學著作，預示了一門新學科的誕生，而這兩部著作的面世，都與雪堂有著密切的關係。

有資料表明《鐵雲藏龜》是羅氏手拓編次，勸說劉氏付印的。如羅氏曾多次回憶道：

> 光緒己亥，予聞河南之洹陽發現古龜甲獸骨，其上皆有刻辭，為福山王文敏公所得，恨不得遽見也。……文敏殉國難，所藏悉歸丹徒劉氏，又翌年傳至江南，予一見詫為奇寶，慫恿劉君亟拓墨，為選千紙付影印。[8]

> 光緒二十五年，歲在己亥，實為洹陽出龜之年，予時春秋三十有四，越歲辛丑，始於丹徒劉君許見墨本。作而歎曰：此刻辭中文字與傳世古文或異，故漢以來小學家若張、杜、楊、許諸儒所不得見者也，今幸山川效靈，三千年而一泄其密，且適當我之生，則所以謀流傳而攸遠之者，我之責也。夫於是盡墨劉氏所藏千餘，為編印之。[9]

> 予之知有貞卜文字也，實因亡友劉君鐵雲，鐵雲所藏予既為編輯為《鐵雲藏龜》逾十年，予始考訂其文字……[10]

都明確地記述了編輯過程。與羅氏有過交往的董作賓、王國維、

8　羅振玉：《殷商貞卜文字考》，1910年玉簡齋印。又，據劉惠蓀《劉鐵雲先生年譜長編》，王懿榮所藏甲骨歸劉鐵雲是在壬寅十月初（1902年），「翌年」癸卯即1903年，是羅氏見到甲骨實物之年，也是《鐵雲藏龜》編輯出版面世之年。稍後羅氏在《前編》序所說「辛丑（1901年）始于丹徒劉君許見墨本」，雖不能排除羅氏先見到拓本、獲知甲骨出土消息、兩年後才見到實物的可能，但聯繫下文，「辛丑」很可能是「癸卯」之誤。

9　羅振玉：《殷虛書契·序》，1912年。

10　羅振玉：《鐵雲藏龜之餘·序》，1915年。

容庚以及撰寫了《殷虛卜辭綜述》的陳夢家，都認為《鐵雲藏龜》的印行，羅氏實助其成。

當然，也有不同的觀點，尤其在《殷虛書契考釋》為王氏所作之說盛行時，有人提出《鐵雲藏龜》的拓印與羅氏無關，就是《殷虛書契》也非全出羅氏之手。對此近年也有研究者進行過仔細的辨證，如馮濤《羅振玉與甲骨學》[11]一文，例舉羅氏從青年時代開始，每每「手施氈墨」拓古碑墓誌及甲骨的事實，及在一些著述中，屢屢表示出對甲骨「文字易滅」的珍惜之情，論述羅氏「拓藝自是很高」，「精心手拓也是理所當然」。並認為：

從《鐵雲藏龜》到《殷虛書契（前編）》的比較中可以看出，前者印拓模糊不清，而後者採用珂珞版精拓本影印，他的精確性遠勝於前者的石印本。兩書相隔九年，若非羅氏親自參加過前者的拓印工作，有了相當的經驗，要取得這樣大的進步是難以想像的。

這一分析是有道理的，實際上羅氏一生中，編書刊佈，大量事務性工作親自動手之事屢見不鮮。1918年即《鐵雲藏龜》問世十五年後，在日本京都與羅氏朝夕共處的王國維，在《雪堂校刊群書敘錄‧序》中談到羅氏刊書的工作作風說：「自編次、校寫、選工、監役，下至裝潢之款式、紙墨之料量，諸淩雜煩辱之事，為古學人所不屑為者，而先生親之，舉力之所及，而惟傳古之是。」這時羅氏已是五十三歲的知名學者了，那麼在此十五年前，初次見到「詫為奇寶」

<hr>

11　載《人文雜誌》1985年第2期。

的甲骨，促使劉鐵雲刊佈時，手拓編次就更不足為奇了。

《契文舉例》的出版在1917年，羅氏將其作為《吉石庵叢書》的一種刊行，距作者孫詒讓謝世已近十年了，1927年又重印為上海蟬隱廬石印本。孫詒讓是較有系統認識甲骨文字並寫成著作的第一位學者，對於開拓甲骨文字園地有披荊斬棘之功。但是也正因為它是第一部釋字的書，而所據資料僅為《鐵雲藏龜》著錄的一千零五十一片甲骨，所以有很大的侷限性。除了那些「比較容易認識的，凡是對《說文》和金文都比較熟悉的學者，大概都能辨識出來」[12]的字以外，錯釋的相當多，「許多完整的卜辭不能通讀，故在此基礎上所論述的殷代制度，也是難以成立的」。[13]

孫詒讓1904年完成《契文舉例》後，曾以手稿寄羅氏，當時羅氏雖曾為《鐵雲藏龜》作序，但尚未對甲骨文進行系統的研究考釋，不過這第一部考釋甲骨文字的書給他留下的印象是「惜未能洞析奧隱」。[14]「仲容固深於《倉》、《雅》、《周官》之學者，然其箚記（指《契文舉例》）未能闡發宏旨。」[15]1910年羅氏開始甲骨文的研究，1914年始系統進行了甲骨文字考釋，在親身體驗了釋字的拓荒之艱後，對孫氏之書的態度有了改變。1916年王國維在上海獲得《契文舉例》稿本寄給羅氏，說「想公知此稿尚存，當為欣喜」。[16]反映羅氏

12　裴錫圭：《談談孫詒讓的契文舉例》，載《古文字論集》，北京：中華書局，1992年版，第337頁。
13　劉一曼等：《甲骨文書籍提要》，北京：書目文獻出版社，1988年版。
14　羅振玉：《殷商貞卜文字考·序》。
15　羅振玉：《殷虛書契》，自序。
16　《致羅振玉書》（1916年12月14日），見吳澤主編：《王國維全集·書信》，北京：中華書局，1994年版。

曾與王國維談過《契文舉例》，並為其未能刊行表示過遺憾，也說明羅氏在作《考釋》時，手中並無孫氏稿本。在接到王氏郵至的稿本後，羅氏於《丙辰日記》中寫道：「粗讀一過，得者十一，而失者十九，蓋此事之難非徵君之疏也。」王國維也有類似的評價，認為孫氏之書「僅據《鐵雲藏龜》為之，故其說不無武斷」，但是「篳路推輪，不得不推此矣！」[17]所不同的是，王國維認為「此書數近百頁，印費即不少，而其書卻無可采，不如《古籀拾遺》遠甚，即欲采其佳者，亦無從下手。⋯⋯考殷人制度亦絕無條理，又多因誤釋之字立說，遂覺全無是處」。[18]打消了編入《學術叢編》[19]印行的初衷，而羅氏卻於次年將該手稿全文出版了。

有人對羅氏印行《契文舉例》的動機作種種見仁見智的推測，實際上羅氏一生刊印流傳前人手稿之事是不少的。早在1888年羅氏二十三歲得山陽阮葵生《風雅蒙求》稿本，授人印行即為「謀傳前人遺著之始」，[20]1897年刻行無名氏撰《黔蜀種鴉片法》，1915年刻行吳大澂《續百家姓印譜》稿，1918年刻行王昶未了之作《金石萃編未刊稿》等等。在刊行《契文舉例》前後，更多次刊行前人遺著，而且該書儘管錯誤較多，但作為開山之作，對於研究甲骨學史是有重要意義的。聯繫羅氏在《殷商貞卜文字考》序中回顧「亡友孫仲容徵君（詒讓）」「以手稿見寄」的往事，嘆惜「仲容墓已宿草，不及相與討論為憾事也」。聯繫羅氏1915年編刊《鐵雲藏龜之餘》紀念劉鐵雲流傳

---

17   王國維：《最近二三十年中中國新發現之學問》，載《學衡》1925年第45期。
18   《致羅振玉書》（1916年12月14日），見吳澤主編：《王國維全集・書信》，北京：中華書局，1994年版。
19   1916年王國維受聘英人哈同，為編《學術叢編》。
20   羅繼祖：《庭聞憶略》。

之功，「以旌君之績，以慰君於九泉」，使劉君「借二書留姓名於人間」。[21]聯繫羅氏這些言行，他刊行《契文舉例》的目的是很明確的了。

6.3　甲骨出土地和王朝占卜遺物的確認

甲骨發現後的第一個十年中，國內只出版了三部甲骨學著作，數量雖少，但在甲骨學史上都佔有自己的特殊位置。這三部書除了《鐵雲藏龜》和《契文舉例》外，第三部就是雪堂的《殷商貞卜文字考》，出版於1910年。

羅氏第一次見到甲骨時，正值旅食江南，應聘於湖北、廣東、江蘇從事教育工作，兼理《教育世界》雜誌及農書的出版，無暇顧及甲骨文研究。1903年為《鐵雲藏龜》作序時，「顧行篋無藏書，第就《周禮》《史記》所載略加考證而已」。[22]提出「此唐宋以來載籍所未道，不僅文字有俾六書，且可證經史」，並例舉三事，證明它是周以前「夏殷之龜」。1907年進入學部，攜眷入京，眼界日寬，但仍常奔走視學，又赴日本考察教育等，餘暇除進行金石考古方面的研究以外，開始時時披覽甲骨墨本，尋繹卜辭涵義，訪求甲骨出土地。[23]至1909年，日本學者林泰輔將其新作《清國河南湯陰發現之龜甲》[24]一文郵至，羅氏讀後寫道，林文援據賅博，可補《鐵雲藏龜》序言的疏略，

21　羅振玉：《鐵雲藏龜之餘・自序》。
22　羅振玉：《殷商貞卜文字考》，自序。
23　羅振玉：《殷虛古器物圖錄序》。
24　該文刊于日本《史學雜誌》20卷8至10期。

但仍有一些問題需進一步考證，於是利用餘暇：

> 盡發所藏拓墨，又從估人之來自中州者博觀龜甲獸骨數千枚，選其尤殊者七百，並詢知發現之地乃在安陽縣西五裡之小屯，而非湯陰。其地為武乙之虛，又於刻辭中得殷帝王名諡十餘，乃恍然悟此卜辭者實為殷室王朝之遺物。其文字雖簡略，然可證史家之違失，考小學之源流，求古代之卜法，爰本是三者，以三閱月之力，為考一卷，凡林君所未達，於是乃一一剖析明白。[25]

這篇著作就是《殷商貞卜文字考》，對林氏之作最重要的訂正之一就是甲骨出土之地不在湯陰，而是在安陽小屯附近，亦即《史記‧項羽本紀》等文獻所載的「殷墟」—商代晚期都城，這一論斷在甲骨研究方面是一個非常重要的發現。

因為作為古代占卜遺存的龜甲獸骨，當它僅當作收藏家的鑒賞品時，受重視的是其本身價值，出土地點並不重要。但作為一門科學的研究對象，首先要掌握它真正的出土地點、埋藏情況、共存遺物，才能進行綜合研究，抽繹出隱含的史實。然而，甲骨自從為收藏家和學者注意後，身價日高，古董商為了壟斷轉手倒賣的高利，故意隱瞞了真實的出土地，長久地流傳著甲骨出於湯陰、羑裡說等。前後十年沒有人進行認真考察，這也是甲骨研究在第一個十年長久停滯的原因之一。例如，劉鐵雲也注意到卜辭中的祖乙、祖辛等商王名諡，卻僅得出商人以天干為名的證據；孫詒讓說殷代諸侯臣民都以甲乙為號，並

25　羅振玉：《殷商貞卜文字考》，自序。

不限於商王，還是回到劉鐵雲的結論，對甲骨卜辭的認識僅停留在「殷人刀筆」的水準。而羅振玉由於一開始研究甲骨就致力於調查其真實的出土地，在這個基礎上，進而考訂出這些甲骨出土於商代晚期都城，屬於殷室王朝遺物。這一發現第一次揭示出商代已進入成文歷史時代的確證，商王朝的存在再也無人懷疑了。雖然羅氏據《史記》與今本《竹書紀年》判定殷墟為「武乙之虛」並不準確，現在知道，殷墟甲骨卜辭中至少還包括了武乙以前五位商王的遺存，尤其武丁時期的卜辭為多，安陽殷墟應是盤庚遷殷始建的都城。儘管如此，羅氏論證的方法，開以卜辭證史的先河，沿著這條思路王國維系統梳理、研究了甲骨卜辭中的商王譜系，並對殷墟曾為商都的時代作了訂正，進一步利用卜辭資料，復原商代歷史。

殷墟甲骨卜辭性質的判定不僅為考史奠定了牢固的基礎，對於甲骨文字的研究也意義重大。陳夢家曾評論說：「考訂小屯為殷墟與審釋帝王名號二事，確乎是羅氏考釋文字以外的貢獻，沒有此二事為前提，對於文字考釋也難求其貫通的。他的考釋所以比孫氏更進一步，固由於他親自接觸實物與拓本，更由於他確定了『安陽所出龜甲獸骨刻辭者實為殷商王室之遺跡，太卜之所掌』（辛亥本《前編》序），因此他對於卜辭的認識就大不同於孫氏了。」[26]在《殷商貞卜文字考》中，羅氏從四個方面論述了自己對甲骨的認識：

考史第一，一殷之都城，二殷帝王名諡。
正名第二，一籀文即古文，二古象形字因形示意不拘筆劃。

26　陳夢家：《殷虛卜辭綜述》。

卜法第三，一曰貞，二曰契，三曰灼，四曰致墨，五曰兆坼，
六曰卜辭，七曰霾藏，八曰骨卜。

餘說第四。

這種以卜辭通讀為前提的分類考釋和論證的方法，較《契文舉
例》僅憑一些單字進行分類考證更為科學。作者在闡述過程中多有創
獲，在考訂甲骨出土地安陽小屯的基礎上，還指出自成湯至帝辛的商
王名諡見於卜辭者十有七，如卜辭中的大乙，《史記》訛作天乙；《史
記》中武乙之子為大丁，《竹書紀年》作文丁，以卜辭證之，《竹書》
是而《史記》誤也。又從祭祀卜辭中揭示殷人崇尚鬼神之風，此外對
殷代卜法的推測和文字考釋等方面都有很多創見，一些關鍵性字被釋
出，使卜辭「粗粗可以通讀了」[27]。總之，這一著作雖然只有薄薄
三十頁，卻已「粗具甲骨研究的規模」。[28]所以它雖是為答林泰輔而
作，意義卻不是補正林文的疏漏，而是甲骨學最初的一本奠基之作。

實際上，甲骨出土地和性質的考訂，意義不僅如此，它直接導致
了後來安陽殷墟的發掘，而在科學發掘得以實施之前，由於明確了出
土地點，一些學者親往或派人去收購，從學術研究的角度去小屯搜集
甲骨，比起與古董商交易，會大大地減少損失。羅氏從「古卜用龜，
輔以獸骨」的文獻記載出發，認為對於甲骨的搜集必須龜、骨「兼收
並蓄」。[29]但甲骨在地下埋藏數千年，多已朽脆，尤其是龜甲，背面

27　陳煒湛等：《論羅振玉和王國維在古文字領域內的地位和影響》，載《古文字研
　　究》第四輯。
28　陳煒湛等：《論羅振玉和王國維在古文字領域內的地位和影響》，載《古文字研
　　究》第四輯。
29　羅振常：《洹洛訪古遊記》，1936年，河南人民出版社，1987年再版，下引同。

第六章‧甲骨學的奠基人　　141

密集地排列著鑽鑿，出土時多斷裂成小塊，「賈人但取大者，每遺龜甲不取」。為此，羅振玉在1909年曾遣廠友祝繼先、秋良臣至小屯收購甲骨，後來妻弟范恒昌也去了，「曾得若干，亦取龜甲之字多者，小而字少者亦棄之」，羅氏對此很不滿意，打算「吾將至其地儘量收之，雖龜屑不令遺」。聞此，其弟羅振常自告奮勇，「余將與恒昌同往，必如兄旨」。第三日—宣統三年（1911年）二月十七日便成行了。行篋中「攜《殷商貞卜文字考》一冊，並考古之書數種」，有這樣的「裝備」去出土地收購，所獲當然是古董商所不能相比的。後來羅振常將此行經歷寫成《洹洛訪古遊記》，這是實地考察安陽殷墟的第一部著作，不僅記所見、所聞、地形、地貌、甲骨出土情況，還包括了對一些其他出土物的考訂，有的還繪有簡圖，內容不乏創見，是一部有價值的學術著作。

羅振常小屯之行，是羅振玉第二次派人去收購甲骨，兩次所得共約三萬片，積累了一大批珍貴資料，其中包括了不少精品。此行由於羅振常很明確收購甲骨「其關係古學，則大小同等，初無二致」，對有重要意義的碎片也「儘量收之」，因此使村民出售甲骨也發生了變化，不再僅以大小論價，使得一批內容重要的碎甲骨得以保存流傳，客觀上為後來的綴合創造了條件。

羅氏派人去小屯，不僅收集了甲骨，還收集了一批不為古董商重視的出土物。羅振常在《洹洛訪古遊記》中記述，出發前「兄言：與龜甲同出土者，必尚有三代古物，其尊彝戈劍之類，必為沽客買去，其餘沽客所不取者必尚有之。即不知其名，苟確為古物而非近代之器，弟幸為我致之」。所以羅振常到小屯後，還收集搶救了不少古文

物，其中不少珍品，後編為《殷虛古器物圖錄》。從調查古文物的出土地到收集共存的其他遺物，這是收藏家所不曾做過的事，它為綜合研究奠定了基礎。所以1929年郭沫若在致力於研究中國古代社會時，曾感歎道：

　　羅氏在中國要算是近世考古一位先驅者，他的搜藏與從來古董家的習尚稍有區別，他不僅搜集有文字的骨片，並還注意到去搜集與骨片同時出土的各種器物；在1916年他還親自到安陽小屯去探訪過一次。這種熱心，這種識見，可以說是從來的考古學家所未有的。[30]

　　他還說《殷虛古器物圖錄》是研究甲骨者不可不讀之書，並為它被研究甲骨者忽視感到不理解。

　　羅氏的很多著作及刊佈的資料，確有不少長期沒有引起應有的重視，有的甚至被誣為佔有他人成果，然而在整個甲骨研究學科的形成和發展道路上，其「導夫先路」的作用是不可泯滅的。

6.4　甲骨的搜集、整理與刊佈

　　1903年，羅振玉在上海初次見到了甲骨，在詫為奇寶之餘，已決心肩起搜集、流傳之責了。[31]在為《鐵雲藏龜》作序時，曾以為「三千年之奇跡當與海內方聞碩學共論定之，斯書即出，必有博識如束廣微

30　郭沫若：《卜辭中的古代社會‧序說》，見《中國古代社會研究》。
31　羅振玉：《殷虛書契》，自序。

者，為之考釋闡明之，固非曾曾小子所敢任也」。但《鐵雲藏龜》面世數年，僅孫詒讓作《契文舉例》，因而產生了自己研究的想法。1910年林泰輔以新作郵至，羅氏在寫《殷商貞卜文字考》作答的過程中，已深感必須詳細地搜集資料，才能得出詳實的研究結論，所見未博，考釋也難自信。然而搜求甚是艱難：

> 實物之倖存者有盡，又骨甲古脆，文字易滅，今出世十年，世人尚未知貴重，不汲汲搜求，則出土之日即漸滅之期矣……由此觀之，則搜求之視考釋尤急矣。

因此，他在1909年和1910年兩次派人去小屯收集甲骨，羅振常《洹洛訪古遊記》在記搜集過程談到「送閱者斷無佳品，我欲先取菁華，彼欲先去糟粕，其理正同」。必去小屯親自檢選，才能獲較多的珍品。兩次所獲三萬餘片，客觀上形成與當時外國人如加拿大傳教士明義士等爭購的局面，使一大批重要甲骨不僅留在國內，而且較快的得到整理並刊印出來，供更多學者研究之用。對收集到的三萬甲骨，他從中精選三千，「寒夜擁爐，手加氈墨」，與弟振常、妻弟恒昌一起墨拓甲骨，「擬先編墨本為《殷虛書契》前編，考釋為後編」。宣統三年（1911年）正月已編成《殷虛書契》二十卷，創辦《國學叢刊》分期發表了前三卷。八月辛亥革命爆發，十月羅氏東渡日本，「將辛苦累蓄之三千片骨與甲鄭重載入行笈，而輾轉運輸及稅吏檢查，損壞者十已五六，幸尤殊者墨本尚存」。這更增加了他的緊迫感，雖有「斯世誰複有讀吾書者」的憂慮，卻仍未減緩刊佈資料的速度。再以一歲之力重編《殷虛書契》為八卷，1912年底完成，1913年以珂瓏版

影印分四冊面世。新版較《國學叢刊》的石印本更加清晰易辨，這是自甲骨發現後十年間，繼《鐵雲藏龜》之後第二部著錄甲骨的書。全書共收拓本二千二百二十一片，其中選收劉鐵雲和日本三井源右衛門的甲骨拓本一百二十一片，新公佈拓本二千一百九十七片。《殷虛書契》[32]的編輯體例大體與《殷商貞卜文字考》的條理相仿，每卷都是把卜辭內容相關的拓本按順序編在一起，如第一卷以先公、先王開頭，依次是妣母、父兄、神祇、人名等；第二卷為時王的出入往來、田獵、地名等。這樣的編排正與《殷商貞卜文字考》的都邑、帝王、人名、地名的次序一致，說明羅氏編輯甲骨資料已有通盤考慮，有著較為周密的邏輯體系。本書的資料相當豐富，從王世、官吏、軍隊、征伐、刑罰、都邑，到農牧業生產、社會等級、禮制（祭禮）、氣象、曆法等等，基本包括了社會生活的各個方面。書中的「貞惠小臣令眾黍」，「戎馬左、右、中人三百」等至今都是研究商代階級關係和軍隊編制不可多得的資料。

正因為這本書中的資料重要，又印製精良，研究甲骨學、商史及文字學的學者無不徵引，歷經八十餘年讀者需求歷久不衰。即使集大成的巨著《甲骨文合集》出版，讀者仍常需翻檢原書，故本書自初版問世後連續翻印過多次。第一版僅印製百部，當時的研究者已很難尋覓；1932年重印；1970年臺灣藝文印書館再次翻印以應海外急需；1993年天津古籍書店又翻印，並加釋文以滿足更多讀者需要。這一

32　此版《殷虛書契》簡稱《前編》、《前》，以與《殷虛書契菁華》（簡稱《菁華》）、《殷虛書契後編》（簡稱《後編》、《後》）、《殷虛書契續編》（簡稱《續編》、《續》）相區別。今人有將《前編》誤稱《殷虛書契前編》者，實際上並不存在這樣一個書名。

再翻印的事實，足以反映出羅氏編輯的《殷虛書契》在學術界的重要作用。

《殷虛書契菁華》是羅振玉編輯的第二部著錄甲骨的書。1914年出版，該書以「菁華」二字點題，是因為書中所收多為甲骨中的珍品，特別是前幾版大字塗朱的牛骨，內容重要、文字精美和骨板之大，至今尚無匹敵者。羅氏序文云：「篋中所存最大之骨尚未拓墨，蓋骨質至脆，懼或損文字也。然又不忍使湮沒不傳，爰影照精印，並取往者拓墨所遺，脆弱易損者數十枚益之，顏之曰《殷虛書契菁華》，俾與《前編》並行焉。」這本書中最精華部分是其弟振常、妻弟恒昌1911年春在安陽搜求所得，當甲骨運抵北京後，羅氏捧視見「甲骨新字甚多」，且「均佳」，有「一片滿字」大骨，堪稱「骨片大王」。[33]此次在安陽小屯得甲骨一萬二千餘片，羅氏深深為那些珍品所吸引，曾萌生「去官買地洹陽終我天年，以竟此志的念頭」，[34]真到了把甲骨當作自己生命一部分的地步。

書中的大版有商王武丁時期北方的「土方征於我東鄙」，「邛方亦牧我西鄙田」的刻辭，亦有「有虹自北飲於河」的觀察記錄，是研究殷代方國關係和人們認識自然現象的重要史料。這樣的珍品能及時與學者見面，對於開展甲骨學研究十分有利，甲骨學家和史學家很快利用這些珍貴史料探討商代文明，無不為資料刊佈之快而讚歎和慶幸。而且該書1914年出版後不久告罄，以後又是多次翻印行銷於世。

33　羅振常：《洹洛訪古遊記》。
34　羅振玉：《殷虛書契》，自序。

羅氏編刊《前編》後，原以為收藏甲骨者也會陸續刊出自己所藏，卻很久無人回應，只好勉勵自己，獨自肩起學術傳佈之責。1915年春，自海東返國，涉洹水吊殷墟，「恍然如見殷大史藏書之故府，歸而發篋，盡出所藏骨甲數萬，遴選《前編》中文字所未備者，複得千餘品，手施氈墨百日而竣。方謀所以流傳之，家人聞而笑曰：往以印書故爐灶幾不黔，今行見釜魚矣。乃一笑而罷」。[35]為印書而斷炊，以至灶不冒煙、釜中見魚，固然是說笑話，但這時靠鬻長物維持全家生計的羅氏，確因「印《流沙墜簡》所蓄已罄」，[36]雖得上海友人幫助，1916年作為《藝術叢編》第一集珂瑓版影印行世，但在內容上不得不將原編六卷壓縮為二卷，這就是《殷虛書契後編》。羅氏在如此的艱難困境中，能夠始終為堅持保存和流傳古代文化遺產而盡心竭力，是相當不容易的。

《後編》全書共收拓本一百零四片，除自藏甲骨外，兼採少量隨庵藏骨。書中甲骨同《前編》一樣，資料價值甚高，有「征土方」、「王往蒦藉」、「新大星並火」和「易多女有貝朋」等戰爭、農業、天文和貨幣資料，是研究殷代政治、經濟和科學極為可貴的史料。

此後十餘年羅氏又編成《殷虛書契續編》六卷，1933年珂瑓版印刷，此書出版時，甲骨學的發展在國內已初見規模，進入科學發掘和發展階段。除羅王之外，一批新的學者逐漸成長起來，研究水準日漸提高，對於資料的著錄要求更加嚴格。該書在分類方面比《前編》《後編》更為系統和明確，全書共收拓本二千零十六片，依次以祭祀、帝

35　羅振玉：《殷虛書契後編》，序。
36　見《藝風堂友朋書箚》，上海古籍出版社，1983年版，第1006—1009頁。

系、農業、征伐、方國、往來、田獵、干支、天象、旬夕、疾病、人名、雜卜、卜旬、卜王等進行編排，讀者翻檢查找資料更為方便。

《續編》的資料來源與前兩編有較大不同，羅氏在序中說《後編》出版後，他「十餘年間複得墨本約三千紙」，為續兩編，「以一月之力」，「選三之二，成書六卷」。這「二千紙中，大率為丹徒劉氏、天津王氏、北京大學、四明馬氏所藏，其什之一，則每見估人所售，於千百中遴選一二而手拓之者」。不限一家所藏，故精粹亦多，雖與他書有重複，但該書拓本清晰，印製精良，較藏者著錄的書為精，仍不失為研究甲骨的重要參考書籍。

羅振玉除刊印上述著錄甲骨專書外，還將劉鐵雲所遺墨本和其弟振常1911年在安陽小屯收購的四塊甲骨刊印出來。前者為「欲揭君（劉鐵雲）流傳之功以當告世」，「選《藏龜》所未載者，得數十紙為《鐵雲藏龜之餘》」，於1915年珂瓈版影印；後者與安陽小屯出土的玉石、骨角諸器同載《殷虛古器物圖錄》，1916年刊出。其後，羅氏之子福成遵父命，於1928年編輯出版《傳古別錄》第二集，又將《殷虛書契菁華》和《殷虛古器物圖錄》中的大版甲骨照片墨拓影印，為研究者提供了更便於觀察和使用的清晰甲骨資料。這種為研究著想不斷改進印刷品質的做法，在研究者不易見到實物的情況下，尤其值得提倡和效法。

羅氏致力甲骨流傳之功是學術界公認的，從《鐵雲藏龜》問世到1933年甲骨著錄達到第一個高潮。三十年間海內外甲骨著錄書共出了十六種，公佈資料近一萬五千片（包含重出），其署名羅氏的五

種，著錄甲骨五千四百餘片，超過了三分之一。在《續編》自序中羅氏說：《前編》《後編》《續編》三編公佈墨本「總得五千餘紙，雖不敢謂殷虛精華悉精於是，然亦略備矣」。就1933年以前私人挖掘的傳世甲骨而言，此說並不過分。而在這三十年的前半段，即1903年至1918年間，出版甲骨書七種，著錄甲骨資料七千五百餘片，其中除了《鐵雲藏龜》外，1916年以前的四種均為羅氏編輯出版，著錄甲骨三千四百餘片；1917年王國維編輯出版《戩壽堂所藏殷虛文字》著錄甲骨六百餘片；明義士編輯出版《殷虛卜辭》收錄二千三百六十九片為摹本，由於部分摹寫不夠準確，並有誤字，學術價值受到一定影響。由此可見，在甲骨學初創時期，羅氏刊佈的資料占相當大的比例，而且精選精印，為海內「方聞碩學」者研究探索提供了準確清晰而豐富的資料。

對於羅氏搜集古物的熱心，羅振常曾有「兄嗜古若渴」的評論，[37]然而在這「嗜古」的背後，卻給傳統國學注入新的生命。

6.5　甲骨文的考釋研究

《殷虛書契前編》完成後，羅氏原擬繼為考釋，以解決卜辭無法解讀之苦。當時因種種原因未能進行。兩年將過，羅振玉「感莊生『吾生有涯』之言，乃發憤鍵戶者四十餘日，遂成考釋六萬餘言」。[38]這就是《殷虛書契考釋》，初版本於1914年由王國維手抄石印，1927

37　羅振常：《洹洛訪古遊記》，三月十六日。
38　羅振玉：《殷虛書契考釋》，序。

年再增訂出版。

初版本分八章：一、都邑；二、帝王；三、人名；四、地名；五、文字；六、卜辭；七、禮制；八、卜法。其中有的是對《殷商貞卜文字考》的刪訂，如第一章論述安陽小屯為武乙之虛，方志誤以為河亶甲城。也有新增補的內容，如第七章論「殷商禮制，征之卜辭，其可知者六端：曰授時、曰建國、曰祭名、曰祀禮、曰牢鬯、曰官制。取以校《周禮》，其因革略可知也」。在前書中，僅「帝王之名諡」最後兩段略述授時、祀禮、牢鬯等內容。而更多的是在《殷商貞卜文字考》的基礎上，大量補充了新資料、新認識。如：

第二章，列舉了卜辭先王、先妣名號三十六個，指出其所載帝系有別於《史記・殷本紀》之處，如：「太乙未立，而卜辭所載祀禮儼同於帝王。又大丁、羊（羌）甲、卜丙、卜壬，校以前史與此異文，而庚丁之作康祖丁、武乙之稱武祖乙、文丁之稱文武丁，則言商系者之所未知。」大大擴充了前書關於「帝王之名諡」的內容。

第三章，列舉卜辭中人名七十八個。

第四章，列舉地名一百九十三個，其字可識或不可識，但從文例看，均於王在某、至某、伐某等十八類卜辭中，可知確為地名。

第五章，列舉形、聲、義可考的甲骨文四百八十五字，還有一些形義可知或形、聲、義均不可知而見於古金文者。通過與《說文》比較，指出「由文字之可識者管之，其與許書篆文合者十三四，且有合於許書之或體者焉，有合於今隸者焉。顧與許書所出之古籀則不合者

十八九，其僅合者又與籀文合者多，而與古文合者寡。以是知大篆
者，蓋因商周文字之舊，小篆者，大因大篆之舊。非大篆創於史籀，
小篆創於相斯也」。進一步論證了前書「籀文即古文」的觀點。而且
這種從甲骨文研究中得出的古文字發展規律的認識，較乾嘉以來大師
宿儒僅就《說文》所見大篆、小篆和古文之間的關係辯證古文字的演
變，確實前進了一大步。正如王國維所云「三代以後言古文者未嘗有
是書也」，並預見該書必將在古文字學發展上起到重要作用，「使後
之治古文者於此得其指歸，而治《說文》之學者亦不能不探源於
此」。[39]

　　第六章指出，「文字即明，卜辭乃可得而讀」，該書釋出的字較
《殷商貞卜文字考》大大增加，可通讀的卜辭也大大增加，前書列
一百三十四條，該書則列六百五十五條，分八類用今楷書寫，計有祭
祀、征伐、田獵、風雨、出入、卜告、卜年、卜敦等。

　　第八章，卜法基本也是對前書的刪定，通過對卜用甲骨的鑿、
鑽、灼、兆的觀察，印證典籍及漢人注釋，提出「商周卜法無大
差」，而「漢儒已不能明矣」。

　　從這些內容簡述中已可看出《殷虛書契考釋》是在《殷商貞卜文
字考》的基礎上更易補充而成的。由於前書寫作時羅氏所用的資料，
僅所藏的不足八百片甲骨及一些拓片，而寫《殷虛書契考釋》時，所
藏甲骨已達三萬片，其中較完整可用的也超過了三千片，加上所見、
所獲拓本，佔有的資料、獲得的新知是寫前書時所不能比的。在《殷

39　　王國維：《殷虛書契考釋》序。

商貞卜文字考》中釋錯的字，有的已經改正了，雖仍有誤釋，但這部著作第一次逐字較精密地審核甲骨文，儘量用字形比較和偏旁的分析，兼考察它在卜辭文例中的位置和作用，將一批甲骨文字清理出來，為進一步的研究奠定了基礎。陳夢家在《殷虛卜辭綜述》一書中指出：

有了這個基礎，我們才有可能從雜亂無章的許多卜辭中通讀它們。由於通讀卜辭，我們才能從卜辭中抽出有用的歷史材料，才有可能在抽繹歷史材料的過程中，發覺他所釋字的不適當、不正確，因此加以更正、補充，有的加以放棄。經過後者的手續，我們又重而更正、補充或放棄以前從卜辭中抽繹出來的歷史材料。如此交替的更易，正確的歷史材料與正確的審釋文字，才能漸漸豐富而鞏固起來。

這正是羅氏使用的方法，在《殷商貞卜文字考》中，正是將考史與釋字結合起來考察問題，才試嘗著釋出二三百個甲骨文字，除了一批基礎的簡單容易釋出的字外，「一些關鍵性的字，如貞、王、隻（獲）、已、巳、災等等也被突破」，這就使卜辭「粗粗可以通讀了」。[40]在這個基礎上，羅氏對他這一考釋成果不斷校改，在遺下的《殷商貞卜文字考》手批本書眉上，記下了很多修改意見，有的提供思考，有的錄入《考釋》。如前一書「正名第二」最後一段記待問的字，因這些「卜辭中文字不見於古金文與許書者」，「不敢臆斷，願與當世方聞之士共討索之」。其中有一個作以手牽象之形的甲骨文

40　陳煒湛等：《論羅振玉與王國維在古文字學領域的地位和影響》。

字，釋「疑牵」，夾註「疑牵為後起之字，此為初字」。此行上有親筆眉批「即『為』」這一認識，後被《考釋》初版吸收，在該書五十五頁釋字有「曰為」，而不釋牵了，並與金文、石鼓文進行了比較，指出《說文》的解釋欠妥，現在該字釋「為」已成定論。又如前書第二頁「考史第一」引《漢書・項籍傳》「羽乃與（章邯）盟于洹水」，眉批「《史記・項羽本紀》『項羽乃與（章邯）期於洹水南殷墟上』」，《考釋》關於殷墟的考釋，引文則同眉批，使用了時代較早的記載。

隨著新知識的積累，1913年前後，草成《殷商貞卜文字》卷上手稿（未刊），在手稿本中，考釋四百七十三個字，其中刪除了前書的一些誤釋的字。而《殷虛書契考釋》初版本上，釋字四百八十五個字，將四百七十三個字中刪除六十四個字，又增補了七十六個字。[41]在該書的自序中，羅氏寫道：考釋甲骨文有「三難」。一是關於商代史料的文獻記載匱乏，「欲稽前古，津逮莫由」；二是卜辭文句簡質，「篇恒十餘言，短者半之，字多假借」，增加了理解的困難；三是文字結構不規範，「因物賦形，繁簡任意，一字異文每至數十，書寫之法時有淩獵」。今「欲袪此三難，勉希一得，乃先考索文字以為之階」。其方法是「由許書以溯金文，由金文以窺書契」的逆推原則，進而再「考求典制」，最終達到尋繹商史的目的。通過考釋在六個方面獲得新的認識，即帝系、京邑、把禮、卜法、官制、文字。

1915年初《殷虛書契考釋》初印本定稿，[42]但羅氏對識字、釋

41　陳夢家：《殷虛卜辭綜述》，第57頁。
42　《殷虛書契考釋》自序作於「甲寅十二月十八日」，即1915年2月6日，聯繫「發

文、通讀、治史互相推動的研究考釋還在繼續。1915年春，他從海東啟程回鄉祭掃，《五十日夢痕錄》記「（二月）二十五日，辰刻登春日丸，巳刻開行，舟中校補《殷虛書契考釋》卜辭篇」。1916年，在編成《後編》以後，五月又梳理出形、音、義不可知的字，輯為《殷虛書契待問編》，序中說「宣統甲寅，予考釋殷墟文字，得可讀之字不逾五百，今夏為之校補，乃增至五百四十餘，合重文得千八百」，而「不可遽釋之字得千名，合以重文，共得千四百有奇」。這些字中「古今異體者什二三，古有今佚者什六七。今日所不知者，他人或知之」。羅氏認為許慎《說文解字》說「於所不知，蓋闕如也」是好的學風，形、音、義三者不備知，則曰闕，未必全闕。吳大澂《說文古籀補》附錄不可識之字，是沿習這種做法，當時以為不可釋的字，今已得釋的在什佰中恒得二三，而束廣微於汲塚古文一一寫定無疑滯，隨著原簡的散佚，後人永遠無法補正其疏漏了。所以羅氏認為應效法許君遺意而以廣微為戒，他本人在《殷商貞卜文字考》和《殷虛書契考釋》中都列出了部分不見金文、《說文》或形、音、義三者不備知者，《待問編》正是前兩書該部分的擴大。

丙辰（1916年）《殷虛書契待問編》石印出版後，羅氏就在書眉進行校補，1927年初增訂《殷虛書契考釋》就是據《待問編》校補本重新寫定的。由於釋字增多，內容也豐富了許多，帝王、人名都有增加；地名增至十七類二百三十個；考釋形、音、義可知的五百六十字；用今楷寫出可通讀的卜辭一千一百九十六條；較初印本增加了十

奮鍵戶四十餘日，遂成考釋六萬餘言」，知《考釋》始於1914年末，成於1915年初。今人多據「甲寅」之紀年，定《考釋》成於1914年是不恰當的。

分之四。該書不僅是羅氏考釋甲骨文的總結，還儘量吸收了王氏在甲骨文研究方面的貢獻，包括《殷卜辭所見先公先王考》等重要成果，並注明那些是「王氏國維曰」或「予嘗以此說質之吾友王君國維，王君然之……」等。陳夢家在《殷虛卜辭綜述》中論及王國維雖釋字不多，卻有一些重要發現，「他認識了早期的『王』字，對於卜辭整體的認識是很重要的。他的『旬』字『昱』字的認識，解決了佔據很多數量的卜旬卜辭。他認識了『土』字，並以為假為『社』字，對於古代禮制提供了新材料」。增訂本基本囊括了羅王二氏關於甲骨文考釋的成果，因而也代表了那個時代的水準。

《殷虛書契考釋》的問世，標誌著初創時期的甲骨學進入了文字考釋階段。羅氏之所以有這樣的建樹，是和他正確的治學方法與態度分不開的，如以地下資料與地上資料的互證；由《說文》上溯金文再考甲骨文的釋字方法；從釋字到通讀辭例，通過卜辭尋繹字義等治學方法；還有提倡大量佔有資料、博聞闕疑、實事求是的治學態度和作風。他研究甲骨不僅有過鍵戶清客潛心鑽研，還親自踏查甲骨之地；不僅收集甲骨，還收集研究與甲骨同時埋藏的其他遺物，提出「古器物出土地於考古至有關係」的科學見解。[43]建立在廣博基礎上的深入鑽研，這是他能居於先導地位的重要原因。

6.6　關於《殷虛書契考釋》的公案

《殷虛書契考釋》是羅振玉所作，這在甲骨學界本來是沒有疑義

43　羅振玉：《五十日夢痕錄》。

的，但到20世紀40年代羅、王均已謝世後，卻發生了著作權的「公案」。有人說該書原是王國維所作，羅氏拿來署上了自己的名字，剽竊了他人成果，一時沸沸揚揚，幾乎成了定論。

據今所知，先是王門弟子周傳儒、何士驥等，提出《殷虛書契考釋》一書，「題名雖為羅氏撰，實則王氏亦與有力焉」，「此書規模體例大致均出於王手」。[44]到1945年，當時中央研究院歷史語言研究所所長傅斯年在《殷曆譜序》中將上述說法的懷疑口氣去掉，肯定地寫道：「《殷墟文字考釋》（按：即《殷虛書契考釋》之誤）……題羅振玉撰，實為王氏之作，羅以五百元酬之。」作為一位有名望、有地位的學者，他的話引起了不少人的注意，在社會上不脛而走。四五十年代之際，一位有影響的學術權威，[45]引述了這種說法，並提出論據，說這樣有條理合乎科學律令的書，必出王氏之手，羅氏只寫過《殷商貞卜文字考》，而此書毫無條貫。僅隔五年，羅氏寫不出《考釋》來，它是花了三百元買了王氏著作權及作者名譽。並說「這本是學界周知的秘密」。後來一本行銷甚廣的非學術著作，即溥儀的《我的前半生》更言之鑿鑿地重複了此說，一個無稽之談似乎變得確有其事了，以至五十年代以後的甲骨學家也多以為《殷虛書契考釋》一書的作者是存疑的問題。在甲骨的出土地，介紹甲骨學形成發展的陳列室中，則略去了草創階段的這部奠基之作，回避了這個問題。

當然，也有學者不同意上述說法，認為此說毫無根據。1948年

---

44 轉引自張舜徽：《王國維與羅振玉在學術研究上的關係》，載《王國維學術研究論集》一集，上海：華東師大出版社，1983年版。
45 郭沫若：《海濤》刪節稿，見吳福輝錢理群主編名人自傳叢書《郭沫若自傳》，南京：江蘇文藝出版社，1996年，第221頁。

初，金祖同編輯的《龜卜》跋中談到上述流言時說「聞之吳興徐聖（羅繼祖按：應為森）翁，謂王氏為羅氏捉刀，為一極不可能之事，以文字議，羅亦勝於王也，聖（森）翁與雪堂論交數十年，此言當非虛耳」。1955年《殷曆譜》的作者「甲骨四堂」之一的董作賓，在總結甲骨學50年的發展時說，傅斯年「為了王國維替他（羅振玉）抄寫《殷虛書契考釋》」，在《殷曆譜》序中說的那些話，實在「冤枉了他」。[46] 1956年，陳夢家在撰寫《殷虛卜辭綜述》時，研究了包括《殷虛書契考釋》手稿在內的有關著作和出版物，探討了羅王等人對甲骨文的研究過程，提出《殷虛書契考釋》原稿本都是羅氏寫的，校以初版本，王氏抄錄過程中對行文字句有小小的更易，內容沒有增刪。羅氏對於文字的考釋，先後往往更易補充其說，《殷虛書契考釋》實際上是脫胎於《殷商貞卜文字考》。其中所論，有些觀點與王氏大相違背，故不可能是王氏之作。近幾十年來，出現了更多實事求是的研究成果。1980年羅繼祖撰寫的《永豐鄉人行年錄》內部發行，後在臺灣公開出版。1981年張舜徽作《王國維與羅振玉在學術研究上的關係》列舉大量事實，論證了《殷虛書契考釋》究竟出於誰手的問題。他說，溥儀雖讀過「四書」、「五經」，卻不知「學問」為何物，對羅王功力所至，更一竅不通，因而不值一駁。王氏為羅氏《殷虛書契考釋》手寫付印，自比張力臣為顧炎武寫《音學五書》，本是儒林雅事，近世也有錢玄同為章太炎手寫《小學答問》，原無足怪，不料有人提出懷疑說該書「出王氏之手，或者是兩人合作，而不願羅氏獨居其名」。「我早年留心他的著述……得以盡觀其書」，「深感他的學問

46　董作賓：《甲骨學五十年》，第63—64頁。

根底深厚，業務的修養在他青年時代已經成熟了」。《殷虛書契考釋》「一書能成於他手，這是極其自然的事」。1984年，繼「甲骨四堂」之後的著名甲骨學家胡厚宣專門寫了《關於〈殷虛書契考釋〉的寫作問題》[47]，對該書的初版本和增訂本引用的王氏之說進行了統計，並指出他看到的《殷虛書契待問編》雪堂補注本，書眉上親筆批註的字中，有二十處「特別注明了系『王釋』或『王說』或單標明一個『王』字」，這些意見都是摘自私人來往書劄，而在「這樣一本沒有整理成書的草本筆記，羅氏都一一標明這些字是王氏所釋，而不肯掠人之美，這很可以看出他的高尚學風」。那麼《殷虛書契考釋》能否是侵吞王氏的成果呢？也可不言而喻了。

確實是這樣，剽竊說最早以肯定的口氣見諸文字時，書名的六個字就錯了兩個，其作者為史學家，不曾進行過甲骨文研究，寫序時顯然沒有讀過他所提及的這部著作，僅據道聽塗說下了斷語。後來的人若認真讀了有關著作，而且沒有偏見的話，也就不會在這個問題上發生迷惘。至於《殷虛書契考釋》與《殷商貞卜文字考》的關係，絕非「毫無條貫」而是相反，陳夢家列舉了很多第一手資料進行了證明。從上一節所述從《殷商貞卜文字考》到《殷虛書契考釋》的寫作過程也反映了這一點。特別是羅氏曾認為，隨著《殷虛書契考釋》增訂本的面世，《殷商貞卜文字考》已完成了它的歷史使命，不再有存在的價值了，更可證這兩部書的關係。

《殷虛書契考釋》全出於羅氏手筆，有他的手稿為證。筆者曾有

47　該文載《社會科學戰線》1984年第4期。

幸見到這份手稿，封面題《殷虛書契考釋原稿》八字，其下鈐有「康生」的印章，是「文革」中加蓋的，該稿今又歸還陳夢家遺屬。原稿中約有二十處貼有羅氏致王氏的便箋，寫有請補入某條，稱「觀堂先生文席」，下署「弟雪堂」，與全稿同屬羅氏筆跡。不僅如此，不少學者都注意到了羅氏在《殷虛書契考釋》序中的一段關於考釋文字過程非常真切生動的記述，序中說：

> 或一日而辨數文，或數夕而通半義，譬如冥行長夜，乍睹晨曦，既得微行，又蹈荊棘，積思若痴，雷霆不聞，操觚在手，寢饋或廢。以茲下學之資，勉幾上達之業，而既竭吾才，時亦弋獲，意或天啟其衷，初非吾力能至。但探賾索隱，疑蘊尚多，覆簣為山，前修莫竟，繼是有作，不敢告勞，有生之年，期畢此志，訂訛補闕，俟諸後賢，它山攻錯，跂予望之。

對於後來人殷切的企盼，是因為自己曾為這一事業投入了整個身心，而這種廢寢忘食的探索，有過山窮水盡，也有過柳暗花明的體會，沒有親歷過「發奮鍵戶四十餘日」是寫不出來的。表達了同樣情感的還有羅氏1915年初寫的《撰〈殷虛書契考釋〉成漫題》兩首：

> 海溢桑枯靈骨見，鱗來鳳去我生非；射生疇複貞牢禮，去國依然夢畫衣。
> 並世考文誰史許，當年抱器感箕微；摩挲法器窮鑽仰，學易曾聞屢絕書。

第一首中的「貞牢」，常見於卜辭中，是卜問是否用一對牛獻祭，有時還作貞若干牢，問要用多少對牛或羊作祭品。「畫衣」指的也是甲骨文，衣是一個象形字，像畫一襟衽左右掩覆的衣衫之形。反映了羅氏在撰寫《考釋》過程中，是以孔子學易韋編三絕為榜樣，摩挲甲骨深入鑽研，夢中想到的都是甲骨文。

　　而與此同時，同在海東的王國維尚未涉及甲骨文研究。據孫敦恒《王國維年譜新編》所記，王氏在1914至1915年初的學術活動為：

　　春，繼續與羅氏合撰《流沙墜簡》。正月，粗具梗概；二月，草成《屯戍叢殘考釋》，次第校錄，至五月寫定。
　　六至九月，作《國朝金文著錄表》六卷，作序稱「自甲寅孟夏訖于仲秋，徑涉五月乃始畢事」。又作《國學叢刊》序。
　　十月，為羅氏《歷代符牌圖錄》、《蒿里遺珍》、《四朝鈔幣圖錄》等書抄錄序目考釋，以備上版付印。
　　歲末，閱讀、抄錄羅氏《殷虛書契考釋》並作序和後序。

　　顯然在這一年中，王氏是不可能再擠出時間去作《殷虛書契考釋》的。而且如果說1910年已撰寫了《殷商貞卜文字考》的羅振玉都寫不出《殷虛書契考釋》的話，至1913年才讀段玉裁《說文解字注》的王國維，又怎能寫得出該書呢？其實王氏與《殷虛書契考釋》一書的關係，在他本人所寫的序中說得很明確。據《觀堂集林》丁卯（1927年）秋月版，王氏序有兩篇，第一篇是讀了《殷虛書契考釋》以後寫的，開篇為：

商遺先生《殷虛書契考釋》成，余讀而歎曰：自三代以來言古文者，未嘗有是書也！

第二篇後序是寫於抄錄《殷虛書契考釋》之後，開篇為：

余為商遺先生書《殷虛書契考釋》竟，作而歎曰：此三百年來小學之一結束也！

兩篇序從字數看略同，而內容卻有很大不同。前序歷數孔壁的古文《尚書》、汲塚《竹書紀年》與殷墟甲骨發現的意義，甲骨卜辭的主要內容，羅氏搜集、流傳、考釋的過程，提到「余受而讀之，觀其學足以指實識，足以洞微發」。內容涉及廣，而皆泛泛。後序則集中敘述了「三百年來小學盛衰」，[48]講到甲骨文的研究考釋對小學的意義，並感歎說：「我朝三百年之小學，開之者顧先生，而成之者先生也！」並把自己為付印而抄錄《殷虛書契考釋》與張力臣為顧炎武寫《音學五書》相提並論，說「作書拙劣何敢方力臣，而先生之書足以彌縫舊闕津逮來學者，固不在顧書下也」。這篇後序發表於《殷虛書契考釋》一書的初印本，僅開頭「此三百年來小學之一結束也」改為第一序的「三代以來言古文者，未嘗有是書也」，當為王氏手錄時所改，也證明確有第一篇序，而增訂本的王序，則與《觀堂集林》所錄相同。但由於《觀堂集林》1959年版「刪去了其中的詩詞、雜文二卷」，[49]即第二十三卷綴林一、第二十四卷詩詞，其中包括《補家譜

48　王國維：《爾雅草木蟲魚鳥獸釋例》，自序。
49　見《觀堂集林》1959年出版說明。

忠壯公傳》、《羅君楚傳》等三篇傳記,《國學叢刊序》、《殷虛書契考釋序》和《後序》、《雪堂校刊群書敘錄序》、《隨庵吉金圖序》、《庫書樓記》等十五篇序、記。這也是上世紀50年代以來的甲骨學者熟知王國維的學術貢獻,而對羅振玉缺乏瞭解的原因之一。值得注意的是將王氏的兩篇序進行比較,可知是在抄錄《殷虛書契考釋》後,王氏始對甲骨文發生興趣,因而次年便從沈曾植學古音韻學,這正反映了後序所說「比草此書,又承寫官之乏,頗得窺知大體」。

與王氏後序可相印證的也有一首詩,1916年,羅氏為淮安家事煩惱,引起胃疾發作,十二月二十九日王氏致書勸慰,說:

前年《殷虛書契考釋》成時,前印公寫照,維本擬題詩四首,僅成一首,故未題。其詩云「不關意氣尚青春,風雨相見各愴神;南沈北柯俱老病,先生華髮鬢邊新」。……公之事業尚未及半,切勿以小事介於懷抱而使身體受其影響,此非維一人之私望也。[50]

從這封私人信函中表露的感情懇切真摯,可見後序確為王氏肺腑之言,而不是溢美之辭。

王氏不是《殷虛書契考釋》的作者,還因為作為一個學者,他有自己的學術觀點,而對於《殷虛書契考釋》的觀點並不完全贊同。如羅氏考釋都邑一章,引用今本《竹書紀年》,而此書王氏恰認為毫無學術價值,明確說過「無用無徵,此書廢可」。[51]同一年即1917年,

---

50　《王國維全集・書信》,第169頁。
51　王國維:《今本竹書紀年疏證序》,1917年版。

王氏編撰《戩壽堂所藏殷虛文字》，他的釋文並沒有全用《殷虛書契考釋》的意見，有的字在羅釋的基礎上加以補充，也有的另作新釋。1925年所作《最近二三十年來中國新發現之學問》對《殷虛書契考釋》雖有充分的肯定，指出「十之七八確鑿可信」，但也指出「間亦有附會」。換言之，他對該書所釋之字亦有十之二三表示存疑。把《殷虛書契考釋》一書著作權強加給王氏，就是讓他為自己所不同意的觀點負責，那是不公平的。

雖然羅王之間還有很多文字往來提到《殷虛書契考釋》，但不用更多舉例，僅以上事實已經可以說明其著作權是不容置疑的。無論說羅氏以五百元（或三百元）買了王氏手稿的署名權，還是王氏為報答知遇之恩把自己的手稿送給了羅氏，因種種流言而受到損害的不僅是羅氏，更有王氏。試問如果一個人將自己的手稿賣給（或送給）他人，卻又借自己手稿對冒名者大加推崇，如前引王氏之言，那麼人們將如何評論他的人格呢？怕還要在剽竊者之下，至少同樣不是正派學者所為。而這也絕不是王氏的為人。曾有人評論羅氏「於學術貢獻既巨，故聲名籍甚，譽之者固多，毀之者亦不少。蓋盛名之下，必招妒者，世情然也」。因而有人「嘗謂先生之著述大率均出於王氏之手，實不可信也」。[52]傳播流言者或出於對王氏的崇敬，卻不想違背實事求是的學風，會造成適得其反的後果。

由王氏弟子最早提出的《殷虛書契考釋》為羅王合作說，近年也有重提，說該書採用王氏之說頗多，王氏又加校寫，因此該書應稱羅

52　莫榮宗：《雪堂先生著述年表》，引言。

王二人合著。執此說者可能也沒仔細閱讀過這本書。如前所述,「甲骨四堂」之一的王氏主要貢獻在於「繼以考史」,陳夢家通過對甲骨學史的研究,在《殷虛卜辭綜述》中指出,王氏「很少為詮釋文字而詮釋」,真正釋字僅十餘個,「他在講《說文》時而作的試釋,以及《類編》所引他箋注在羅氏《考釋》上的那些字,不少是懸空設想而不甚確鑿的推測」。今就《殷虛書契考釋》一書所見羅氏引「王氏國維曰」的情況而言確實如此。

在《殷虛書契考釋》的初版本引王氏之說的有西、王、風、裘、翌等字,增訂本增加了唐、土、季、王亥、王恒、上甲、旬、邦、右、置等,總計不超過二十條,在全書釋字的比例不足百分之四。實際上書中還有更多的「許書曰」、「段先生曰」,學術著作原本應吸收一切已有成果的精華,這才能使它站在前人的肩頭,有所發明,有所前進,顯然不能據徵引而判定為合作成果。若具體考察《殷虛書契考釋》所引王氏之說具體內容,還會發現王氏提出的往往是未經驗證的合理推斷,就初版本而言,有三種情況:

一、西、王、裘字的考釋,羅氏釋出一種寫法,王氏提示某異體亦為此字,羅氏以王說驗證於卜辭,再從文字學角度進行論證。如「西」字,甲骨文晚期寫法如金文,並與《說文》籀文相近。早期略異,羅氏釋出前者,又舉後者說「吾友王徵君(國維)因卜辭以東鄙、西(原作甲骨文原形)鄙對舉,以為亦是『西』字」。王氏所舉是《殷虛書契菁華》第一版大片,驗辭記邊關大將報告,土方出征我東鄙,攻入二邑;邛方又掠虜了西鄙禾稼。王氏從辭例推斷與東鄙對應的字當為西,羅氏據此提示考察有此字的其他卜辭,認為「依其文

觀之，均當作『西』，王說是也」。又說《說文》釋「西」為日在西方而鳥棲，所以用鳥在巢上之形作東西的「西」字。甲骨文的「西」的早期寫法正像鳥巢之形，既然日落西鳥入巢，所以巢上不畫鳥形也表示同一意思，從字形、字義論證了王氏的設想。甲骨文的「王」字早期寫法也與《說文》古文及金文略異，即上面少一橫，即後來董作賓稱之為「不戴帽子的王」，羅氏釋出晚期的寫法，又說不戴帽子的那種「王徵君亦謂『王』字，其說甚確」。接著又從字形上加以解釋，並注明「據編中所載諸文觀之，無不諧也」。甲骨文「裘」，字考釋亦同，羅氏釋出第一種寫法，舉出第二種寫法，說「王徵君謂亦『裘』其說甚確」。以下從字形加以解釋。又舉出第三種寫法說「王徵君又謂……以文誼觀之，亦當為裘」，羅氏一時未能從形、音、義方面進行解釋，故「附此俟考」。

二、風、翌二字的考釋，王氏從字形上提供了證據。如羅氏釋出鳳字，王氏說「卜辭屢云其遘大鳳，即其遘大風」。舉《周禮・大宗伯・風師》之風寫法旁加一「凡」，與卜辭之「鳳」相近。羅氏按：「王說是也，考卜辭中諸鳳字宜均為風，古金文不見風字。」以下又從字形上分析了文字演化過程。「翌」字的考證，王氏提出《盂鼎》銘中的翌字與甲骨文同，羅氏為之驗證以後說「知徵君之說信也」。又從字形、字義進行了考證，還旁徵博引經傳子史，證明該字的形成和演化。

三、如「斝」字，羅氏釋出甲骨文「斝」字，進而又論其字與古「散」字相近，後人曾誤認「斝」為散字，因而聯繫傳世古飲器提出「諸經中散字疑皆『斝』字之訛」，並「以此說質之吾友王徵君，徵

君然之」，又補充了出土銅器和文獻記載的例證。羅氏認為「其說至精確，著之以為吾說佐證」。

由此看來，羅氏撰寫《殷虛書契考釋》時，與同在海東的王氏有過交流，這與王氏後序所說「余從先生游久，時時得聞緒論」情況吻合，而羅氏則抓住了交流中王氏的「思想火花」，在王氏啟示下，用卜辭加以驗證，並從文字學角度進行考察，並於成果中注明出處，表示對王氏首見之尊重，實際上文字考釋的主要部分仍是羅氏作的。當然有些字王氏從字形上提供了例證，但這並不是對甲骨文研究的結果，而是出於他深厚的古文獻根底，並與這一年他開始接觸金文、作《金文著錄表》有關。1915年初抄錄了《殷虛書契考釋》後，王氏才轉入甲骨文研究，獨立地考釋了一些甲骨文字，增訂本所引用的旬、邦、又等字，才真正是王氏所考，被羅氏採用的，在全書中所占比例極小。此外，從初版抄錄時的情況看，王氏當時不可能校核羅稿，「校錄」之說亦不確切，所以這部為殷墟文字考釋奠下基礎的書，不能說是羅、王二人合作的成果，「觀堂」的貢獻主要在考史而不是釋字。

這個關於《殷虛書契考釋》著作權的「公案」本是不該立案的，在該書中羅氏不僅沒有侵佔王氏的成果，而且可反映出羅振玉對王國維創見的尊重，無論在私人信件述及的還是口頭談話中提到的，均一一注明王氏曰，這樣的學風足以為後世學人的榜樣。

第七章

敦煌學的最早宣導者

繼19世紀末河南安陽殷墟甲骨被辨認之後，西北邊陲敦煌石窟又有數萬件隋唐以後經卷寫本、雕本、石刻等珍貴文物發現。這兩起接踵而來的重大事件，震動世界學壇，一批有識之士積極搜集、整理和研究，分別形成後來的甲骨學和敦煌學，並成為世界範圍內的顯學。敦煌學是以光緒年間在敦煌發現的古代文化典籍和歷史資料（俗稱敦煌文書）為研究對象，涉及歷史、語言、社會經濟、宗教、文學和藝術等領域，現在已是世界漢學家關注的熱門學科。我國學者在20世紀初已開始研究敦煌文書，其先導者則是羅振玉。他最早向學術界介紹了敦煌文書的發現，並及時刊佈資料和進行初步研究，帶動起一批從事敦煌文書研究的學者，從此敦煌學漸成氣候。

7.1 搶救國寶

殷墟甲骨和敦煌文書幾乎是同時被發現的，但直到1909年中國學者才從西方盜寶人那裡得知敦煌發現古寫本文書和雕版書畫等。文書發現地是唐人名為莫高窟俗稱千佛洞的地方，位於甘肅省敦煌縣城東南二十五公里的大泉溝西岸，背依鳴沙山，面向三危山，中間有溪流，兩邊楊柳叢生，是沙漠中的一處綠洲。清末這裡住著一位肅州退伍兵丁出身的王圓籙道士，他以給人做道場為生，雇有一名姓楊的寫經人。光緒二十六年（1900年）四月二十七日，道士與楊某發現143窟（今編號為17窟）洞壁背後是空的，破壁後通過甬道見到一個堆滿經卷文書等物的方形洞室，莫高窟藏經洞就這樣被發現了。當時的縣長汪宗翰索數卷畫像和寫經，甘肅學台葉昌熾建議藩台衙門把文物運至省城，衙門惜金，令舊地封存，並未向清政府主管部門學部通報此

事。一紙空文阻止不了文物被盜，王道士偷偷取出部分經卷，分贈迪
化（烏魯木齊）長將軍、酒泉安肅道道台廷棟等人，於是敦煌存有珍
貴文物的消息不脛而走。1904年至1906年英籍匈牙利人斯坦因奉英印
殖民當局委派，到新疆探險，從土耳其商人那裡得知敦煌發現古文物
的消息後，1907年春從南疆抵達敦煌。他謊稱是「自印度來之弟
子」，取得王道士的信任，並以重金誘惑之，用七晝夜時間精選經
卷、繪畫和織繡等物，捆載四十駱駝而去，運回倫敦大英博物館。[1]
斯坦因在中亞（敦煌）得寶的消息在歐洲傳開，法國也不甘落後，
1905年在我國西北組團考古的伯希和聞訊後，於1908年夏趕到敦煌，
效法斯坦因收買王道士，騙走十大車滿載的寫本和畫卷（五千多卷
晉、唐寫本和佛畫）。因為他是法國河內遠東學院教授，通曉漢語，
故檢選的都是典籍和經卷中的精品，相當於全部收藏物的三分之一。
伯氏當年將這些寫本和畫卷等物轉道河內運回巴黎，分藏在法國國家
圖書館、魯屋爾博物館和集美博物館等處。[2]先後兩次損失的寫本、
雕本、畫像等數量與同期甲骨流失的數量相比更為慘重，其中的精華
部分都被斯坦因和伯希和掠走，剩下的多為佛經了。對這種明火執仗
的掠奪，清政府卻毫無覺察，可見當初的就地封存只是做樣子而已，
對保護文物遺產毫無作用。

　　1909年，伯希和又受河內遠東學院的委託到北京購買圖書，並攜

1　見謝稚柳：《敦煌石室記》，上海美術出版社，1979年版；又傅振倫說：斯坦因
　　從敦煌劫走寫本「共裝二十四箱，繪畫、織繡五大箱」，載《敦煌千佛洞文物
　　發現經過》，見《文物參考》1951年第四期；又王國維譯：《流沙訪古記》，載
　　《敦煌石室遺書》。
2　見羅振玉：《敦煌石室書目及發見之原始》，1909年《東方學報》第10期。傅振
　　倫：《敦煌千佛洞文物發現經過》，1951年《文物參考》第四期。翁獨健譯：《伯
　　希和教授》，1946年《燕京學報》第三十期。

帶部分殘破的寫本來進行修補。此行他結識直隸總督端方，因而對學術界名流的情況瞭解不少，很仰慕羅振玉在學界的聲望和學識，通過董授經引見，欲求與羅氏相會。羅氏中秋清晨應約前往蘇州胡同伯氏住地，董氏和王國維等也到伯氏處參觀，伯希和出示「唐人寫本及石刻」，羅氏見之「驚喜若狂」，「詫為奇寶」，愛不釋手，生怕寶物遠舶他鄉國人再難相見。對於那些已經遠渡重洋的秘笈更是「耿耿此心，與伯氏歸帆俱西馳矣」，為早日見到已在異域的中華典籍和繪畫等，和同好宴請伯氏的同時，共同議定將已運往巴黎的寫本陸續在華刊出供學者研究，並先就近影照在京的十餘種寫本，還往返伯氏住地十餘次，抄錄寫本經卷目錄，並分篇寫出提要。[3]羅振玉為有幸「往觀」落入他人之手的國寶而振奮，同時也為有人圖「小金」出賣國寶而吃驚。欲喚起國人注意，他很快把伯希和騙走的國寶和所謂「訪書」情況寫成《敦煌石室書目及發見之原始》，刊《東方學報》第六卷第10期，1909年，驚呼伯希和已將「所有四部及經卷之精好者，則均囊括而去矣！」又著文《莫高窟石室秘錄》，刊《東方學報》第六卷第11、12期，1909年，告知國人國寶包括書卷（即典籍）、雕本、石刻、經像、壁畫、古器物等六大類，都是研究隋唐歷史、經濟、地理、思想文化乃至上古歷史和文獻的寶貴史料。這兩篇是國內首次披露敦煌文書的發現，並指出其重要歷史價值的文章。

在與伯希和會晤時的另一個收穫，是得知敦煌「石室尚有卷軸八千軸」。為儘快保護劫餘國寶，羅氏亟請學部左丞喬樹楠電告陝甘

3　見羅振玉：《集蓼編》，1941年《貞松老人遺稿》；又羅振玉：《敦煌石室書目及發見之原始》《莫高窟石室秘錄》，1909《東方學報》第六卷第10、11、12期，及羅繼祖：《羅振玉年譜》，1986年臺北版。

總督毛慶蕃，代學部購敦煌所餘經卷，並擬好電文呈上。然而，在處理這件事上，高層官僚之間的勾心鬥角和對下級的搪塞敷衍，以及彼此勾結私吞國寶、賊喊捉賊的惡劣行徑，表現得淋漓盡致。代部相（部長）惜金，令將電文「還款語刪去」才得發報，明顯是要把出資之事轉嫁給甘肅。羅氏認為不妥，甘肅貧瘠，不應加重其負擔，建議由大學出資購買。但大學總監督劉廷琛推說無支付能力，羅氏提出若大學無此款，可由他主持的農科節省支付，即使使用自己的薪俸「捐充」也在所不惜。羅氏據理力爭，學部代相和大學總監督才同意按原電文發報。當甘肅複電學部和大學只用三千元便購得八千卷文書時，學部大員看到購價比原設想相去甚遠，便決定留歸學部，背棄「議購存大學」的承諾。而且卷軸解部後旁人不得見，直到「日本京都大學諸教授來參觀」時，羅氏等人才「因便始窺其大略」。[4]實際上這是為掩蓋他們在文書解京後彼此勾結竊奪的真相。

在搶救敦煌石室藏書劫餘的過程中，羅氏竭盡全力使其免遭流失國外，但留在國內的仍未逃脫厄運，一夥道貌岸然的官僚又向它伸出了貪婪的黑手。羅氏晚年在《集蓼編》記載說：「甘肅派員解送京師，委員某為江西人，到京不先至學部而住其同鄉某家（按：指何鬯威，在前門外打磨廠）。其同鄉乃竭日夜之力盡竊取其菁華，卷數不足乃列一軸為二三以充之。」這種隱約其詞的記敘不如他當年心懷憤憤之情寫下的文字更為痛快。1913年出版的《鳴沙石室佚書序》述遺書被盜後的情形，「遺書竊取，頗留都市，然或行剪字析以易升鬥，其佳者或夾持以要高價，或藏匿不以示人」。後來在《姚秦寫本僧肇

4　羅振玉：《集蓼編》。

維摩詰經解殘卷校後記序》（1937年）中，還揭出幾個參與竊書人：「李君（按：何邕威岳父）富藏書，故選擇尤精，半以歸其婿，秘不示人。方君（按：方地山）則選唐經生書跡之佳者，時時截取數十行鬻諸市，故予篋中所儲，方所售外無有也⋯⋯」從羅氏所記可以看出，他當時瞭解一些人竊書的情況，部分得到證實，然而羅氏並不知曉竊書人事先早已串通設下盜竊的妙計。近年羅繼祖在《庭聞憶略》一書中，根據披露的資料對此有較全面的敘述，節錄如下：

部裡初恐價昂，及知僅三千元，便決定留部，不給大學。但中間出了岔子，有人從中插手，插手人是新疆巡撫江陰何秋輦（彥升）。不知學部、大學堂官與何有什麼特殊關係，做成圈套，托何擔任接受和押解。押解差官又是江西人傅某，大車裝運到京師打磨巷時，就被何的兒子何邕威（震彝）截留，約了他的岳父德化李木齋（盛鐸）和劉幼雲（按：大學總監督）、江都方地山（爾謙）遴選其中精品。李、劉同鄉，又是科第中人，又都任大員，李還是著名的藏書家，出使日本時，曾買了不少日本的好書。幾個人中，李屬權威。於是就盡力盜竊其中的精華，為了湊足八千數銷差，他們竟然把盜竊之餘的長卷破壞截割為二、三，甚至五、六段。交部後，外間不能沒有風聞，但由於是個中人搞的鬼，明明知道，投鼠忌器也不便說出。

部中為掩人耳目，只把押解員傅某扣留些時，最後還是經人關說釋放（見吳昌綬《松鄰書箚》致張祖廉箚，中云「甘肅解經之傅委員，淹留已久，其事既無佐證，又系風流罪過，今窮不得歸，日乞邕成為道地。弟聞前事已了，堂憲本不深求，可否仰仗鼎言，轉懇主掌諸君，給箚放行⋯⋯」），以「事出有因，查無實據」八個字結案。

（這）「中間關鍵人物是何氏父子，而何毉威居然靦顏代傳關說，置身事外，此輩鬼蜮居心，陰陽變幻，何所不至！特別是李（出使日本國大臣）、劉（京師大學堂總監督），以朝中一二品大員，所謂「民具爾瞻」的「赫赫師尹」，並且都是出身翰苑，翔步木天的人物，竟然喪心病狂幹出這樣見不得人的事來。

　　這段引文雖長些，但它深刻具體地揭露出那些官場大員在羅氏搶救國寶的倡議中，一再阻攔不能成功後，改變方針暗中設計，結夥利用國寶解京實現他們的如意算盤，大肆盜竊破壞，其罪惡行徑比西方盜寶人更可惡，根本無愛護古代文化遺產的意識。羅繼祖在書中把他們稱之為「文化蟊賊」再合適不過了。從這裡還可以找到羅振玉所說「予等轉不得見」的原因，完全是「文化蟊賊」為掩蓋其侵公肥私惡跡，以免被查出證據。羅氏後來回憶敦煌文書「複經盜竊」時，曾流露出「當時自悔多事」，[5]未能保護好國寶的痛切心情。這是完全可以理解的。在衰敗的封建社會末期，正像人的肌體已經內部腐爛，僅憑一人之力醫治局部是治不好的。當然在這樣的肌體上搶救國寶相當困難，阻撓和破壞正是肌體腐爛的具體表現之一。在如此困難的條件下，「劫餘」經卷能夠解京，未再流散國外，已實屬不易了。羅氏在這方面的貢獻歷史已經鑄定，任何造謠中傷都無濟於事，而那些「劫餘」的盜竊者的罪名是任何變術也洗刷不掉的。

5　　羅振玉：《鳴沙石室佚書序》，1913年影印，1928年再版。

7.2　致力刊佈

　　兩批流失到西方和留在國內「劫餘」的敦煌文書，辛亥前後國人很難見到它的原貌，而這些文書又是研究古代歷史、文化和宗教思想等方面最新、最直接的資料，眾多的學者都企盼著目睹影印件或準確的刻本。1909年中秋羅振玉與伯希和會面時有蔣伯斧、董授經、王仁俊、王國維、葉恭綽等在場，唯獨羅氏在「驚喜若狂」之後，當場向伯氏提出「求寫影」並「影照十餘種」，後來也只有羅氏為此保持與伯氏的聯繫，並收到伯氏「先後三載次第郵致」的影件。[6]這就為羅氏實現刊印原始文書的夙願提供了條件，故當年他便與蔣伯斧合作編成《敦煌石室遺書》（排印本），由武進誦芬室刊行。書中收有《尚書顧命殘本》、《沙州志殘卷》、《西州志殘卷》、《慧超住五天竺國傳殘卷》、《溫泉銘》、《老子化胡經》、《摩尼教經》、《景教三威蒙度贊》等十幾篇重要文書，上述幾篇羅氏還都作了跋尾或考釋，論說寫本與流行本的異同和優劣，開中國敦煌學先河。

　　與《敦煌石室遺書》同年出版的王仁俊《敦煌石室真跡錄》（石印本），大體是把《敦煌石室遺書》中的有關部分移植過去，只是編排的次序有所不同，考證文字略遜，當然也起到了擴大敦煌遺書流傳的作用，不過其作者此後再未進行這方面的努力。羅氏則不然，他在《敦煌石室遺書》出版後，儘管忙於搜集、整理安陽出土的甲骨資料，並為答日本學者林泰輔有關甲骨出土地及其占卜內容而撰著《殷商貞卜文字考》，又為發揚光大傳統文化精神發起創辦《國學叢刊》

6　　羅振玉：《鳴沙石室佚書序》，1913年影印，1928年再版。

奔忙，但他一刻也沒有遺忘對敦煌文書的刊佈和研究，積極籌畫編輯出版巴黎寄來的敦煌資料，是他最關心的學術活動之一。突然降臨的政治風暴也未能中斷他在這方面的努力，在海東八年只要得到這方面的影印件或抄本，他便迅速整理、校錄，寫出跋尾，編輯成冊。先後有《鳴沙石室佚書》（1913年影印）、《敦煌古寫本周易王注校勘記》（1916年影印）、《鳴沙石室佚書續編》（1917年影印）、《鳴沙石室古籍叢殘》（1917年影印）刊佈面世。這些書的共同特點是精工影印，以達到國寶永世流傳和學者目睹真跡的目的，即使有的遺書內容已刻印於《敦煌石室遺書》，為使國人領略六朝、隋、唐寫本的真諦，仍採入後兩書中，影印出真跡。當時所見敦煌文書的精華，基本囊括於這兩本書中，近四十篇文書雖不抵石室藏書的千分之一，但已包括經、史、子、集四大類，尤以經、史居多。如《鳴沙石室佚書》中有《隸古定尚書》、《春秋穀梁傳解釋》、《鄭氏注論語》、《春秋後國語》、《晉紀》、《闞外春秋》、《張延授別傳》等。《鳴沙石室古籍叢殘》收有《周易》、《隸古定尚書》、《毛詩傳箋》、《春秋經傳集解》，唐開元寫本《易釋文》、《漢書》，還有《道德經義疏》、《莊子》等重要文獻典籍。由此可見這兩部書所收的文獻在當時具有一定的權威性，尤其是第一次世界大戰結束不久，歐洲國家尚未復甦，這樣的大部頭資料書尚未編出，更顯出這兩部書的可貴。

羅氏致力敦煌文書流傳的行動相當迅速，《鳴沙石室佚書》裡每篇文書之後的跋語在較短的時間內完成就是證明，該書的跋語自「癸丑（1913年）五月晦」至「癸丑重九月二日」寫成十六段長短不同的跋，其間還穿插其他寫作，在不足四個月的時間就將該書告竣，實可

謂神速了，這固然與羅氏淵深的國學根基分不開，而保存和流傳典籍的使命感，則給他以積極工作的動力。面對秘室藏書遠劫歐洲、國人難得看見的現實，他有機會搜集到一點敦煌資料就要竭盡全力刊印出來一點，將祖宗留下的文化遺產呈現給子孫後代，這同他致力甲骨流傳的思想是一致的。《敦煌石室遺書序》的結尾發出的正是這一認識的心聲，他說：「苟天不使我餒死海外，尚當移書伯君，更求寫影，節嗇衣食之資，賡續印行以償夙願，知我笑我非所計也。」執著追求國寶永存人間的決心化為行動，便是一部部關於敦煌文書的著作問世。這是確守搶救國寶「志不可奪」的信念孜孜以求的結果。較之於同時接觸到敦煌遺書的那些文人、學者、士大夫，他所做的工作當是絕無僅有的。回顧敦煌學在我國發展的歷程就會發現，三十年代以前幾乎有關敦煌文書的重要著作多出自羅氏之手。這樣一位元為敦煌學積累資料、開拓研究途徑的人物，我們不僅不應忘記，而且應當承認他對該學科的開創之功，沒有他在前期的鋪墊和努力，用自己辛勤的勞動換來國人對敦煌文書的關注，恐怕三十年代不會產生那麼多熱衷於敦煌學研究的學者。

羅氏在海東八年，學術活動進入創作高峰期，以刊印甲骨、敦煌文書、考釋甲骨文字和研究古寫本典籍為中心，旁及金石文字。1919年返國後，經過短暫的安頓和工作重點調整，再創學術研究的高峰。二十年代以後，他以整理金石文字、第二次搶救大庫檔案、校勘善本古籍、流傳名家著述為重點，繼續完善甲骨文字考釋和搜集，然而研究敦煌文書仍是他不肯放棄的學術領域。他曾這樣概括自己對敦煌文書的工作「予往者既影敦煌古卷軸，返回以後，見殘書小說凡十餘

種，中有七言通俗韻語，類後世唱本，或有白有唱，又有俚語、俚曲，皆小說之最古者，欲為印行而未果。甲子（1924年）春，伯希和博士手寫《秦婦吟》（韋莊佚詩）見寄」，一併刊印，名為《敦煌零拾》。同年又影印《敦煌石室遺書三種》。羅氏六十歲（1925年）這一年的五月至九月，校錄完成《敦煌石室碎金》（排印本），內容包括《毛詩豳風鄭氏箋》、《漢書匡衡張禹孔光列傳》、《老子義》、《食療本草》等殘卷一百七十一篇。這三本書是他返國後新集錄或影印的敦煌文書，一一作跋刊佈貢獻給學者和同好，分別於1924年和1925年與讀者見面。這種迅速編輯資料書出版的舉措，當然有利於學者吸收新材料，促進敦煌學研究的發展。及時公佈材料共同研究，是他的一貫思想，所以為後人所稱道。1928年他將敦煌本隸古定《尚書》和日本所見隸古定《尚書》薈為一編，名曰《隸古定尚書真本殘卷》摹印出版，便於學者比較研究。辭世前一年（1939年）他又將自己陸續收藏的敦煌文書編為《貞松堂西陲秘笈叢殘》三集出版。初集為經注、曆書、醫方、卜筮書、戶牒、佛曲等十九種；二集為道經等七種；三集為佛經等九種。自1909年羅氏初見敦煌文書，至1939年《貞松堂西陲秘笈叢殘》影印，整整三十年間他先後著錄刊佈十餘部敦煌石室的藏書，國內獨此一人，即使是在年邁體弱的情況下，仍抓緊時機刊佈。可見他始終是把文化古籍的流傳視作自己生命的一部分。

在搶救敦煌「劫餘」古籍的過程中，羅氏對那些在「劫餘」之後再施劫的大員行為十分痛心，他曾在《姚秦寫本僧肇維摩詰經解殘卷校後記序》中提到「方某則選唐經生書跡之佳者，時時截取數十行鬻諸市」，《敦煌石室遺書三種》裡的《老子義》殘卷正是這種狀況。

該篇是羅氏返國後從「市估」處購得，他在跋中寫道：「前予曾從友人借觀是卷，令兒福葆寫影，今乃得之市估手。初以後半二十八行乞售，亟購得之。複求前半，乃複得之。」「然末行尚有新列之跡，知尚有存者」，「安得異日更為延津之合耶，爰書以俟之」。針對《老子義》殘卷所作的跋語雖短，但它明顯地表現出兩種人對待國寶的態度：一是時時刻刻把保護和流傳古籍視作自己義不容辭的責任；另一種則是為了個人發財，對古籍肆意撕毀破壞以求高價，他們的醜惡行徑甚至比西方盜竊者更為可惡。兩相比較，羅氏多年致力於保護和流傳敦煌文書的努力，應當給予足夠的重視和正確的評價。

7.3　見微知著

羅振玉在搶救和流傳敦煌文獻的同時，還以他深厚的國學功底開研究風氣之先。早期研究成果分散刊佈在敦煌資料書中，多為序、跋或校勘古籍的形式。文章短而精，一般在千字左右，極短或四五千字的長篇均少見，多是針對不同的文獻，「或考定其年代，或訂其真偽，或跋其古佚，或正其訛脫」，[7]簡明扼要，一目了然。這是二十年代以前國內研究敦煌文獻的主流方式，即承襲了清代治學路數。1918年羅氏將自己所作的序跋集為《雪堂校刊群書敘錄》中的一部分，後來又由王重民於1958年編入《敦煌古籍敘錄》裡，成為瞭解早期研究敦煌文獻具有代表性著作的組成部分。

敦煌石室遺書和碑刻的內容相當豐富，涉及的古籍種類非常之

7　鄧文寬：《敦煌學的早期開拓者—羅振玉》，載《文物天地》1994年第4期。

多，從文獻學、史學、文學、語言文字，到佛學、道家說、地理、曆法等等無所不有。面對這些寫本，羅氏憑他自幼熟讀的經史和歷代名人論述，仔細思索，慎密鑽研，將心得精華流於筆端，形成五十餘篇序、跋和史傳獻與學術界。其中許多篇的論斷起到開創性的作用，有的至今仍不失為精當論述。這裡就其論證古佚、考定年代、校勘古籍、補敘史傳等方面成績略作介紹。

一、論證古佚

在經學研究中，關於《尚書》源流的記載和研究一直是經學家爭論的焦點之一，尤其是宋代以後學者未見過古文《尚書》和隸古定《尚書》真本，[8]致使後來《尚書》源流的討論留下許多疑點。敦煌石室遺書的發現，結束了這一局面，近代學者目睹了唐人寫本隸古定《尚書》，而羅氏則是國內最早著文指出該寫本是隸古定《尚書》的。他在《敦煌古文尚書夏書商書周書殘卷跋》中首先提出，這些書「均為未經天寶改字，猶是魏晉以來相傳隸古定之原本」，因為這種寫本的古文與承襲五代而來的宋代「薛本違者十逾七八，而與陸氏所謂古文無幾之說正合」。[9]進而斷定宋代傳下來的古文《尚書》，是五代的郭忠恕「摭拾字書以成之，宋世所傳皆承其繆」。這確屬慧眼卓識，所論已成鐵案。他還不斷根據新見材料驗證自己的看法，先後寫出六篇跋，證明敦煌發現的《尚書》殘卷是久佚隸古定本，同時還把這種

8　古文《尚書》是用先秦通行文字寫的，秦用篆籀，齊、魯等地用六國古文。隸古定《尚書》是用隸書把古文（蝌蚪文）改寫定下來的傳本。
9　「薛本」指宋代薛季宣所撰《書古文訓》，「古文無幾之說」是唐初陸德明在《經典釋文・序錄》中提出的。即「《尚書》之字本為隸古，既是隸寫古文，則不全是古文。今宋齊舊本，徐李等音，所有古字，蓋亦無幾」。

考察與保存在日本的古寫本《尚書》進行比較，從文字上確認後者亦「為衛氏未改字以前真本」。[10]從使用古字上論證敦煌本和日本古寫本《尚書》與流傳本的區別，最終確認它們是國內失傳已久的隸古定《尚書》原本，並被學術界所公認，真正為《尚書》第一次改寫本找到實證，使當代研究《尚書》學史和校勘古文《尚書》平添許多切切實實的證據，羅氏之功不可沒。

《春秋穀梁傳解釋》一書在北宋諸家書目中已不見，幸運的是千餘年之後敦煌石室發現該書殘卷。書名及其注者得以重現，有賴於羅氏的考證。他初見引書不知何人所注，經過反覆推敲注文，與《集解》本僖公十四年「冬，蔡侯肸卒」下楊《疏》引糜信語基本相同，證明該殘卷為糜信所注，由此可以更正《隋書》《唐書》中糜信注《春秋穀梁傳》為《春秋穀梁傳解釋》。

羅氏考論敦煌遺書中的古佚書相當多，這裡不一一列舉了，上兩例足以說明他對遺書的研究著實下了一番工夫，所訂古佚書的名稱和作者均有根據，至今還無人提出疑義。

二、考定年代

歷史學和文獻學都離不開特定的時間座標，研究敦煌遺書也是這樣，否則對遺書的其他論述便有失去特定時間侈談的嫌疑。羅氏對遺書的書寫年代非常重視，許多遺書的書寫年代他都做過考證，而且鑑別的方法不止一種。其中最醒目易曉的是利用封建社會「避諱」制度

10　「衛氏」系指唐玄宗時集賢學士衛包。日本所藏古文《尚書》見《日本古寫本尚書周書殘卷跋》，載《雪堂校刊群書敘錄》下。

確定遺書的書寫時間範圍。封建社會作文或說話往往避免稱君主或尊親的名字，有時用缺筆字或同義字表示君主或尊親的名字，這種現象稱為「避諱」。有時，以此為手段斷定遺書的書寫年代相當準確。羅氏首先在《敦煌本春秋經傳集解殘卷跋》使用這種方法，他說：「唐諱皆不避」或「唐諱皆不缺筆」的遺書，是「六朝寫本」，「『中』字缺末筆之下半，避隋諱」即避隋文帝父名之諱，為「隋寫本」，而「諱丙不諱民」，是唐高祖諱其父名昞，所以「寫于武德（唐高祖年號）」，故而將該殘卷中桓公、僖公、定公、昭公各篇的書寫時間分別定為「隋寫本」、「六朝寫本」、「武德初年寫本」。《周易王弼注》「卷三虎字缺筆，民字則否，乃高祖時寫本」，因高祖之祖名虎；「卷四民字缺筆，則繕寫略後」，即唐太宗李世民時寫本。《禮記·檀弓》「卷中民字缺末筆」亦為唐太宗李世民時寫本。有的初唐寫本避諱與前述不同，而是諱慶，如敦煌本《春秋穀梁傳集解》殘卷是當時官府寫本，「卷內慶字皆缺筆」，似是「嗣道王更為嗣道王所書，故避道王元慶諱」。

　　除利用「避諱」鑒定書寫年代之外，還輔之以書體的比較，或地理沿革等方法確定時代。書體比較法是由已知的寫本年代推斷出來的，如在《敦煌本毛詩故訓傳殘卷跋》中，已知甲卷《小雅·鹿鳴》至卷九後題前十三行為六朝人所寫，將其與乙卷《出車》及後題對照，看出「書跡略遜，然望而知六朝人筆」。以地理沿革判斷書寫年代的典型例證是在《敦煌本春秋後國語略出殘卷跋》中提出來的，該文論述《略出》一書南宋之初已不易得，元代只在姚序《國策》中偶見一二，其書當「亡佚于宋元之際」，進而指出成書于宋太宗時的

《太平禦覽》引此書注文，證明是書必在北宋之前。《太平禦覽·服章部》「魏太子擊田子方於朝歌，注：朝歌，紂之所都，今衛州地。考衛州之名始于五季（即五代），宋世因之」。宋初已引此書注文，「作注者殆五季人」，由此可知敦煌本《略出》不早於五代。

三、校勘古籍

中國古籍浩繁，流傳久遠，在傳抄過程中不免有抄寫錯誤，也有好事者妄改而出現的錯誤。隨著古代文獻的發現，近百年來對傳世文獻不斷進行校勘，敦煌石室遺書為這方面工作提供了大量依據。羅氏對此付出了辛勤的勞動，不僅在敦煌遺書的序、跋中初步釐定有關傳世文獻的錯訛，而且特別重視利用遺書資料完成群經的點勘工作。後者已超越敦煌學的研究範圍，可以不論。我們僅就有關敦煌遺書的跋與校勘關係密切的內容略加敘述。

《敦煌本春秋穀梁集解殘卷跋》中指出：「不見《釋文》而可確定此本是而今本誤者」，如：

（莊公）十九年奪辟要盟也注：「不則此行也，有辭。」今本作「不則止此行，有辭也」。

二十二年傳高傒佹也注：「與公敵禮」，今本「禮」訛「體」。

閔公第四題下注：「閔公名開，莊公之子，子般庶弟也。惠王十六年即位」，今本全佚此十二字。

《論語鄭注述而至鄉黨殘卷跋》中，論證「齊古《論語》」為孔

安國本「古《論語》」之後，指出該《論語鄭注》比《經典釋文》作者看到的本子還佳，舉出四事來證明：

《釋文》陳司敗注：「鄭以司敗為人名，齊大夫。」此卷則作「陳司敗齊大夫，蓋名禦寇子疾。」注鄭本無病字，此卷則有病字。空空如也，注鄭或作悾悾，此卷則作空空也。兩端，注鄭雲末也，此卷則作兩端，猶本末。凡斯殊異，率此為優。

此段跋在指明《論語鄭注》對校勘今本《論語》重要價值之後，又強調它是「今日倖存的秘笈」，就是在唐代也是鄭注本中的善本。這個結論的得出，僅僅有必要的文獻基礎還不夠，還必須要有豐富的文獻源流和版本知識，方能對發現的古籍做出恰當的評估。

《敦煌本漢書王莽傳殘卷跋》指出，此殘卷雖僅存三十八行，但可校出今本《王莽傳》中多處傳抄失誤：

「城中無行人」，今本作「城中無人行」。
「王莽始起外戚枝葉」，今本脫「枝葉」二字。
「又乘四父世葉之權」，今本「世葉」作「曆世」。
「亦有天時」，今本奪「有」字。
「是以四海囂然，喪其樂生之心」，今本作「四海之內，囂然喪其樂生之心」。

類似上述三例的跋還有很多篇，都在不同程度上包括這項內容，

可見羅氏刊佈的敦煌古籍並不是單純公佈材料，而是進行了快速、準確的考察之後才與學者見面的。他既能儘快讓學者見到原始文獻，又為之指出這類原始文獻首先應注意研究的方面。這種對新發現古籍的處理方法，不亞於現在對出土文獻的整理，且其速度之快，是現在更應效法的。

四、補敘史傳

著名的敦煌壁畫張義潮出行圖，所表現的那種歸義軍節度使威儀盛況，描繪出晚唐時期張氏家族在沙州地區的歷史故事生動形象，這已為現在治敦煌學和唐史的學者所熟悉。但是七八十年前的學者還無緣看到這幅壁畫，對於張義潮其人其事及其家族在沙州舞臺演出的一幕幕威武雄壯的歷史劇，竟然在新舊《唐書》中都找不到完整的記載，僅在有關的紀、傳中零星提及，且多乖迕，致使張義潮的業績湮沒千餘年。張義潮是怎樣帶領沙州地區漢民從吐蕃統治下崛起，並以瓜沙伊肅十一州歸唐的義舉，以及其家族在瓜沙職掌六十年的歷史，也就很少有人關注。但羅振玉是個例外，他曾見到敦煌遺書裡的《張延綬別傳》和《李氏再修功德記》兩篇殘文，前者載明張延綬為河西節度使「張公祿伯第三子」（按：祿伯為張淮深字），《張延綬別傳》末標有「光啟三年閏十二月」；後者記李氏平定篡奪沙州政權的索氏之亂後，「義立侄男，秉持旄鉞」，張氏重掌政權。由這兩篇殘文羅氏發現，《唐書》有關晚唐西北史實的記載有誤，他在《敦煌本張延綬別傳跋》中尖銳指出：「光啟三年（887年）延綬之父方任節度，」「豈有如《吐蕃傳》咸通十三年（872年）曹義金已代張氏之理？」因為同光之初（923年）上距咸通十三年（872年）長達半個世紀，曹

義金至多「尚在襁褓，何能遂領州事？」故有關此事「《唐書》之訛成鐵案」。這樣重要的結論是從「無史實可稱」的《張延綬別傳》和文辭隱含重大歷史變動的《李氏再修功德記》得出的，可謂慧眼卓識，見微知著，顯露出欲利用殘文斷簡並結合文獻記載以恢復這段歷史原貌的意圖。

羅氏基於上述認識，深感有必要將晚唐時期沙州地區的史實廓清，其關鍵人物就是以瓜沙伊肅十一州歸唐的張義潮，而新舊《唐書》都沒有為其列傳，於是羅氏作《補唐書張義潮傳》，附在《敦煌本張延綬別傳》之後。這是千餘年後第一次史家為張義潮立傳，補《唐書》之缺憾，對於晚唐史和西北史實的研究裨益匪淺。此後，羅氏又不斷根據新發現的敦煌資料和有關史書的記載修訂《張義潮傳》，至1926年三易其稿，先後刊在《雪堂叢刻》、《永豐鄉人雜著》和《丙寅稿》上。稿雖三易，但他仍擔心因為自己未見到敦煌本《歸義軍簿籍》、《詔張淮深守瓜州敕》和《張淮深墓誌銘》而使《補唐書張義潮傳》有疏漏，不無惋惜地說這些經卷「遠在巴黎，惜不得並據以作潮傳也」。表現出他嚴謹的治學態度，並希望來日有更詳實的資料，繼續把《補唐書張義潮傳》修訂得更符合歷史的真相。

《補唐書張義潮傳》的問世，比較系統地把沙州地區晚唐時期的史實勾勒出一個輪廓，自德宗貞元元年（785年）至宣宗大中（848年至851年）間，沙州地區陷於吐蕃達六十年。當地漢人雖淪為「胡服臣虜」，卻「心系本朝」，張義潮乘吐蕃「國內大亂」之機，「率眾擐甲噪州門」而「攝州事」（848年），進而收復失地，派使者向天子「獻瓜沙伊肅鄯甘河西蘭岷廓十一州圖籍」，使邊陲重歸唐王朝。咸通八

年（867年）張義潮入朝，由其侄「淮深嗣為節度使」，其間張淮深因索氏篡權而喪命，經李氏戡亂政權仍歸張氏，[11]故《補唐書張義潮傳》最後說：「自河西歸朝廷，邊陲無事者歷五朝，垂六十年，張氏世守之，蓋終唐之世云。」羅氏這種將有關敦煌遺書、碑刻和文獻密切結合，集中貫通寫成史料比較準確的史傳，填補了史書關於晚唐時期西北史事的缺漏，同時又大書以漢族為主體的西北各族人民維護統一的向心力，不失為良史的筆法。在修訂《補唐書張義潮傳》的過程中，他還對記載繼張氏家族之後執掌沙州政權的曹義金等人的遺書進行了研究，寫出《瓜沙曹氏年表》、《跋瓜沙曹氏文書》等專論，與《補唐書張義潮傳》前後呼應，構成晚唐至五代西北史實較完整的系統。因此，我們可以將《補唐書張義潮傳》等看作敦煌學向深層次發展的帶頭作品。它使以往對西北史實研究的蕭疏成為過去。三十年代以後學術界一些人歷盡艱辛，西走瓜沙，考察敦煌石窟，發現張義潮出行圖，並有《羅叔言〈補唐書張義潮傳〉補正》等著作發表，[12]說明羅氏在這方面的研究不僅引起了學者的注意，而且為之鋪設了道路。應該指出的是，羅氏的研究是在資料不完備的條件下個人獨立進行的，勇於探索的精神誠然可貴。當然《補唐書張義潮傳》在瓜沙陷入吐蕃的年代和繼張淮深之後張氏何人為節度使的問題上，就是由於資料不足而與史實稍有出入。不過這已是四十年代以後學者在資料更充分的情況下才提出來的。

11　索氏即索勳，張義潮婿，昭宗大順元年（890年）發動政變，殺張淮深兄弟及其子，自立為節度使；李氏即李明振，亦為張義潮婿，光宗乾寧元年（894年）「率將士誅勳」後，張義潮孫繼任為節度使。參見《李氏再修功德記》。
12　向達：《唐代長安與西域文明》，三聯書店，1957年版，417—428頁。

第八章

羅振玉與王國維

在論及羅振玉殫力國學、開風氣之先的學術活動時，人們總要聯繫起另一位國學大師的名字—王國維。自1898年羅氏在東文學社見到王國維「千秋壯觀君知否，黑海西頭望大秦」的詠史詩始，一直對王氏異常器重。先是免費准其跟班學習，後又助其留學日本。羅氏入學部供職後，1907年向榮慶推薦王國維任職學部總務司行走，再改任學部京師圖書館編譯。在此期間，羅氏在學術往來活動中，常讓王協同前往，促其結交學界名流。因此，王氏對羅一直懷有感激之情，青年時代曾寫下這樣的詩句表達他的心聲：

豫章生七年，荏染不成株。其上蠹梗楠，鬱鬱幹雲衢。匠石忽顧視，謂與凡材殊。詰朝事斤斧，浹辰塗丹朱。明堂高且嚴，蕩天人居。虹梁扛日月，薆薈紛扶敷。顧此豫章苗，謂為中與人為善樠護。付彼拙工輩，刻劃失其初。柯幹未雲堅，不如櫟與樗，中道失所養，幽怨當如何。

此詩是王氏在東文學社學期考試不及格，羅氏為其向教習說項，王氏免於輟學有感而作。[1]全詩充滿對「匠石」（按：隱喻羅振玉）把他與那些「凡才」相區別加以培養，或已看出他將是高大建築中的頂樑柱，確與一般工匠不同，沒有把他視作不能進行雕琢的普通櫟樹和椿樹拋棄掉，而是將其「力拔於庸眾之中」。[2]詩言志，果然後來王氏成為國學大師，不負「匠石」的「顧視」。1911年王國維與羅氏一道東渡日本，走上從事經、史、小學的研究道路，直到1927年王氏自沉

1　參見羅繼祖：《庭聞憶略》，長春：吉林文史出版社，1987年版。
2　孫敦恒：《王國維年譜新編》，北京：中國文史出版社，1991年版。

昆明湖前，在「國學」園地中，羅、王共同耕耘，力闢新風，從而開創了「羅王之學」，為研究中國古代社會提供了新資料，打開了新路徑。

8.1　流沙墜簡研究

1914年刊佈的《流沙墜簡》，主要著錄的是著名敦煌漢簡，新疆羅布淖爾等地出土的魏晉至南北朝的木簡僅占一小部分。這是我國第一部有圖影和隨文考釋的漢簡著作，魯迅在《熱風・不懂的音譯》中評論這部書說：「中國有一部《流沙墜簡》，要談國學，那才可以算一種研究國學的書。」而這部書正是羅、王共同開闢「國學」新領域的碩果，它對後世的影響很大，成為近代簡牘學的開山之作。

這批木簡得來不易，像羅振玉著錄和考釋敦煌遺書那樣，是他想方設法從歐洲人那裡爭取來的。木簡之所以落到歐洲，也和敦煌文書一樣，是被英印殖民當局派往中亞的考察者斯坦因劫掠的。

這個匈牙利籍的斯坦因，在英國學東方語言後，到英印殖民當局教育部門任職，1906年至1908年第二次接受派遣到中亞「探險」，從我國新疆前往甘肅敦煌尋寶途中，[3]1907年進入玉門關後，在疏勒河上游考察發現漢代長城遺址，於敦煌北（東經94°30'至93°10'，北緯40°）的長城碉樓的廢墟中得漢簡七百零四枚，後又在新疆羅布淖爾以北的北海頭古城、和田東北的尼雅古城等地發掘到魏、晉至南北

3　王國維譯：《流沙訪古記》，載《觀堂外集》（上），1927年版。

朝、隋、唐的木簡一百一十五枚。[4]這些簡牘連同從敦煌騙走的隋唐文書都運回倫敦，藏大不列顛博物院，其中的簡牘斯坦因委託法國漢學家沙畹整理研究。

羅振玉光緒戊申年（1908年）得知斯坦因在「我西陲得漢、晉簡冊載歸英倫」的消息後，不無惋惜地說：「神物去國，惻焉疚懷。」吐露出他對簡冊淪為他國之寶非常痛心不安，並開始了長達五年的搜求。1910年有人從歐洲回國告訴他，在巴黎看到沙畹博士正在考釋這批簡冊，並且準備出版，他「為之色喜」。但直至1912年久盼沙氏之書不得見，急切地「遺書沙君，求為影寫」。羅氏之所以和沙畹通信，是因為他早聞沙畹「精熟太史公書」，故「心儀有年」。宣統元年（1909年）通過伯希和「宛轉通音問于博士。博士以所著《河朔訪古圖志》見贈。由是郵使往來」，「遂成夙好」。[5]沙畹像伯希和那樣，過了一年果真將「手校之本」寄給羅氏。[6]因為手校本是用法文寫的，原樣翻印過來，不便國人閱讀和研究。正好羅氏之子福萇精通法文，可以實現他讓國人觀覽的目的。[7]羅氏用了幾個晚上通讀沙畹考釋的漢譯材料，覺得很有必要重新編排簡牘的照片，以體現出簡牘的內在聯繫，故而重新將簡牘分為三類：一、小學術數方技書；二、屯戍叢殘；三、簡牘遺文。顯然，第一、三類簡牘內容龐雜，第二類內容相對比較集中，故在考釋簡文時，第一、三類由羅氏自任，第二類由王

4　林劍鳴：《簡牘概述》，西安：陝西人民出版社，1984年版；姜亮夫：《敦煌—偉大的文化寶藏》，上海古典文學出版社，1956年版。
5　羅振玉：《漢兩京石刻圖像考序》，1912年版。
6　見羅振玉：《流沙墜簡》序，1914年版。
7　羅繼祖：《海角濡樽集》，第171頁，載《長春文史資料》1993年第一輯（總第四十一輯）；又參見王國維：《羅君楚傳》，載《觀堂集林》第22卷。

國維承擔。羅、王將書名定為《流沙墜簡》，似有意給人們留下遐想的空間。這裡的「流沙」是古代人們對我國西北廣大沙漠地帶的別稱，因為那裡沙隨風動，故名「流沙」；[8]「墜簡」系指失落埋沒在沙漠裡的木簡。「流沙」與「墜簡」聯繫在一起，人們一見書的名稱，就會聯想到在廣漠無垠的沙漠裡戍邊的將士。這樣的題目確實別具匠心。

羅振玉憑著他從幼年時代養成的以書為伴的嗜好，即使在「撲撲道路」中也未嘗放棄。從經、史到小學、術數、方技之類無不涉獵，因而積累了豐富的文化典籍知識。故能面對殘簡，很快分出類別，進入考釋。「小學術數方技書」中以「小學」開篇，一開始他就解讀沒有篇題的四枚簡。從僅「存字四十有一」的四枚殘簡中的簡一、簡二「有韻可尋」，定為四字句，又判明，「簡中諸字多見於《說文解字》中」，所以他斷定此四簡「為《倉頡》殆無疑矣」。這個結論恰與史籍所載《倉頡》的句式相合，內容也一致，為後人所公認。

在這一類裡，羅氏著重考釋漢簡歷書。他對四件沒有年號而又較完整的曆譜分別用兩漢通行的太初術和四分術推算，正與元康三年（西元前63年）、神爵三年（西元前59年）、永光五年（西元前39年）和永元六年（西元94年）曆譜的朔閏干支相合，進而總結出數簡相聯的「元康、神爵二曆譜通一年一譜，橫讀之」，亦有「每月為一譜，縱讀之。知漢代通行曆譜之式頗不一也」的結論。還由永光五年的曆譜上特別記有初伏、中伏、後伏和臘的現象，遍舉了有關文獻，證明

8　　參見《楚辭・招魂》，王逸注。

自秦德公開始的伏天「曆忌」和冬日「臘祭」，在漢代已演變成「朝野重伏」和「臘祭百神」的社會習俗。特別是他詳細考證了曆譜中某日下的「建」字，其含義是表示某一週期的起點，其後相繼為「除、滿、平、定、執、破、危、成、收、開、閉，凡十二日周而復始，觀所值以定吉凶。每月交節則疊兩值日，其法從月建上起建，與鬥杓所指相應，如正月建寅，則寅日起建，順行十二辰是也」。另外，還討論了曆譜中出現的「十二直」、「八魁」、「血忌」、「反支」等，與散見在史書和子書中的有關記載相參證，勾畫出比較系統的漢代人日常生活裡的各種禁忌規律。這就使殘文斷簡變為信而有徵的文化史料，得以補正文獻記載的缺佚或失誤。羅氏的上述觀點，得到國內外簡牘學家的贊同。9

在《簡牘遺文考釋》序中，羅氏對考釋古簡文字的困難和殘簡（包括紙片）的意義有很好的說明，他寫道：

> 古簡文字最難識，其時最先者上承篆書，下接章草，一也；邊徼急就之書，頗多詭略，二也；斷爛之餘，不能求其義理，三也。諸簡皆然，而書牘為尤甚。此編所錄合簡紙計之，都八十有八，而完整者不過二三，其可考見事實者亦少。然，藉以知書體之變遷，窺簡牘之體式，其裨益亦甚巨。

序文基本涵蓋了簡牘遺文的內容，如許多漢、魏、晉斷簡殘紙，

9　森鹿三（日）：《論敦煌和居延出土的漢曆》，姜鎮慶譯，載《簡牘研究譯叢》第一輯，北京：中國社會科學出版社，1983年。

文字可反映書體的演變，例如：遺文六中的「衣」字「用篆體」，出自「西漢人手」，而遺文六十七、七十五與屯戍稟給類十一、十二書體均為章草，後二者分別「有建武三十一年」、「有永平十一年」紀年，這是後漢章帝祖父光武帝和父親明帝的兩個年號，所以他說「章草始于章帝者殆不然矣」。又如：神爵四年簡文字近於「今楷之濫觴，至永和二年簡楷七而隸三矣。魏景元四年則全為楷書」等。由此推知「鐘太傅諸帖」不能斷為後世「摹失真或贋作」。這些實例的時代倘如羅氏所定，則其發現確實可以衝破傳統的文字書體演變成說。

遺文考釋還儘量挖掘尼雅古城殘紙文字的史料價值，如遺文四十四殘紙是晉人的書信，提到郡下設有督郵，「知晉制與兩漢正同」，可補《晉志》之缺。又如遺文四十三殘紙記有焉耆王和龜茲的關係，四十九殘紙似記焉耆王「為將吏所圖」，羅氏推斷前者是晉人在焉耆國「遺書西域長吏」遺存，後者與一度被滅國的「龜茲國人羅雲」殺原焉耆國王會的事件有關。出自敦煌的遺文二十一是簡書殘文，羅氏考證「簡云『公輔之位』可知為孝平及王莽時所書；又云『可以殄滅諸反國立大功』，又可知書於始建國五年，西域諸國叛莽之後也」。這幾件史事殘文不過十幾字或二十餘字，若沒有諳熟的古籍知識，是難以找到它們的歷史歸宿的。一旦確定了它們的歷史時空位置，其價值顯而易見，為西域諸國臣屬漢、晉王朝，以及彼此之間聯繫的密切程度增添了新的史料。

《流沙墜簡》能及早與國人見面，當然同羅振玉積極爭取得到手校本、自任部分考釋和及時刊印分不開，也與他讓王國維在這個新領域顯身手密切相關。王氏在該書序中說：「癸丑歲暮（1913年末），

始於羅叔言先生處讀斯坦因博士所得之漢、晉簡牘及沙畹博士考釋之書」，「以世人亟欲先睹是簡也，乃屬國維分任考訂」。王氏負責第二部分「屯戍叢殘」考釋，而這部分簡牘最多，內容重要，是全書的精華所在。在考釋中他發揮近兩年「專習經史小學」的長處，創獲甚多，因而羅、王這次合作使他徹底與哲學、文學決裂，真正轉入研究國學起了關鍵作用。1912年王氏著《簡牘檢署考》時未見簡牘實物，是從書本到書本進行的考證，其文云：「上古簡冊書體自用篆書；至漢晉以降，策命之書亦無用篆者。」還說「簡策之文以刀書或以筆書」等。[10]這些推論都與後來發現的簡冊、帛書文字實際不合。此次則不然，以實實在在古人書寫的簡牘影印件作為研究對象，等於直接接到古人送給今人的文書，需要仔細認真對待。因而，他先將「屯戍叢殘」再進行分類，分為簿書、烽燧、戍役、稟給、器物、雜事等六項。這樣歸類分析，便於從中理出簡牘書寫的真實歷史。他在研究方法上與羅氏相同，逐條釋文，重點考釋。但由於這部分簡牘數量多，記錄的內容集中，與典籍相互參證，融會貫通，所以發現頗多。羅振玉在歸納王氏「屯戍叢殘」考釋成就時說：

校理之功匝月而竟，乃知遺文所記裨益至宏，如玉門之方位、烽燧之次第、西域二道之分歧、魏晉長史之治所、部尉曲候數有前後之殊、海頭樓蘭地有東西之異，並可補職方之記載，訂史氏之闕遺。

這個歸納大體綜括了王氏在考釋中的新見解，僅舉一二例略作說

<hr>

10　刊於（日本）《文藝》1913年第三卷4—6期，後收入《海甯王忠慤公遺書》第二集，1927年版。

明。如王氏同意沙畹考證漢代玉門關自東西遷說，並詳加論證，認為漢武帝太初以前的玉門關即酒泉之玉門縣，李廣利西征克大宛之後，玉門關西遷至今敦煌之西。此說八十年前卻是新穎、前無古人之說。後世學者根據新發現的漢簡對此又有補充或訂正，提出「玉門關在太初二年以前亦已必在敦煌之西」的新觀點。[11]王氏據敦煌漢簡和斯坦因發掘的漢長城遺址，對那一帶的軍事設施和官制詳加論述，他說：「漢敦煌郡屬縣六，而緣邊者凡四：東則廣至，其西為效谷、為敦煌、為龍勒。前漢於此分置四都尉：一、宜禾都尉，治昆侖障（廣至縣境）；二、中部都尉，治步廣候官（在敦煌縣境）；三、玉門都尉，治玉門關（在龍勒縣北境）；四、陽關都尉，治陽關（在龍勒西境）。都尉之下各置候官分統其眾。」[12]而這些都尉地位，相當於大將軍之下的校尉，其下的候官與校尉之下的軍候相當。又據漢簡得知中部都尉下屬還有「平望候官」等等。這些考證均是補史志之缺，為研究漢代西北邊地的軍事防禦提供了珍貴的出土文獻資料。

王氏對羅布淖爾東北古城出土的簡紙更有獨到的見解，他否定德國人喀爾亨利、孔拉第，英國斯坦因，法國學者沙畹等人定此遺址為古樓蘭之墟的看法，而主張「此地絕非古樓蘭，其地當前涼之世實名海頭，而《漢書·西域傳》、《魏略·西戎傳》之居盧倉，《水經注》之龍城，皆是地也」。王氏的結論理由有三：一是遺址有來自樓蘭的書信；二是《水經注》、《漢書·班勇傳》等記載樓蘭位於塔里木河

<hr>

11 夏鼐：《新獲之敦煌漢簡》，載《中央研究院歷史語言研究所集刊》第十九本，1948年；又見陳夢家：《漢簡概述·玉門關與玉門縣》，北京：中華書局，1980年版。

12 羅振玉、王國維編著：《流沙墜簡》，烽燧類六簡考釋，北京：中華書局，1993年影印，第126—128頁。

入蒲昌海（羅布淖爾）的西北方，與位於羅布淖爾東北的古遺址方位不合；三是此處木簡有自名為「海頭」或「來自海頭」簡文，所以此地前涼時名為海頭是無疑的，並推測是因「居蒲昌海東頭得名」。漢代這裡名居盧，或曰薑賴，海頭是魏、晉以後新名，龍城是西域人的稱呼。魏、晉以後這裡又是西域長史的治所，成為中原王朝治理西域的重地。對於尼雅遺址的歸屬，王氏同意斯坦因所論，當是漢代精絕國廢墟。

王國維在《流沙墜簡》序和「屯戍叢殘」考釋中發表的這些意見，取材於新資料，又將史書有關記載與之上下貫通，論之鑿鑿，遠比西方人的著作高明得多。因而，使學術界同仁耳目一新，後來西北史地研究的興起和簡牘學的發展，王氏之功不可沒。

羅、王共同開創和宣導的簡牘研究，不僅在國內得到呼應，而且在國際上也產生巨大影響。西方學者紛紛邀請羅氏前往講學，就是這種影響的直接反映。王國維回國以後，羅振玉暫留居日本，並打算到歐洲各國閱覽「我西陲古卷軸入歐洲者」。沙畹聞訊後，聯合英、德、法學者聘請羅氏到歐洲各國「審定東方古文物」。羅氏便約王國維與之同往。王氏覆信談及「歐洲近歲科學已造其極，人欲亦與之競進」。看來兩人都想開闊眼界，吸收新的科學知識，為日後更好合作創造優越的條件。可惜，因為世界大戰的爆發未能成行，二人共同搜集新資料的願望未能實現。[13]

13 　參見羅振玉：《集蓼編》和《海甯王忠愨公遺書序》。

8.2　羅王之學的形成

郭沫若20年代末談到研究中國古代社會時說：「大抵在目前欲論中國的古學，欲清算中國的古代的社會，我們不能不以羅、王二家之業績為其出發點了。」[14]這是最早將羅、王二家並力協作、研究新發現史料取得的學術成就聯繫在一起的。後來的學者又把他二人在甲骨、金文和其他新資料方面與古籍相結合，創立古史和古文獻研究新方法獲得的成果，稱之為「羅王之學」。陳夢家在《殷虛卜辭綜述》中將「羅王之學」歸納為六個方面的內容：「（1）熟習古代典籍；（2）並承受有清一代考據、小學、音韻等治學工具；（3）以此整理地下的新材料；（4）結合古地理的研究；（5）以二重證據治史學和經學；（6）完成史料之整理與歷史記載之修正的任務。」陳氏對羅、王治學成果的總結，比較全面綜括了他們二人創造性地治學方法和時代特徵，點出他們在國學研究領域諸多方面超越前人的原因所在。由此我們可以知道，甲骨學是「羅王之學」的重要組成部分，它是羅、王以新的角度，應用新的方法進行科學研究，結出的學術碩果之一，對該學科最初的建立和對後世的影響極大。然而，甲骨學並不等同於「羅王之學」，後者包容的範圍更廣，這樣我們才能準確地理解「羅王之學」的內涵。

「羅王之學」的形成不是偶然的，雖然他們二人有各自的治學經歷，但是後來在這條發掘弘揚祖國文化遺產的途徑上，兩人合作互補，共同創立起「羅王之學」。青年時代的羅振玉已經熟讀經史，自

14　郭沫若：《中國古代社會研究・自序》。

習訓詁和文字學,明瞭版本目錄,愛好金石書籍,又不為科名所誘,故二十歲前後紮下了堅實的國學根基。近世學者張舜徽曾評論說,羅氏的早年著作「治學謹嚴,考證精審,是承乾嘉學者們的學術風氣一脈而來的。當他青年時期,海內宿學鴻儒如江甯汪士鐸、德清俞樾,都以耄耋之年,久享盛名。他們都對羅氏二十歲時所寫的《存拙齋劄疏》頗為重視。汪士鐸親為撰跋,俞氏採取其精語入《茶香室筆記》。可見,羅振玉在很年輕的歲月裡,就已成為清末學術界的知名人物了」。[15]不同時代的學者,對羅氏青年時代的學問的共識表明,二十歲左右的羅振玉學業上已趨成熟,傳統文化造詣較深,為其日後開拓國學研究新領域奠定了基礎。

王國維成為國學大師的途徑與羅振玉迥異,進入中年以後才盡棄前學轉向國學研究的,而這一轉變,與羅氏的影響有著密切關係。1911年12月,王氏隨羅振玉東渡日本後,仍在從事文學戲曲研究,這在《王國維年譜新編》和王致繆荃孫等人的書信排出的時間表,可以看出直到1913年,他的主要精力仍是放在文學方面。[16]而在同時,羅氏在大量收集古器物、古籍的基礎上,已進行研究、編撰、校勘、印行,開始進入自己從事國學研究的高峰時期。有一定國學基礎的王國維面對這一切,不能不考慮自己的發展方向,況且為了生計,他當時還任《國學叢刊》的編校,並經常聽到羅氏談自己在國學研究中的心得,這些耳濡目染也不能不產生影響,特別是羅氏對他談學術得失,說近世學者疑古文《尚書》,疑《尚書》孔注,疑《孔子家語》

---

15 張舜徽:《王國維與羅振玉在學術研究上的關係》,載《王國維學術研究論集》(一),上海:華東師範大學出版社,1983年版。

16 參見《王國維書信全集》,北京:中華書局,1984年版。

等，是對的，但從崔述著《考信錄》，疑古之風大漲，多懷疑不必疑的。至於「歐西之學，立論多似周秦諸子，若尼采諸家學說賤仁義、薄謙遜、非節制，欲創新文化以代舊文化，則流弊滋多」。要使我國「三千年之教澤不絕如線，非矯枉不能反」。所以勸王國維專研國學，而先於小學訓詁植其基，並說「公年方壯，余亦未至衰暮，守先待後，與子共勉」。這是羅氏的肺腑之言，這很容易使人聯想起他少年時代所欣賞的陸詩「外物不移方是學」，「百家屏盡獨窮經」。至於這一觀點是否有道理，在多大程度上有道理，自有後人評論和歷史的檢驗。但當時確實打動了王國維，羅氏在《海甯王忠愨公傳》中，回顧了這一段論學術得失的往事，接著寫道：

公聞而悚然，自慊以前所學未醇，乃取行篋《靜安文集》百餘冊，悉摧燒之，欲北面稱弟子。予以東原之於茂堂謝之。其遷善徙義之勇如此，公既居海東既盡棄所學，乃寢饋於往歲予所贈諸家之書。

從此，將大雲書庫向王敞開，藏書、古器物、各類拓本任其「搜討」，並介紹他與國內外學者相識或建立通訊聯繫，使王氏有了一個良好的研究國學的條件。王國維與羅氏的關係更為密切，在海東每著一書，事先都要同羅商議體例，衡量得失。幾年時間，王氏學業精進，達到「所造乃益深且醇」的程度。[17]

羅氏所言確為實情，這在王國維的一些著作裡也經常提到，如《國朝金文著錄表自序》中說：

---

17 參見羅振玉：《海甯王忠愨公傳》，載《海甯王忠愨公遺書初集》，1927年版。

東渡後，時從參事（按：指羅振玉，曾任清末學部參事）問古文字之學，因得盡閱所藏拓本。[18]

王氏在《殷墟書契考釋後序》中也談到：「余從先生游久，時時得聞緒論。」這裡的「從先生游」，是指王以師禮事羅。儘管羅氏不以師自居，但他畢竟竭其所能啟發和指導王氏進入國學研究領域，並充分利用現有條件讓王氏發揮其聰明才智。羅氏在《三代吉金文存》序中說：

往居海東，亡友王忠愨公從予治古彝器文字之學，予以古金文無目錄，勸公編《金文著錄表》。

這一建議被王國維接受後，羅氏又與王氏商量如何作《金文著錄表》才能收到最佳效果。王國維當時這樣寫道：

參事屬分別其已著錄者與未著錄者，將以次編類印行。又屬諸家之書列為一表。[19]

從王氏致繆荃孫的信中得知，他自1913年春至1914年秋，陸陸續續閱讀金文書籍和拓本一年以上，他在信中說：「比年以來擬專治三代之學，因先治古文字，遂覽宋人及國朝諸家之說。」經過一番努

18　王國維：《國朝金文著錄表自序》，載《觀堂集林》卷六。
19　王國維：《國朝金文著錄表》，載《觀堂集林》卷六，北京：中華書局，1984年版。

力，不僅熟習了金文資料，掌握了內容，而且從中得到啟發，始「悟古代宮室之制」，擬以金文、甲骨文材料撰寫《明堂廟寢通考》，[20]成為研究周代禮制的重要著作。

王氏欲治三代之學的願望強烈，故還把研究和圈點《三禮注疏》、段氏《說文解字注》作為課業，每日必讀，與閱讀整理金文齊頭並進，相互參證。當他聞知所論三百年來小學盛衰史，得到嘉興沈子培（曾植）「以為可言古音韻之學」的評價後，很想找到研究音韻訓詁的名師，經羅振玉介紹與沈氏相識，請教古音韻學。沈氏關於字源和音源的指點，王氏受益匪淺，後來關於《爾雅》和《方言》方面的研究成果，似都導源於此。[21]

留居日本的幾年間，王氏徹底改變了治學道路，努力鑽研經史、小學、音韻、金文、甲骨、簡牘等文獻和出土文物資料，具備了全面研究國學的條件，為他後來迅速躋身學術界名流，奠定了牢固的基礎。也正是在此期間，他與羅振玉結成了學術上的摯友，在國學研究領域相互啟發、切磋，彼此補充，成為他們以後交往的主流。

由上述得知，羅、王對古代典籍知識和清代考據方法已爛熟於胸，正好遇到前所未有的古器物和金石文字材料的大量出土，時代呼喚有志者對出土資料進行整理和研究，羅、王就是肩起這一歷史使命的人。眾所周知，羅振玉對於甲骨文、金文、碑刻、璽印、青銅器和其他明器做了大量的搜集、整理、刊佈工作，王國維也不乏這方面的

20　吳澤主編：《王國維全集》（書信），第36、40頁。
21　孫敦恒：《王國維年譜新編》，第43—49頁。

著錄，《戩壽堂所藏殷墟文字》是他編著的甲骨學著作，而且還附有考釋。[22]二人合作編輯和考釋的有《齊魯封泥集存》、《流沙墜簡》等。1913年是羅氏勸王國維轉攻國學的關鍵時期，促王讀經史、金文的同時，又讓其從實物中悟到治國學的意義，故將1909年收自山東滕縣的封泥由王類次。王氏在《齊魯封泥集存》序中說，羅氏欲補《封泥考略》之缺，「因屬國維就《考略》所無者，據《漢書·表志》為之編次」，並說封泥「較古璽印為尤多，其足以考正古代官制、地理者，為用至大」。因而，在序中利用封泥詳細考證了漢代的官制和地理的沿革。1914年考釋《流沙墜簡》更表現出王氏「熟精史漢」，已在國學研究上大顯身手。總之，羅、王，特別是羅氏整理和刊佈了大量出土材料，為國學研究積累了豐富的新材料。

在日本，切磋論學是羅、王交往的主要活動。王氏回國後，在上海倉聖大學負責編輯《學術叢編》時期，兩人書信往來極為頻繁，如1916年一年內王氏致羅氏的書信近百封，其內容都是討論學術、交流治學心得的。[23]這種密切關係必然促進他們在學術上取得較大的成就。羅振玉撰寫的《殷虛書契考釋》是第一部具有完整體系的研究甲骨文的著作（見第六章），就文字考釋而言，王氏在《後序》中高度評價該書是「三百年來小學之結束也！」後來還為增訂《考釋》提過很好的意見。他在致羅氏的信中說「今日草《殷禮小記》」，「皆祭禮事，補公《考釋》所未備也」。[24]羅氏在增訂《考釋》中採納王氏之說的地方，也都一一有所注明，修訂《考釋》時也曾向王氏徵求過意

22　該書署名姬佛陀類次，實為王國維編著。
23　吳澤主編：《王國維全集》（書信）
24　吳澤主編：《王國維全集》（書信），1916年3月30日致羅氏書。

見，如王氏給其他人的信中說「叔言參事歸國後，現寓天津，其於《書契考釋》補正前稿甚多，但尚未寫定印行」。[25]此時王氏居上海，瞭解遠在千里之外羅氏修訂《書契考釋》的詳情，顯然是羅氏通過種種方式讓王知道修訂的全面情況。可見羅、王都把對方視為學術上的摯友。這種交往在王氏所著《殷卜辭中所見先公先王考》中，表現尤為突出。羅振玉致王國維書云：

> 上甲之釋，無可疑者。……周人尚用此字，兮伯吉父盤之兮，即兮甲也。……

在另一封信中羅氏又說：

> 前書與公論「🔲」即上甲二字合書，想公必謂然，今日補拓以前未選入之龜甲獸骨，得一骨上有「🔲」字，則竟作「上田」，為之狂喜。已而檢《書契後編》，見卷下第四十二葉「上甲」字已有作「🔲」者，又為之失笑。……卜辭「上」字多作「☑」，「下」字作「⌂」……又「上帝」作「☑帝」，其為「上」字無疑。「🔲」為「🔲」字之省，亦無可疑。不僅可為弟前說之證，亦足證尊說之精確。……

王氏讀到羅氏兩通書信後，作按語曰：

> 丁巳二月（1917年），參事聞余考卜辭中殷先公、先王，索稿甚

25　吳澤主編：《王國維全集》（書信），1920年3月24日致陳邦懷書。

亟，既寫定，即以單葉寄之。複書兩通，為余證成「上甲」二字之釋。[26]

　　上揭書信和按語，記有他們各自為對方在學術上獲得新成果而高興的言詞，羅讀王氏的文章後「忻快累日」，並說「繼我有作者必在先生」，而王拿到羅氏的書信「開緘狂喜」，在此之前擬作《籀篇疏識》時曾與羅氏通信說：「此事唯先生知我，亦唯我知先生。然使能起程、段諸先生于九原，其能知我二人，亦當如我二人之相知也。」[27]這些事實表明二人都為對方在學術上有新的發現和創見而欣喜，故王氏把他們之間的學術往來同清代小學家們相比，可見羅、王在學術方面的交往非同一般。現在保存下來的王國維致羅振玉書信近三百封，幾乎占了王氏與朋友通信的三分之二，其中又以回國後在上海與羅氏通信居多。在眾多討論學術的信箚中，也間有談及買賣書畫者，這是因為王氏到倉聖大學辦雜誌面臨停刊的危險，又與校方相處不佳。羅繼祖據往來書信等論到在這種情況下，「觀堂眼看要威脅到他的生活，不得不事先作準備」，故想出「做點書畫買賣作調劑」的方案。羅氏聞訊代其籌畫以後生計，由於編輯雜誌事又有轉機，加之「觀堂於書畫不是『裡手』，做書畫買賣之事後來並未能實行」。[28]不久經羅氏推薦，王國維為烏程蔣汝藻撰《藏書志》，[29]王氏生活來源有了保障，這就為他從事國學研究解除了後顧之憂。翻開集王國維學術成就

26　見王國維：《殷卜辭中所見先公先王考》附錄，載《觀堂集林》。
27　吳澤主編：《王國維全集》（書信），1916年2月25日致羅振玉書。
28　羅繼祖：《觀堂書箚三跋》，見吳澤主編：《王國維學術研究論集》第二集，上海：華東師範大學出版社，1987年版。
29　孫敦恒：《王國維年譜新編》，第93頁。

精華的《觀堂集林》便可看出，他利用出土文物、甲骨文和金文，結合文獻寫出的研究商、周歷史的不朽之作，大多是這一時期完成的。如《殷卜辭中所見先公先王考》和《續考》、《殷周制度論》及有關甲骨、金文的序、跋等，還有關於敦煌學的論文、序跋等也都是在這一時期撰寫的。[30]也就是說，學術界公認的利用地下新材料研究國學的「羅王之學」即形成於這個時期。王氏進入清華園後，雖然在金文和敦煌文書等方面陸續有新作發表，又對以前的國學研究成果進行了總結，著名的《古史新證》和《最近二三十年中中國新發現之學問》等都是這時的著作。但也可明顯地看出，此時其研究重點已轉向蒙古史，已不是我們所說的「羅王之學」的範圍了。而羅振玉繼續對出土文物、甲骨文、金文等進行整理刊佈和研究，為後世積累和審定研究歷史的新材料。所以，開創於海東的「羅王之學」，在王國維進入清華園之前已經形成，並在學術界得到公認，成為後來新史學和考古學繼承和發展的來源之一。

「羅王之學」與乾嘉以來的樸學最大的區別在於，前者跳出了樸學大師們窮經皓首的繁瑣考證，而把眼光投向地下新發現的材料，將這些材料經過整理、鑑別、精選和研究後，同有關傳世文獻相結合，研究古代史和古文獻。[31]換而言之，主要依據古人自己書寫的文字材料和留下的遺物，研究那個時代的歷史和文化。這樣的治學方法，雖然是建立在豐富的中國古代典籍知識的基礎上，但已比樸學大師們從文獻到文獻的注解和考證要高明多了，因而能為恢復和保持歷史原

30　孫敦恒：《王國維年譜新編》1917年至1922年條目。
31　羅振玉1903年在《鐵雲藏龜》序中，明確提出甲骨文可證經史的論點。

貌，以及古代文化特徵準備可信的歷史資料。後來王國維把這種方法加以理論化，概括為「二重證據法」。1923年作《殷墟文字類編》序時，根據甲骨文出土以後的研究情況，提出對地下新材料與文獻關係的看法，他說：

故新出土之史料，在與舊史料相需，故古文字、古器物之學與經史之學實相表裡，惟能達觀二者之際，不屈舊以就新，亦不絀新以從舊，然後能得古人之真，而其言乃可信於後世。

這是講正確對待新舊材料，而不是隨心所欲地取捨，方能得出正確結論。1925年對清華研究生講課，進一步申述了這一觀點，發表在《古史新證》的總論上，其文曰：

吾輩生於今日，幸於紙上之材料外，更得地下之材料。由此材料，我輩固得以補正紙上之材料，亦得證明古書之某部分全為實錄，即百家不雅馴之言亦不無表示一面之事實。此二重證據法，惟在今日始得為之。雖古書之未得證明者，不能加以否定，而其已得證明者，不能不加以肯定。

這段論述是王氏根據自己用地下材料和文獻相印證的實踐，歸納出的「二重證據法」。這種概括把應用新舊材料治史的方法講得更明白，有利於在學術界推廣這種治學方法，後來的許多史學家都得益於此，可謂影響甚大。

其實，以地下出土新材料證史的思想，北宋後期已經產生，學者開始嘗試用金文解釋三代禮制問題；清代部分學者在乾嘉考據學派的影響下，對三代以來的青銅器、金文等更加重視。[32]甲骨文、簡牘和青銅器等大量發現之後，羅、王等對這些材料的梳理和研究作出了傑出貢獻，尤其是對甲骨文的著錄、考釋和利用它研究商史取得突破性進展，從此用地下新材料證史的方法，逐漸形成獨立的新學問。羅振玉首先確定甲骨出自安陽殷墟，是殷王室的遺物，從此商代成為有文字記載的信史不容置疑了。羅氏據《殷本紀》和今本《竹書紀年》，結合卜辭所見帝王名號，認為殷墟是「武乙之虛」。這個結論與卜辭內容和考古發掘實際有出入。羅氏自己在《殷虛書契考釋》帝王章裡已認識到「武祖乙即武乙」，「文武丁即文丁」。他處又說：「卜辭曰父甲一牡、父庚一牡、父辛一牡，此當為武丁時所卜，父甲、父庚、父辛，即陽甲、盤庚、小辛，皆小乙之兄，而武丁之諸父也。」[33]說明羅氏已接觸到安陽殷墟，不只是當年武乙一世的都城所在地。王國維正是循著羅氏《殷虛書契考釋》的成果，在《說殷》一文中進一步用卜辭和古本《竹書紀年》證明：「自盤庚徙殷，至紂之亡，二百七十三年，更不徙都。」這就將古籍中眾說紛紜的殷代晚期都城，用地下的新材料理清楚了。

用甲骨文證史的另一項重大成就是確認《史記‧殷本紀》的商人世系基本可信。這個結論是王國維在《殷卜辭中所見先公先王考》及《續考》中得出的。他將卜辭中見到的商人先公和先王的名稱，同

32　陳夢家：《殷墟卜辭綜述》，第1—2頁。
33　王國維在《殷卜辭中所見先公先王考》中引用羅振玉說，見《觀堂集林》卷九。

《山海經》、《楚辭・天問》等傳說資料和《殷本紀》、《帝王世紀》、《三代世表》、《漢書・古今人表》中出現的人名對照，從而「由卜辭中把殷代的先公、先王剔發了出來，使《史記・殷本紀》和《帝王世紀》等書所傳的殷代王世得到了物證，並且改正了他們的訛傳」。[34] 這項突破性成果的問世，使甲骨文證史的作用在學術界進一步得到確認。

羅、王利用一切可以利用的出土新材料證史，如1903年羅振玉在《陸盦羇古錄》（《鄭盦所藏封泥》）序中說：「玉以為此物有數益焉：可考古代官制，以補史乘之佚，一也；可考證古文字，有俾六書，二也；刻畫精善，可考見古藝術，三也。」十年之後，在羅、王同輯的《齊魯封泥集存》一書中，不只公佈材料和提出問題，而且由「熟精史漢」的王國維詳考封泥中的郡縣名稱和官名，補證《漢書・地理志》和《百官公卿表》的缺佚。

羅振玉根據敦煌發現的《張延綬別傳》、《李氏再修功德碑記》、《索勳紀德碑》、《歸義軍簿錄》等碑石和文卷中與張義潮有關的材料，寫出《補唐書張義潮傳》，最早勾畫出晚唐時期西北史事和疆域地理變遷，補兩《唐書》和《五代史》的疏漏。這是一篇羅氏實踐以新材料補史和證史的代表作之一，成為後世開展晚唐時期西北地方與中原王朝的關係和地方史研究的先聲。

綜上所述，在20世紀初羅振玉繼承和發展了宋代產生、清代再度興起的以金石文字證史的思想，留心搜集古代遺留下來的實物資料，

34　郭沫若：《古代研究的自我批判》，載《郭沫若全集》歷史編（2）。

對出土或新發現的文物資料尤為珍惜，特別是對那些能夠反映一個時代政治、經濟、軍事、官制、地理和文化藝術的古遺物更為重視，如甲骨文字、銅器銘文、簡牘、璽印、封泥、敦煌文書、碑版等等，都盡量搜討、著錄、流傳，並著文提出新材料對於證史、考釋文字、整理典籍的重要作用。在羅氏撰寫的一系列序、跋、論文、考釋文字的專著中，始終貫徹這一主張，而且大力推動有志於治史、講小學、研究傳統文化的學者加入到這個隊伍中來。正因為他的搜討、流傳和宣導，甲骨文、敦煌文書、西陲漢晉簡牘等才引起學術界的重視和研究，發展為今天的顯學，這些均是「羅王之學」的重要組成部分。依照唐蘭對羅氏在卜辭研究方面「導夫先路」的評價，可以說他在敦煌文書、簡牘、璽印、封泥等出土材料著錄、流傳的同時，還提出了研究方向，同樣起到了「導夫先路」的作用，為後來者在此基礎上進一步考史考釋文字指出了門徑。

王國維「繼以考史」的成績卓著。他在羅氏提出的用甲骨文、簡牘、璽印證史思想的啟發下，以他特有的哲學家嚴密思維方式，將看似凌亂的出土文字材料綜合成有系統的史料，與傳世文獻比勘，經過周密的論證，剔發出卜辭中的商王世系基本與《史記·殷本紀》吻合，考證了漢魏時期西北地方的郡縣和督尉設置，漢代諸王國的官制和齊魯地區的郡縣沿革等。這些論著充分利用出土新材料，闡述重大歷史問題，或證明史書記載的可靠，或訂證史書記載的訛誤與缺佚。在此基礎上寫出了有關商周制度劇變、周邊民族的變遷、秦漢郡縣設置和文化史的論文，影響久遠。這些論著極大地豐富了三代和秦漢時期歷史的內涵，成為利用新材料考史的典範。因此我們可以說，在

「羅王之學」的形成中，羅是「導夫先路」，王是「繼以考史」，這是比較符合實際的。

8.3 觀堂之死與《遺書》的輯印

民國十六年丁卯五月初三，即西元1927年6月2日，王觀堂自沉於昆明湖。由於事發突然，這位知名學者的死，在學術界激起很大波瀾。八十多年來，死因似乎成了一個迷，出現各種各樣的猜疑。隨著羅氏「竊取」了王國維研究成果說的流傳，王國維是因羅氏「逼債」或逼迫而死的說法，也在社會上廣泛流傳起來了，以至不少人一提起羅振玉就想起觀堂之死的「疑案」。觀堂之死成了講羅氏生平不能回避的熱點問題，這涉及他的學術生涯，又比任何學術活動都引起人們的關注。所以這裡不能不略述觀堂之死及羅、王失歡等問題。

（一）觀堂之死

四五十年代以後，社會上流行的觀點是觀堂之死與羅振玉逼債有關，此說最早見於1927年史達寫的《王靜庵先生致死的真因》，文章說王國維「所以不先不後，恰恰於今年舊曆端午跳水尋死，實緣受友人累，經濟上挨到過量的壓迫耳。據熟悉王羅關係的京友說，這次的不幸事件完全由羅振玉一人逼成的」。[35]後來這一「據說」被郭沫若《魯迅與王國維》及溥儀《我的前半生》引述，因而影響很大。不過由於它不是事實，對瞭解羅王為人及其關係的學者毫無說服力，雖然

35　轉引自孫敦恒：《王國維年譜新編》。

由於政治原因多數人緘默不言，但也有人產生羅王失歡其中必有隱情的想法，各種捕風捉影、無端猜疑的說法也暗暗流傳。所以對王靜安之死的各種猜疑，無論初衷如何，誣謗都使羅、王二人再次受到傷害。

觀堂之死的確比較突然。五月初三那天，他早上八點就到了學校，與辦公處侯厚培先生「談下學期招生事甚久」，又使校役往其私第取學生成績冊，一如往日從從容容。而此前一日正值清華研究院的師生敘別會，餐前會後王國維與畢業生談學，仍然懇懇切切，只是「涉及時局，先生神色黯然，似有避亂移居之意」，以至第二天學生初聞他失蹤，還「以為避地他處耳」。[36]但不久就證實，他投湖了，衣袋中僅有給兒子貞明的遺書一通：「五十之年，只欠一死，經此事變，義無再辱。」下面是對後事的安排，特別提出要葬於「清華園塋地」。可見對清華的眷戀，而對清華研究院的同仁來說，王靜安之死雖然突然，卻並非不可思議，自沉的原因是清楚的，孫敦恒所著《王國維年譜新編》，輯錄了不少這方面的資料，例如：

清華國學研究院主任吳宓《空軒詩話》中說「王靜安先生自沉前數日，為門人謝國楨書扇面七律四首」，其中兩首為溥儀太傅陳寶琛《前落花詩》，詩中涉及割讓臺灣，並有「故林好在煩珍護，莫再飄搖斷送休」句，反映了對中國岌岌危亡的憂慮。錄此「茲以落花明示王先生殉身之志」。因而吳宓悼王國維挽聯有「主辱臣憂，汨羅異代沉屈子」句。

36　戴家祥：《記王靜安先生自沉始末》，載《國學月報》王靜安先生紀念號。

研究院導師梁啟超在王國維墓前講話說：伯夷、叔齊的志氣，就是王國維的志氣，「這樣的自殺，完全代表中國學者『不降其志，不辱其身』的精神」，他在6月14日給長女的信中說：「靜安先生自殺的動機，如他遺囑上所說，『五十之年，只欠一死，經此事變，義無再辱』。他平日對時局的悲觀，本極深刻，最近的刺激，則由兩湖學者葉德輝、王葆心之被槍斃。葉平日為人本不自愛（學問卻甚好），也還可說有自取之道；王葆心是七十歲的老先生，在鄉裡德望甚重，只因通訊有『此間是地獄』一語，被暴徒搜出，極端箠辱，卒致之死地。靜公深痛之，故效屈子沉淵，一瞑不復視。」他悼王國維挽聯有「一死明行己有恥之義，莫將凡情恩怨，猜似鵝雛」之句。

研究院導師陳寅恪悼王國維的挽詞開篇稱「漢家之阨今十世，不見中興傷老至。一死從容殉大倫，千秋悵望悲遺志」。序中說，那些「流俗恩怨榮辱委瑣齷齪之說，皆不足置辯」。

當時借居清華園而與王國維有交往的梁漱溟也回憶說，國民革命軍北伐途中侮慢知識份子的傳聞，如何刺激了靜安先生，「追懷我先父昔年自沉積水潭後，有知交致挽聯云『忠於清，所以忠於世；惜吾道，不敢惜吾身』。恰可移用來哀挽靜安先生」。

當時研究院助教趙萬里寫道「去秋以來，世變益亟，先生時時以津園（溥儀）為念。新正赴京覲見，見園中夷然如常，亦無以安危為念者，先生睹狀至憤。返京後，憂傷過甚，致患咯血之症。四月中，豫魯間兵事方亟，京中一夕數驚，先生以禍難且至，或有更甚於甲子之變者，乃益危懼」。

畢業於國學研究院第二班的戴家祥，曾寫《記王靜安先生自沉事始末》等文，記述了五月初二師生敘別會和晚上拜望老師的經過，以及得兇信、治喪過程。他說道：「先生之歿也，迄今已四閱月，而世人尚多猜擬之詞，蓋未能深悉先生之身世，不足以知先生。先生少治叔本華、尼采之學，思想深邃而沉著，易趨於極端……先生治學，數十年如一日，而家道極貧，近年複有西河之慟，故交中絕，四顧茫然……雖然先生之死，自有宿因；而世亂日迫，實有以促其自殺之念。方五月二日，某承教在側時，先生云『聞馮玉祥將入京，張作霖欲率兵總退卻，保山海關以東地，北京日內有大變』。嗚呼！先生致死之速，不能謂與時局無關也。」

　　同班畢業的姚名達寫《哀餘斷憶之三》則回憶及1926年底，學生們為王師祝壽，「後七日，先生招同人茶會於後工字廳」，而且拿出歷代石刻拓本展示、講解，氣氛極其融洽。學生們「始知先生冷靜之中固有熱烈也，自是吾院師生屢有宴會，先生無不與」。

　　總之，以上清華學者在王國維生前最後一個階段是與之朝夕共處的，他們對王國維的學識、人品，特別是晚年思想最瞭解，也最有發言權，他們的悼詞及紀念文章儘管分析角度不同，但對他自沉的主要原因看法無大出入。由於當時正處於大革命的時代，所以愛護他的清華學者一再說，觀堂之死，沒有必要再追究他不合潮流的政治態度。此外，觀堂自沉事發突然，學術界還有一些人仰慕他的學識，卻無緣結交，對他的學術道路及羅、王關係一知半解，痛惜之下，所發議論

不免脫離事實，甚至指責自沉是負罪學界，[37]種種「苛評亂解」，也是愛護他的人所不願看到的。

至於史達之文則是為某種私利而進行誣謗，其「京友」的傳聞是毫無根據的。最明顯的是他們連王國維自沉的日子都沒搞清，由五月初三移至初五（端午），再從這個虛構的「不先不後」，「端午跳水」，推斷出原因是羅氏逼債，致使「經濟上挨到過量壓迫」，無疑是站不住腳的。羅繼祖在《庭聞憶略》中說，史達是託名，其背景與鄭孝胥有關，並在《王國維先生的政治思想》[38]一文中，對所謂的羅王債務糾紛，已列舉很多事實說明「純屬無中生有」，這裡不再贅述。當然，戴家祥文中所說王國維晚年，「複有西河之慟，故交中絕」，是確有其事的。只不過半個多世紀以來，被「炒」得面目全非，卻又為不少人所關心，所以有必要再談一談。

（二）羅、王失歡

史達寫道「據熟悉羅王關係的京友說」，羅女為王之子婦，王子死，羅氏將女兒接歸，「強令王家每年拿出二千塊錢交給羅女，作為津貼」。這種說法流傳極廣，而且成為「逼債說」的基礎。關於此事真相，羅氏後人曾保存王國維的書箚三通，1954年羅福頤將其中兩通及其說明曾投諸雜誌，而被退稿，直到1981年才得到發表。羅繼祖也曾將其中一通編入《觀堂書箚》，1978年作跋，將三封信摘要錄出，刊於1982年。這三封書信清楚地反映出，不是羅氏向王氏強索女兒的

37　參見孫敦恒：《王國維年譜新編》，第182頁。
38　見華東師大歷史學研究所編：《王國維學術討論集》。

生活費，而是因羅氏拒絕接受撫恤金，使王國維感到人格受到侮辱而斷交。1991年孫敦恒《王國維年譜新編》問世，劉蕙孫《我所瞭解的王靜安先生》[39]等都披露了一些新資料，由此，王國維晚年「西河之慟，故交中絕」的經過，開始被世人所瞭解。

民國十五年丙寅八月二十日，即西元1926年9月26日王國維長子潛明在上海病卒。羅氏長孫羅繼祖回憶說，他的三姑母嫁給王先生長子潛明，潛明任職天津海關即曾住羅家，當時的王氏夫人是繼室潘氏。他的三姑母與繼母關係處得不好，又受到僕婦的挑撥，感情冷淡。後來，姑丈逝世，「王先生夫婦到上海主喪，祖父也痛女心切前往探望，潘夫人處理善後偶爾失當，姑母泣訴于祖父，祖父遷怒于王先生，怪他偏聽婦言，一怒而攜姑母大歸」。「三十年夙交感情突破裂，原因是祖父脾氣褊急，平日治家事事獨行，而王先生性格卻相反，平日埋頭治學，幾乎不過問家政，一切委之閫內。在這樣情況下，王先生既難於向老友剖白衷情，而祖父又徇一時舐犢之愛」，事情終於弄僵。劉鐵雲之孫劉蕙孫據青少年時所見所聞回憶說，羅王之間本無債務所言，「從二人相識以來，靜安先生不知接受了雪堂多少經濟上的資助」，僅有一事，為海關給配偶的恤金由潛明胞弟領出交給父母，並通知了嫂嫂，王太太說「喪葬費尚未料理，此款不能給媳婦」。羅氏卻認為，喪葬諸費均可承擔，王家有什麼困難，都將「唯力是視」，只是「恤金有關章規定，要給死者配偶」。靜安明知此話有理，卻作不了主，平日「拿到工資，雙手交給太太，要用錢，或多或少再向太太領取」，自己身無分文，所以「幾經詢問，都是支支吾

39　見華東師大歷史學研究所編：《王國維學術討論集》。

吾」，因此羅氏怫然，攜女大歸，另給女兒一千多元，聲稱此款再也不要了。

這大約就是羅繼祖所說的「潘夫人處理善後偶爾失當」，和羅氏「遷怒于王先生，怪他偏聽婦言」的經過了。羅氏一生對待財產（或遺產）的態度很為明確，在1916年留下的《處理淮安事務諭福成》中曾提到自承乏家事以來，「除公產歲入未敢動用外，逐年以我之歲入償還（家族）債務」，並指示長子，繼續將自己一房應得租數充公。1924年《甲子歲諭兒輩》，實為遺囑，其中提到變賣全部所藏文物償還債務外，妻、子等遺屬繼承部分「以四萬元為限，以一萬元用於京旗維持會印刷科，五萬元存入東華銀行生息，以備京旗會善舉」。而前所墊數千元建築費，「即作為捐款，不取回」。那麼為什麼會這對區區千元的恤金如此認真呢？其實這並不奇怪，羅氏鄙薄爭產，是因為青少年時代的家境與祖母教育的深刻影響，也許女兒的不幸使他想起了祖母的際遇。當年為剖分六十萬的祖產，孤兒寡母受到欺淩，方氏祖母毅然放棄公產，卻堅持萬餘元的俸餘乃堂上所賜，不敢辭。而羅氏所說王家的一切困難都「唯力是視」，獨恤金要按關章規定付給遺孀，不是與此頗為相似嗎？這應是脾氣褊急的羅氏棄多年友誼不顧、攜女大歸的主要原因。不幸的是王國維並不同於那些爭產的族人，他並不剖白，卻在設法彌補。然而恤金之事也觸動了他內心的傷痛，同樣容易不冷靜。劉蕙孫說王國維「是具有詩人氣息要求自我解放的文人，至少有個趙明誠、李清照，趙子昂、管仲姬那樣的家庭才能滿足」。但「潘夫人是一個王熙鳳式的人物，文化不高不認識什麼字，而極精明能幹，治家井井有條，對人圓通周到」，只是二人沒有

共同語言，每晚太太坐在藤躺椅上處分家務，先生傍立抽煙一言不發，「這樣安靜是安靜，但人生又有什麼趣味？而且還經常有晚母荊人矛盾，使靜安先生有說不出的苦悶。恤金事發，又使兩種矛盾交織在一起，更加苦悶了」。王氏遺書對高明、貞明二子殷殷囑咐，「汝等不能南歸，亦可暫於城內居住。汝兄亦不必奔喪，因道路不通，渠又不曾出門故也」，「我雖無財產分文遺汝等，然苟能謹慎勤儉，亦不至餓死也」等等。而對其他親屬，只是淡淡一句「家人自有人料理，必不至不能南歸」。這種態度，印證了王氏夫婦間缺乏共同語言說。

而羅、王關係的破裂，皆激於一時之憤，一方遷怒於王氏偏聽婦言，另一方遷怒於羅氏不能理解自己的苦心，誤會越積越深，終於造成了三十年夙交感情的破裂。從他們往來的書信，我們還看到雙方都作過努力，卻沒有撫平裂痕的時間了。現在知道：

九月初八日，王國維開始處置恤金事，希望能解除老友的誤會。在十八日致羅振玉的信中曾提到，「初八日在滬，曾托頌清兄以亡兒款匯公處，求公代令嫒經理」。

初十日，王國維返京途中路過天津，未與羅氏相見，十八日信中解釋說，潛明「於維為塚子，於公為愛婿，哀死甯生，父母之心，彼此所同，不圖中間乃生誤會，然此誤會久之自釋，故維初十日晚過津，亦遂不復相詣，留為異日相見之地，言之惘惘」。

十八日，王國維在致羅氏信中說「亡兒遺款」，「令嫒前交來收用之款」，共三千元，「請為之全權處置，因維於此等事向不悉，且

京師亦非善地，須置之較妥之地，亡男在地下當感激也」。

十九日，再致羅振玉書，「昨函發而馮友回京，交到手書」。「令嬡聲明不用一錢，此實無理，試問亡男之款不歸令嬡，又當誰歸？」「令嬡來日方長，正須儲此款以作準備，此即海關發此款之本意，此中外古今人心所同。」「京款送到後，請並滬款一併存放。」「此事即此已了，並無首尾可言。」語句是誠懇的，他希望錢寄出後，妻子不妥的處置可以彌補，誤會可以消除。丁卯元夕（1927年2月16日）王國維致際彪信中寫道「去歲弟因長兒之變，於外稍有欠項」，說明這筆款至少有一部分還是借來的。他向來不管家政，不問錢財，這時卻為此設法籌款，可見是想彌補裂痕的。然而對羅氏來說，恤金之事使他痛心的並不在錢的本身，並且也能知道王氏這筆錢的來源，所以仍然拒絕接受。據王國維之女回憶，這筆錢在羅、王之間往復寄了兩次，王國維氣得不再說話，「抱出」羅氏寄給他的「一疊信件，撕了再點火燃燒」。[40]

二十五日，致羅氏最後一封信說「此款在道理、法律當然是令嬡之物，不容有他種議論。亡兒與令嬡結婚逾八年，其間恩義未嘗不篤，即令不滿於舅姑，當無不滿於所天之理，何以於其遺款如此之拒絕？若云退讓，則正讓所不當讓。以當受者而不受，又何以處不當受者，是蔑視他人人格也。蔑視他人人格，於自己人格亦復有損。總之，此事於情理皆說不過去，求公再以大義論之」。這近於絕交信了，憤然提出自己人格受到污蔑，並以牙還牙，對對方人格提出質

40　　羅繼祖：《庭聞憶略》。

疑。可能羅氏讀後倒冷靜了一些，據《王國維年譜新編》，羅氏終於收下了這筆錢，回信說「擬以二千元儲蓄為嗣子來日長大婚學費，餘千元之別有處置之方法，以心安理得為歸，不負公所托也」。

十月，羅振玉曾替王國維寄二百元給際彪。次年元夕（2月14日），王國維致際彪的信中說，「去臘奉寄一書，並銀五十元由大陸銀行交上，後接惠函」，「其十月二百元之款，弟實無此事，想叔蘊先生（以己款）假弟之名以濟尊處急用者，此事誠不宜揭破，然亦不敢掠美，謹以實聞」。

丁卯元月十二日，即西元1927年2月13日，王國維赴天津為溥儀祝壽，與羅振玉相遇，未交言。這是他們最後的一次見面，次日，王國維回覆了際彪的信，看來雙方都開始冷靜下來了，只不過缺乏溝通機會，還都在僵持著。後來，由於時局的變化，四個多月後王國維自沉，而羅、王失歡的內情沒人披露，使人產生種種猜測。

羅王一代人早已不在了，羅氏致王國維的信函部分被焚毀了，據下一代人的回憶及王國維的信，只能瞭解事情的梗概，不過已足證明逼債說或逼迫說純屬無稽之談。1916年王國維應哈同之聘先行回國，王在致羅氏信中說「一別五月，分致書篋中已盈半寸有餘，維卷二束亦已用罄，其中十分之八九乃致公書。兩人書雖有他事，而言學問者約居其半，中國恐無第二人」。可以想見，他對這些書信是珍視的，然而一怒之下，能先撕毀再焚燒，可見關於他性格中「冷靜中固有熱烈」的認識是正確的。這一舉動還使人很容易聯想起王氏《書古書中故紙》一詩，該詩寫於癸卯（1903年），正是他研讀康得、叔本華著

作之時，全詩為：

昨夜書中得故紙，今朝隨意寫新詩；長捐篋底終無恙，比入懷中便中奇。

黯淡誰能知汝恨，沾塗亦自笑餘癡；書成付與爐中火，了卻人間是與非。

可能當他把羅氏書信付之一炬時，正懷著這種心情，以「了卻人間是與非」。這首詩以及焚信，同樣證明瞭前戴家祥文中所述，對王國維思想性格的瞭解是對的。

（三）輯印遺書

「故交中絕」，對王國維來說固然是一個打擊，但他還有其他朋友、清華同仁與學生，特別是他還有自己的事業，1926年底至1927年，他致力金石學及蒙古早期歷史的研究，曾留下不少與友人談學的書信。所以這一打擊並非其自沉的原因。實際上「故交中絕」，特別是觀堂之死對羅氏實是一個很大打擊。

羅繼祖在《庭聞憶略》中回憶說，羅、王年齡相差十歲以上，人多誤認為王是羅的學生，實際上羅氏「始終器重觀堂，未嘗作為學生看待。而觀堂受惠不淺，也從未效市俗人感恩戴德之所為，而岸然自異，這種關係只能于古人中求得，不是現在某些人所能理解的」。可能正因為如此，一旦發生了誤會，彼此都看得較嚴重，難以諒解而長期不通音訊。觀堂之死打破了僵局，尤其是「五十之年，只欠一死」

的遺言，使羅氏強烈地感到了共同的思想立場，一下子衝垮了感情上的隔閡。五月初六，貞明致高明信中說「羅宅昨日君美（即羅福成）夜九時許至此，羅老伯本擬今日來京，後因旁人恐彼來有所感或有他變，故不肯使他來京」。可見這一事件給了他打擊之大。羅氏自認為他是瞭解王國維的，所以一面派長子連夜趕到北京，一面急忙代作遺折，呈溥儀，將觀堂之死比作古人的屍諫。溥儀下詔說王國維「學問博通，躬行廉謹」，「留京講學，尚不時來津召對，依戀於致誠」，「著加恩予諡『忠愨』」。派貝子溥忻前往祭奠，賞銀二千元治喪等等。

清華學者希望淡化王國維的死因，而羅振玉卻上奏摺強調死因，這是出於立場的不同。羅氏一心認為清王朝統治三百年，就是國家的象徵，希望能通過這一事件對溥儀猛擊一掌，使他振作起來，不要作先世明君的不肖子孫。這當然是不可能的。但不同立場者的不同做法，恰好說明他們對王國維的死因的看法是相同的。所以代上奏摺固然是羅氏自作主張，卻並非以自己的觀點強加於王國維。在1983年出版的《王國維學術研究論集》中，張舜徽《王國維與羅振玉在學術研究上的關係》一文，已提出羅王二位政治思想是一致的。羅繼祖《王國維先生的政治思想》一文，更列舉了大量書信、文論，證實了這一觀點，在有關著作中，他還披露了王國維自沉前一個多月期間，曾找同僚楊子勤（鐘羲）傾瀉心中的苦悶。後，楊一得到王投湖的消息就親去哭吊，挽詩中即用了「屍諫」二字。王國維還曾兩次進城會徐鴻寶（森玉），論及時局很是憤慨，談到對北伐成功及葉德輝之死的恐怖，也談到曾主動匯款給長子未亡人之事。徐瞭解王自沉的原因，故

「觀堂死後，徐沒有一篇哀挽文字，也是不足為怪的」。[41]這些情況正好與清華同仁所述相印證，尤其是王國維於年初覲見溥儀，目擊張園種種腐敗，「睹狀至憤」，「憂傷過甚，致患咯血之症」。這也和羅氏對溥儀的失望的情緒相同。此外，清華及其他熟悉王國維的學者，聯繫羅王關係及其生活歷程，還有他本人詩文著作等文字材料，分析了所謂「義無再辱」的涵義、選擇昆明湖自沉，都是和他依戀舊主分不開的。所以羅氏代寫的遺折，基本上能反映他的思想。

　　羅振玉不僅把代遞遺折作為後死者的責任，而且醵金撫其孤嫠，並在料理完喪事後，七月立即開始整理王國維的遺著。王氏的學術論著大多刊在《雲窗叢刻》《雪堂叢刻》等叢書中。1921年他自編其著作為《觀堂集林》二十卷，交烏程蔣氏刊行，後來他又將新著研究遼金元史的成果追補入集，文字約增加了四分之一。據此，羅氏為之整理成「海甯王氏丁卯秋月再版」《觀堂集林》二十四卷。又與其弟子海甯趙斐雲（萬裡），就其家搜討未刊及未完成的遺稿加以整理，合已刊諸文編成《王忠愨公遺書》四集，總共四十二冊，付博愛工廠陸續印行，命兒子福葆、福頤及開封關伯益負責校理。《王忠愨公遺書》第一集為丁卯十二月付印，羅氏作序，記王國維遺事數則，主要涉及他的「觀世之識」，還有《海甯王忠愨公傳》，敘述王國維學術道路，其中回憶到1916年王國維因哈同之邀返國，羅氏送至神戶，執手告別時曾說「異日以亭林相期矣」，顧炎武是羅氏最欽佩的學者，由此可見他對王國維期望之深。又作《王忠愨公別傳》，主要介紹王國維的一篇未刊的政論文字《論政學疏》，這是研究他的政治思想的重要資

41　羅繼祖：《庭聞憶略》，《觀堂書劄三跋》，載《王國維學術研究論集》（二）。

料。羅繼祖回憶說，輯印王氏遺書時他已十五歲，親見王氏手寫的這篇稿子。[42]

《觀堂集林》為《王忠愨公遺書》第一種，前有癸亥（1923年）二月羅振玉序和烏程蔣汝藻序（未屬日期）。據羅繼祖在《永豐鄉人行年錄》和《觀堂書箚三跋》中所述，羅序「其文實靜安自撰，而適如鄉人所欲言」。蔣序「實王國維自己撰作」。《王忠愨公遺書》一集中還收錄了《觀堂別集》、《觀堂外集》、《爾雅・草木蟲魚鳥獸釋例》、《兩周金石文韻讀》等九種著作。其中《觀堂外集》三卷，是羅福成編輯的，他與王國維曾同在東文學社受業於藤田劍峰。在《觀堂外集》跋中羅福成寫道，觀堂三十五歲以前的詩與譯述《流沙訪古記》，「曾由家大人為之印行，絕版久矣」，故編為《觀堂外集》三卷，「由成捐資印行，而以版權歸諸其家」。所以在羅氏印行的單行本扉頁上寫作「《觀堂外集》海甯王氏印」。從這一件小事也可以看出羅王關係並不如同某些人的想像。《王忠愨公遺書》第二集包括《殷禮徵文》、《聯綿字譜》等十三種，前者為甲骨文考釋十余則，王國維「自以畸零不能成卷」，送給羅氏，說將來可以加入《殷虛書契考釋》增訂本中。羅氏將此稿刊入《王忠愨公遺書》，「不掠人美。外人無知之者」。[43]第三集包括《古本竹書紀年輯校》、《今本竹書紀年疏正》等九種。第四集包括《唐五代二十一家詞輯》、《人間詞話》等十種。此外《殷禮徵文》、《史籀篇疏》、《人間詞話》等主要涉及文字學和文學的十五種著作，石印時各多印五十部，《王忠愨公遺書》

42　見《王國維先生的政治思想》，載《王國維學術研究論集》（一）；又見羅繼祖主編：《王國維之死》，廣州：廣東教育出版社，1999年，第9—11頁。
43　見墨緣堂編：《貞松堂校勘書目題解》。

售罄，又將此十五種另行編目。為《海甯王忠慤公遺著》，以滿足海內外購求者。[44]總之，除了王國維早年在哲學、教育、文學方面的著作外，他的國學研究成果，基本上都收入了《王忠慤公遺書》。

羅振玉的一生，曾致力於收集、刊印、傳佈前人有價值的學術著作，對王國維遺著的整理、傳佈，更不遺餘力。王國維在國學方面的研究成果，之所以能為學術界所熟知，並且產生很大的影響，這與羅振玉在他去世之後，僅用一年的時間就編訂成《海甯王忠慤公遺書》並集資印行不是沒有關係的。

44　羅繼祖：《永豐鄉人行年錄》，第125頁。

結束語

1940年6月19日（夏曆庚辰五月十四日）羅振玉胸痛舊疾頻發直至心痛劇烈發作，逝於旅順，旅順醫院院長通口修輔博士診斷為「心臟麻痹」。他曾有自挽聯語曰：

　　畢生寢饋書叢，曆觀洹水遺文、西陲墜簡、鴻都石刻、柱下秘藏，守缺抱殘嗟自幸。
　　半生沉淪桑海，溯自辛亥乘桴、乙丑扈蹕、壬申于役、丁丑乞身，補天浴日竟何成。

　　這是他對自己一生的總結，其間未嘗沒有痛悔與缺憾，但對畢生的學術活動卻心安理得地畫上了句號。

　　要全面客觀地評論羅振玉一生的學術活動是不容易的，因為他的著作太多，範圍太廣了，如果對他的原著一至少是序、跋沒有通讀過，很難對他的學術成就、得失、學風以至人品作出實事求是的評論。特別是羅振玉沒有一部像《觀堂集林》那樣集中代表作的文選，其著述雖早已點校編輯好，卻遲遲未能面世。至於《羅雪堂全集》，能夠找到這部書的人並不多，即使找到，其部頭之大，沒有標點的古文閱讀之難，也會使人望而卻步，希圖去尋找捷徑，所以長期以來，關於羅振玉學術生涯的全面評述還很少見，而限於時間的倉促與筆者的水準，本書也只能勾勒出他學術活動的主要方面與主要成果，作為進一步研究的導讀。

　　值得提出的是羅氏一生所以能在國學研究方面取得巨大成績，首先在於他有深厚的舊學根基，善於從前人成果中積極汲取營養，收集

前人每一道天才的光線，集成光束，使自己也燃燒起來，使傳統的國學研究開闢出新途徑。羅振玉的政治立場是非常保守的，尤其是在辛亥革命成功以後，當社會潮流浩浩蕩蕩向前發展時，他卻大踏步地後退了，繼續把忠君當成愛國的思想感情也是非常陳舊的。不過青年時代他對現代文明的構成部分—現代國民教育與農業的研究，畢竟留下了影響。收集甲骨時，他很重視同出土的其他遺物；囑託羅振常洹洛訪古攜帶考古書籍；對古器物宣導分類、分期研究；用出土文物、文獻與傳世文獻相印證的方法等，這些科學的研究方法，在中國考古學的發展史上都起到了承前啟後的作用。

取得成果的另一個原因，還在於他重視人才的培養，早在他旅食江南階段，在辦學農社翻譯農學書籍的同時，創辦東文學社培養翻譯人才。後來辦《教育世界》和整頓農校均得益於此。在潛心國學的過程中，無論是在淮安時代、在江南十載、在入官學，還是旅日八年及歸國以後，都不乏切磋學問的朋友，儘管他難以適應官場，在學術界卻不寡交遊，況且也不缺乏助手，先是胞弟羅振常，後來是長子羅福成、三子羅福萇。福成學日語於東文學社，日本早稻田大學畢業後治西夏、契丹、女真文。福萇「幼而通敏，十歲能讀父書」，「年未弱冠即通遠西諸國文字」和古梵文等。[1]沈曾植、王國維學術論著中，都有他提供的資料，不幸二十六歲病歿，沈、王二人分別為他寫了墓碣和傳。稍晚四子羅福葆、五子羅福頤也在校刊古籍、古物的過程中參與墨拓、手摹、編校、整理工作，尤其是福頤，從摹刻《待時軒傳古別錄》到手編《貞松堂集古遺文》、《三代吉金文存》，還通過整理

1　王國維：《羅君夢傳》。

家藏的圖書，奠下了一生學術活動的基礎，成為有成就的古文字學家和金石學家。羅氏曾據明刊本，影印久已罕傳的元劉《經史動靜字音》，該書謝蘊山《小學考》注未見，羅氏使五子補作《小學考目錄》，出身書香門第的五子婦商　若作《經史動靜字音箋證》。由此可見，羅氏是怎樣把全家都吸引到整理、流傳古籍、古物事業中的。在他晚年，則有長孫羅繼祖侍側，從協助抄輯資料，到獨立完成《遼史》校勘，終於成為「沒有進過小學的大學教授」，[2]終至桃李滿天下。

羅福頤在《昔夢錄》中回憶說：

先人教育亦因才而施，繼祖佴能書，使學敦煌唐人寫經，頗得其精髓。因頤能摹金文，乃令取前人未著錄之金文摹編成書。其釋文及記錄令頤編次，而且繼祖佴書之，經年乃得成《貞松堂集古遺文》，後由叔父在滬石印傳世。

繼祖讀《遼史》，因導令作校記……繼祖好文辭能詩話，家藏古書畫極多，導令游泳其中，指示美惡，以成其才……

因頤喜古金文，於是先人導以家藏墨本，令校王觀堂著《國朝金文著錄表》，成《三代秦漢金文著錄表》、《內府藏器著錄表》、《國朝金文著錄表校記》三書，繼之令取所藏拓本，去其重複者編《三代吉金文存》付日本精印，書即出，就將繼之為《金文疏例》……頤幼喜篆刻，先人導以讀古印譜，學刻漢印，戒以一藝之微，當端其趨向，勿惑於時派，以媚於人。先學摹古銅印，因之成《待時軒仿古印

2　王慶祥：《羅繼祖先生傳略》，載《海角濡樽集》。

草》二卷。以學刻漢印苦桂氏書所摹不精，謝氏書字少不足用，家藏印譜多，乃手摹印文擬補桂氏，謝氏書之不足，上溯古璽文字，亦依《說文》類次積稿成冊……成《古璽漢印文字徵》……

　　由此可見羅氏培養人才確有一套方法，既考慮到學科發展的需要，又根據不同人的不同特點，因材施教，循循善誘。而隨著輯印、整理古籍，古物資料的成果日增，人才也脫穎而出了。當我們打開《貞松堂校刊書目》也可看到，它集中了眾人的成果。

　　放手讓年輕人去做，當然能鍛煉人，但晚年精力不足，審稿不細，也出現一些問題，如《貞松堂集古遺文》及其《補編》、《續編》總計二十二卷，是羅氏歷年收集的金文拓本的總匯，其中有些闕疑不識之字，實際上羅氏在《殷虛書契考釋》中早已釋出，楊樹達據此論羅氏早年之作多出王靜安之手，這實是一個誤會，羅繼祖在《永豐鄉人行年錄》附錄中論及此事說，《貞松堂集古遺文》是1930—1932年間完成的，「編抄審釋之事一以委之兒孫，時鄉人人事旁午，往返長春、旅順間，歲輒三五，稿具，略一披閱，稍加改纂，即付寫官」。儘管序中說明「課兒子福頤、長孫繼祖助予摹寫」，問題確應由主編負責。不過實事求是地說，原因在於羅氏晚年未能一心考究學問，而子孫功力尚且不足。

　　在近代史上，羅振玉是一個有爭議的人物，但是，所有不存偏見的學者都承認他是一位國學大師，尤其是對於古器物、古文獻的搜集、整理、刊佈，內容豐富，甄別謹嚴，成績浩瀚。郭沫若曾說，這是在近代文化史上應大書特書的。追索他成績的取得，那種自覺肩起

中華文化遺產整理流傳的責任感與緊迫感，那種在學術活動中，注意
人才培養，那種根據需要因材施教的方法，對於今天學術研究的開展
與隊伍的建設也不是沒有意義的。

■ 附錄一　羅振玉學術活動編年

1866年（同治五年）　1歲

六月二十八日生於江蘇淮安。

1869年（同治五年）　4歲

從長姊認字。

1870年（同治五年）　5歲

入塾。

1880年（光緒六年）　15歲

初學制印，購漢私印一，為有印癖之始。

1881年（光緒七年）　16歲

三月返裡，赴紹興應童子試，入縣學第七名。在杭州謁郡庠，手拓堂壁阮元所摹天一閣石鼓文，摩挲西湖諸山石刻，為癖金石刻銘之始。

得識前輩學人桐城吳康甫（延康）、烏程汪謝城（曰楨），吳康甫貽以古琴拓本四紙；汪謝城呼與談學，獎惜備至，以手輯《荔牆叢刻》為贈。

1882年（光緒八年）　17歲

赴浙應鄉試，途經揚州購石刻拓本十餘紙，為收藏墓誌之始。

始讀《皇清經解》，以一歲之力，讀之三周，觀象授時、疇人傳等雖不能解而強讀之，從而稍知讀書門徑。

始治金石文字之學，賃碑校勘《金石萃編》。

1883年（光緒九年）　18歲

輾轉購得淮安古塚新出古鏡一，為搜集古文物之始。

冬，始識翰苑世家周至路山夫（岯），縱談金石考訂之學，訂忘年交。

1884年（光緒十年） 19歲

始輯《淮安金石僅存錄》。

著《讀碑小箋》一卷（1908年木刻本），記校碑所得，為著書之始。

著《存拙齋劄疏》一卷（1887年木刻本），集小小考訂。後，德清俞曲園（樾）曾採其語入《茶香室筆記》；1887年汪梅村（士鐸）作《存拙齋劄疏跋》說「其書不盈一卷，而考證極多精核」。

1885年（光緒十一年） 20歲

繼續貰碑，與兄佩南（振鋆）共同校讀。

成《金石萃編校字記》一卷（木刻本）。

《寰宇訪碑錄校議》一卷（後改名《寰宇訪碑錄刊謬》刊於《行素草堂金石叢書》第廿四集），校正《寰宇訪碑錄》三百餘則。

1886年（光緒十二年） 21歲

撰《毛詩草木鳥獸魚蟲疏新校正》二卷（刊於《國學萃編》）。

1887年（光緒十三年） 22歲

撰《俗說》一卷（見1941年《貞松老人遺稿甲集》）

輯古籍中的方言俚語，前人所未錄者。

又《皇甫士安〈高士傳〉輯本》一卷（見1915年《雪堂叢刻》）。

1888年（光緒十四年） 23歲

始與山陽邱於蕃（崧生）訂交，研討詞章金石書畫。

得阮吾山（蔡生）《風雅蒙求》稿，以示路山夫與邱於蕃，路、邱各作序、跋，釀金刻行之，為謀傳刻前人遺著之始。

1889年（光緒十五年） 24歲

校《陳書》。

1890年（光緒十六年）　25歲

邱於蕃薦館山陽劉氏，為童子師。始校讎《紀元編》，訂正百數十處，別為《考異》一卷（後遞有增訂，1925年東方學會刊印）。

撰《毛鄭詩校議》一卷（刊於《國學萃編》）。

1891年（光緒十七年）　26歲

山東河患，著《治河論》，駁不與河爭地說，與丹徒劉鐵雲（鶚）《治河七說》宗旨多符，二人訂交。

撰《眼學偶得》一卷（木刻本）。

《幹祿字書箋證》一卷（見1941年《貞松老人遺稿甲集》）；《梁、陳、北齊、後周、隋五史校議》五卷（1903年刊）。

輯《淮陰金石僅存錄》《附錄》《遺補》各一卷（刊於《小方壺齋叢書》）。

又刪鼇累年文字成《面誠精舍雜文甲編》一卷（木刻本）。

1892年（光緒十八年）　27歲

始治譜系目錄之學。

成《新唐書世系表考證》一卷（未刊）。

《唐書藝文志校議》二卷（未刊）。

《三國志證聞校記》三卷（刊於《雪堂叢刻》）。

《元和姓纂校勘記》二卷，《佚文》一卷（刊於《雪堂叢刻》）。

1893年（光緒十九年）　28歲

館山陽邱氏。送弟子經（振常）赴紹興應試，識越中名宿李越縵（慈銘），相與論學。

撰《補寰宇訪碑錄刊謬》一卷（《行素草堂金石叢書》第三十六輯）。

又《再續寰宇訪碑錄》二卷（《面誠精舍》校印本）。

校訂長兄佩南《碑別字》五卷。

1894年（光緒二十年） 29歲

冬，移館丹徒劉氏，授渭清、鐵雲諸子讀書。究心時事，讀兵家言。

1895年（光緒二十一年） 30歲

研讀江南製造局譯籍，始有以西人學術為中學之助的思想。邑中擬開西學書院，聘任教授輿地、財務（又聘劉渭清教授算學、外語），因無從籌費而止，僅設一算學義塾。是年致書友人徐以遜（維則）、蔡鶴廎（元培），謀設學堂。

輯辛卯以後文字為《面城精舍雜文乙編》一卷（1895年刊）。

1896年（光緒二十二年） 31歲

至上海，讀中西農書，與蔣伯斧創學農社，學農社延藤田劍峰譯農書。設農報館，出版《農學報》譯各國農學書籍、雜誌。初為半月刊，後改為旬刊，每期約二十頁。

1897年（光緒二十三年） 32歲

刻行無名氏撰《黔蜀種鴉片法》一卷，作《跋》斥廣種鴉片可挽利權之說，提出官紳協辦，逐步將煙田改桑田，同時立繭廠，發展織造。與蔣伯斧聯名致函南通張季直（謇），談為農學社物色開墾、試種人才，及為杭州蠶局請教習事。

1898年（光緒二十四年） 33歲

創東文學社於上海，舉私債充校費。舉劍峰為教務，邱於蕃任校務，此社首開風氣，入學者眾，添聘田岡（嶺雲）、諸井（六郎）、船津（辰一郎）等任義務教員。

湘撫義甯陳右銘（寶箴）舉應經濟特科；浭陽端忠敏（方）以書問興農措施之方，從此訂交。始識祥符周季貺（星詒）、嘉興沈子培（曾植）、

海寧王靜安（國維）。

1899年（光緒二十五年） 34歲

東文學社影印日本那珂通世支那通史，王靜安代作序言。

1900年（光緒二十六年） 35歲

秋，從上海至武漢，應張之洞邀，總理湖北農務局兼農校監督。稍後，招畢業於東文學社的王靜安、樊少泉任日籍教習譯員。

成《置杖錄》一卷（刊《貞松老人遺稿丙集》1947年），收錄歷年筆記所得。

又《農事私議》一卷，附墾荒裕國策（1900年刊）收錄累年所作論農文字。

1901年（光緒二十七年） 36歲

在鄂創《教育世界》，移譯東西方教育規制學說，為我國教育界有專門刊物之始，總計出一百一十六期。暑假返滬，辭湖北農務局之職，張之洞再委任江楚編譯局之職。奉兩江、湖廣兩督命，東渡日本考察教育。

編印歷年所譯農書，為叢書百部，以任農館、學社經費，銷行甚暢。

輯《金石書錄》一卷（《貞松老人遺稿丙集》）。

刊《碑別字補》五卷（1901年於鄂）。

在鄂頗與宜都楊惺吾（守敬）、會稽張碩卿（壽康）討論金石目錄之學。

1902年（光緒二十八年） 37歲

一月自日本返滬，清繕考察筆記為《扶桑兩月記》一卷。為江鄂會奏擬學制稿，會奏受阻，辭江楚編譯局職。

三月應蘇撫恩棠（壽）招，赴蘇訂中學堂課程。上海南洋公學增設東文科，應昆陵盛吉蓀（宣懷）聘任監督，藤田劍峰為總教習，諸生勤學，

成績可觀。

在日本識河井荃廬（仙郎）、日下部鳴鶴（東作）等學者，縱談金石之學。

始名所居為「唐風樓」。

1903年（光緒二十九年） 38歲

本年劉鐵雲攜眷歸滬，住所與羅宅相鄰，羅、劉二氏經常一道鑒賞、討論金石書畫等文物。夏，羅氏為之墨拓，促其出版《鐵雲藏龜》，秋八月為序，九月劉鐵雲自序，十月抱殘守缺齋石印面世。

十月粵督西林岑雲階（春煊）聘充兩粵教育顧問，粵書價廉，盡薪金所得購南海孔氏岳雪樓藏書，為畢生藏書之始。

影印《鄭庵所藏封泥》（後知非鄭庵藏，是濰坊郭民所藏，收入《齊魯封泥集存》）為最早著錄封泥的專書。

1904年（光緒三十年） 39歲

以在粵無所事事，暮春辭，歸滬。端方聘為江蘇教育顧問，在蘇州創江蘇師範學堂，任監督。學堂設講習科、速成科。

1905年（光緒三十一年） 40歲

四月，學堂加設體操專修科；五月，講習科、體操專修科學生畢業；七月，招初等本科生；八月，設附屬小學。學堂初具規模。

1906年（光緒三十二年） 41歲

奉調學部，入京。辭江蘇師範學堂監督職，《農學報》、《教育世界》停刊。九月赴直隸、山西視察學務。學部討論國學存廢，力爭保存國子監。成《唐風樓金石文字跋尾》一卷（1907年刊），收錄金石題記百餘則。

始名所居為「玉簡齋」。

1907年（光緒三十三年） 42歲

視察河南、山東、江西、安徽四省學務。應答張之洞在湖廣設存古學堂事，提出在各省設國學館，內分圖書館、博物館、研究所三部。學部考試留學生，出任考官。

冬，於廠肆購古俑二，引起對出土明器的重視。始校唐昭陵碑。

刊《唐風樓藏墓誌目錄》一卷，收錄五百餘件墓誌目錄。

1908年（光緒三十四年） 43歲

相繼任殿試裏校官，學部考試裏校官。冬，奏屬參事官。始探究甲骨真實出土地。言於張之洞，保存內閣大庫檔案。

成《俑廬日箚》（刊《國粹學報》五卷一至十號）錄近三年金石見聞。

撰《昭陵碑錄》三卷，《附錄》一卷，計二十七碑，一碑最多要取校十餘個版本，重加寫定補正前人或至數百字。（1909年《晨風閣叢書》，又1914年自刻本附《校錄箚記》一卷、《校記》一卷、《補遺》一卷）

1909年（宣統元年） 44歲

閏二月，京師大學堂籌設分科大學，任農科監督，在西直門外釣魚臺建農校及實驗場，1911年秋落成。

五月，奉命赴日本考察農學，聘技師，訪錄秘笈。拜會日本學者菊池大麓、內藤虎次郎、桑原騭藏、狩野直喜、富岡謙藏等。成《扶桑再遊記》一卷。

返京會晤伯希和，始見敦煌古卷軸，致力於請學部或大學搶救餘下的部分。

成《敦煌石室書目及發現之原始》（1909年《東方雜誌》六卷，第九期）；《莫高窟石室秘錄》（1909年《東方雜誌》六卷，第十、十一期）；《敦煌石室遺書》附斯坦因《流沙訪古記》（王國維譯）；《唐折衝府考補》一

卷；《隋唐兵符圖錄》一卷。

　　校古寫本《尚書》《周書》，成《校勘記》一卷；校錄《沙州志》殘卷，附《校錄箚記》一卷；得林泰輔寄贈《清國河南湯陰發現了龜甲獸骨》，始著手作答。

1910年（宣統二年）　45歲

　　遣廠友祝繼先、秋良臣至安陽收購甲骨。

　　作《殷商貞卜文字考》一卷（答林泰輔）。

　　成《昭陵碑錄補》一卷；《周易王弼注唐寫本殘卷校字記》一卷；《隸古定尚書孔氏傳校字記》二卷（夏書、商書）。

　　輯印《玉簡齋叢書》凡二集七十二卷。

　　始輯伯希和所寄敦煌卷軸影本，為《石室秘寶》十五種。

1911年（宣統三年）　46歲

　　始輯印《國學叢刊》及古寫本罕見者。

　　從收集的殷墟甲骨兩萬枚中，精選三千餘片成《殷墟書契前編》二十卷（1911年《國學叢刊》刊出一至三卷）。

　　囑弟羅振常赴豫訪殷墟遺物，振常成《洹洛訪古遊記》（1936年上海蟫隱廬石印本）記其所曆。

　　增補《傅青主先生年譜》。

　　成《佚書叢殘初編》；《罄室所藏璽印》八卷；《蒿裡遺文目錄》二卷。

　　十月舉家自北京赴日本，築小樓署曰「宸翰樓」，是年編《宸翰樓叢書》。凡五種十八卷。

1912年（民國元年）　47歲

　　於日本京都淨土寺町購地建宅，名曰「永慕園」，顏所居「殷禮在斯堂」，自號「商遺」以著述遣日。

成《罄室所藏璽印續集》五卷；《唐折衝府考補拾遺》一卷。

重編《殷虛書契》成八卷，付工精印。

1913年（民國二年） 48歲

輯《齊魯封泥集存》珂珞版精印。

又將伯希和郵致的敦煌卷軸輯成《鳴沙石室佚書》十八種，付工精印。

作《補唐書張義潮傳》一卷，以敦煌遺籍所見補《唐書》。

成《西陲石燒錄》一卷（1914年《雪堂叢刻》）。

始與王國維考釋、編定沙畹所寄的斯坦因所獲漢晉簡牘，整理成《流沙墜簡》。

續編《國學叢刊》古籍之外，間以新著，易名《雪堂叢刻》，相繼共出五十二種。

1914年（民國三年） 49歲

著書完成有：《流沙墜簡》三卷，《補遺》一卷，《補釋》一卷；《殷虛書契菁華》一卷（1914年精印本）；《芒洛塚墓遺文》三卷《補遺》一卷（1914年自刻本，1917年《唐風樓碑錄》）；《蒿裡遺珍》一卷《考辭》一卷（1914年《永慕園叢書》）；《西陲石刻後錄》一卷（1914年《雪堂叢刻》）；《秦金石刻辭》三卷（1914年《永慕園叢書》）；《唐三家碑錄》一卷；《四朝鈔幣圖錄》一卷《考釋》一卷（1914年影印本）；《歷代符牌圖錄》二卷（1914年《眢古叢刻》）；《瓜沙曹氏譜系》一卷（1915年《雪堂叢刻》）；《高昌氏譜系》一卷；《續匯刻書目》十卷；《唐風樓秦漢瓦當文字》四卷；《鶴澗先生遺詩》一卷，從畫跡中輯明遺民萊陽薑實節詩。

刊書有：影北宋天聖本《齊民要術》殘卷（日本藏）；日本古寫本古文《尚書·周書》（存二卷）；日本古寫本隸古定《尚書·周書》殘卷（存

二卷）。

編輯出版或開始編輯出版的叢書有：《眘古叢刻》、《永慕園叢書》、《宸翰樓叢書續編》、《雲窗叢刻》、《吉石盫叢書》、《海東古籍叢殘》等，總計出版書近六十種，一百三十卷。

1915年（民國四年）　50歲

年初（甲寅十二月）成《殷虛書契考釋》。

編輯出版《雪堂叢刻》五十二種，一百一十卷。

返淮安祭掃，又訪小屯，登龍門等，錄其事，成《五十日夢痕錄》（1915年《雪堂叢刻》）。

另外著有：《鐵雲藏龜之餘》一卷（1915年刊印）；《漢晉石刻墨影》；《恒農塚墓遺文》一卷；《芒洛塚墓遺文續編》三卷，《續補遺》一卷（1917年《唐風樓碑錄》）；《襄陽塚墓遺文》一卷（1915年自刻）；《廣陵塚墓遺文》一卷；《吳中塚墓遺文》一卷；《三韓塚墓遺文目錄》一卷；《石屋洞造像題銘》一卷；《龍泓洞造像題銘》一卷；《海外貞珉錄》一卷；《赫連泉館古印存》一卷。

重訂《漢石存目》二卷；《魏晉石存目》一卷。

重印吳憲齋《權衡度量實驗考》（發現於日本），並作序。

1916年（民國五年）　51歲

在京都殫心著述，每月必有得，著有：

《南宗衣缽》一卷，取南宗山水畫，分期研究，精選摹印各期代表作。

《殷虛書契後編》二卷（1916年《藝術叢編》）；《古器物範圖錄》三卷，附說一卷（1916年《藝術叢編》）；《金石泥屑》二卷，附說一卷（1916年《楚雨樓叢書》）；《歷代符牌後錄》一卷（1916《眘古叢刻》）；《殷虛

古器物圖錄》一卷，附說一卷（1916年精印本）；《殷虛書契待問編》一卷（手寫石印）；《高昌壁畫菁華》一卷；《石鼓文考釋》一卷（1916年《楚雨樓叢書》），駢羅古今各本，校其異同；《古鏡圖錄》三卷，《補遺》一卷（1916年《楚雨樓叢書》）選自千件墨本；《鄴下塚墓遺文》二卷（1917年《楚雨樓叢書》）錄六十餘石拓本；《墨林星鳳》一卷；《赫連泉館古印續存》一卷；《古明器圖錄》四卷；《隋唐以來官印集存》一卷。

本年還刊印了一批只見於日本的中國古籍有：六朝寫本《禮記》子本疏義；古寫原本《玉篇》言迄幸部殘卷；宋本《東漢刊誤》四卷；唐寫本《世說新書》殘卷；日本古寫本《悉曇字記》；北宋景佑本《天竺字源》；南宋本《文殊指南圖贊》、《三藏取經詩話》、《三藏取經記》、《周密草窗韻語》。

又校理刊印前人遺稿有：《古兵符考略殘稿》，翁大年著；《續百家姓印譜》，吳憲齋著（稿本）。

1917年（民國六年） 52歲

編著及刊印的書籍有：

《殷文存》三卷（1917年《楚雨樓叢書》）為最早的殷商金文專錄；

《夢鄣草堂吉金圖》三卷（1917年刊）；《恒農專錄》一卷，著錄陶齋藏磚銘文二百三十三件；

《芒洛塚墓遺文續補》一卷；《六朝墓誌菁英》初編、二編（1917年影印）；

《兩浙佚金佚石集存》一卷（1917年刊）；

《鳴沙石室佚書續編》；

《鳴沙石室古籍叢殘》三十種，包括《群經叢殘》、《群書叢殘》，各作跋尾，詳論與今本之得失；

《唐風樓碑錄》十三種三十一卷；

日本古寫本《史記·殷本紀》殘卷；

複宋槧本趙注《孟子》；

元槧本《廬山記》；

元槧本《國朝風雅》殘本；

明《永樂大典》宋吏部條法；

鈔本《黃山圖經》；

松江石本《急就章》；

始編刊《雪堂碑錄》四種及《四時嘉至軒叢書》。

1918年（民國七年） 53歲

主要著作與刊書有：

《王子安集佚文》一卷（1922年重校錄與《王子安集校記》合刊）；《臨川集拾遺》一卷；《雪堂校刊群書敘錄》二卷（1918年刊）錄序跋一百四十餘篇；《萬年少（壽祺）年譜》一卷（次年增訂附錄、補遺各一卷）；《昭代經師手簡》初編、二編，輯王念孫、王引之兩世論學手簡共六十餘通；《夢郼草堂吉金圖續編》一卷；《二十家仕女圖》一卷；《地券征存》一卷；《磚志征存》一卷；《雲窗漫錄》一卷；日本古寫本《史記》殘卷；古寫本《文選集注》殘卷；《金石萃編未刻稿》王昶未竟之作，輯元碑八十八種，補《金石萃編》空白；編《嘉草軒叢書》十一種二十八卷。

1919年（民國八年） 54歲

三月攜家返國，居津沽，著書、刊書有：《徐俟齋先生年譜》一卷，《附錄》一卷（1919年刊）；《雪堂所藏古器物圖錄》一編。

刊《群經字類》一卷；《明三孝廉集》五種四十卷；《陶齋吉金錄》

八卷，《續錄》二卷；作《與友人論古器物書》答蔡元培（收入《雲窗漫錄》）。

1920年（民國九年） 55歲

在天津建宅，名曰嘉樂里，辦貽安堂售海東編印各書。並著有：《雲窗漫稿》一卷；《雪堂書畫跋尾》一卷；《雪堂金石文字跋尾》一卷，與《雪堂校刊群書敘錄》合編成《永豐鄉人稿》甲、乙、丙、丁四卷。

作《錄海外吉金》一卷；《宋元釋藏刊本考》一卷。

1921年（民國十年） 56歲

主要著述有：

《集殷墟文字楹帖》一卷，共百聯，為集殷墟文字為聯語之始，後又有續集。

成《庚子褒恤錄校記》一卷，《補遺》一卷；《補宋書宗室世系表》一卷。

作《說文古籀補跋》。

1922年（民國十一年） 57歲

二月稱貸京津間，得銀一萬三千元，從故紙商手中再次購回大庫檔案十五萬斤。

王國維為作《庫書樓記》。容庚以著《金文編》請見，乃出所藏墨本傾助其輯補。

成《凝清室日箚》一卷；編《永豐鄉人雜著》八種；烏程劉翰怡（承幹）重刻諸城劉燕庭（喜海）《海東金石苑》，羅氏為輯《補遺》六卷，以名歸翰怡。

1923年（民國十二年） 58歲

始自號「貞松」，得見魏正始石經《尚書》《春秋》殘卷拓本，考證

與經本古今異同。創辦東方文化學會。著作有：《道德經考異》二卷，《補遺》一卷；《南華真經殘卷校記》一卷；《抱樸子殘卷校記》一卷；《列子殘卷校記》一卷，以上四種皆為以敦煌本與今本互校的成果。

《貞松堂唐宋以來官印集存》一卷；《凝清室古官印存》二卷。

刊《雪堂金石叢書》十種；印重校定《新疆圖志》一百六十卷。

1924年（民國十三年） 59歲

八月入直南書房，鑒定內府古物，著有：

《敦煌零拾》一卷；《雪堂藏古器物目錄》一卷，分金、石、陶、雜四類共兩千餘件；《雪堂藏古器物圖錄》一卷；

《魏書宗室傳注》十二卷，《表》一卷；《帝範》一卷；《臣軌》《臣軌校記》各一卷；《貞觀政要校記》一卷，《佚文》一卷；

刊《史料叢刊初編》二十二種，皆大庫史料新整理寫定；

校刊《貨幣文字考》四卷：《金石續編》二十一卷；

編輯《東方學會叢書》初集三十種，四十九卷。

1925年（民國十四年） 60歲

編《敦煌石室碎金》；《璽印姓氏征》二卷，得姓千餘，不見姓氏書者逾五百。

《西夏官印集存》一卷；成《松翁近稿》一卷，共六十二篇，集庚申至本年所著；《集殷虛文字楹帖彙編》，合章鈺、高德馨、王季烈等作共四百餘聯；《重校訂紀元編》三卷。

增訂《瓜沙曹氏年表》；《歷代符牌錄》二卷。

編刊《高郵王氏遺書》七種，二十二卷。

1926年（民國十五年） 61歲

成《天發神讖碑補考》一卷；《蒿裡遺文目錄》十卷，《補》一卷。

作《恒農磚錄跋》，訂正磚出靈寶之誤說。

本年多著文及補訂舊作，如補正《補張義潮傳》《補唐折衝府考》，又作瓜沙曹氏文書、昭陵陪葬碑、新羅高麗碑誌、買地券等，跋尾數十則。

1927年（民國十六年） 62歲

二月刊行增訂《殷虛書契考釋》三卷。

五月王國維自沉頤和園昆明湖，羅氏為之作傳，並組織編輯《遺書》。

成《紀元以來朔閏考》六卷；《雪堂所藏金石文字簿錄》一卷；《帝範校補》一卷。

輯《丙寅稿》收錄去年一年文字凡九十首。

刊宋劉時舉續宋中興編年《資治通鑒》十五卷，以岳雪樓藏明鈔本與張氏照曠閣本互校，補缺佚多頁，並作校記。

1928年（民國十七年） 63歲

增訂《碑別字》正、續兩本共十卷，合為一編印行，附《雪堂校刊群書目錄》共錄古籍二百五十種九百零三卷。

古金文中有不可拓墨的錯金銀文字和難以影照的封泥墨書、朱印文字，命五子福頤摹刻或摹寫共二十種，編成《待時軒傳古別錄》一卷。

摹印《古寫本隸古定尚書真本殘卷》，彙集敦煌石室所出及海東所見夏商周書。

刊《海寧王忠愨公遺書》四集，凡四十三卷，《觀堂外集》三卷。

始輯《殷禮在斯堂叢書》，計三十種五十九卷。

1929年（民國十八年） 64歲

遷居旅順，著、刊書目有：

撰《漢石經殘字集錄》上卷，並陸續作《補遺》《續編》《三編》《四編》，次年合成《漢熹平石經殘字集錄》二卷；作《蒿裡遺文目錄續編》一卷；《矢彝考釋》一卷；《璽印姓氏徵補正》一卷；《漢兩京以來鏡銘集錄》一卷，附《鏡話》一卷；《帝苑校補》一卷；《敦煌古寫本毛詩校記》一卷；《宋槧文苑精華殘本校記》一卷；《校定和林金石錄》一卷；編《遼居雜著》收錄本年上述著述九種。

又《遼居稿》《丁戊稿》分別收錄本年及丁卯、戊辰文字。

1930年（民國十九年） 65歲

成《貞松堂集古遺文》十六卷，五子福頤編次並釋文；《本朝學術源流概略》一卷；《古器物研究議》一卷；《上虞羅氏支分譜》一卷；《金州講習會論語講義》六卷。

又《遼居乙稿》一卷，集本年文字七十四篇。

1931年（民國二十年） 66歲

成《貞松堂集古遺文補遺》三卷，與《貞松堂集古遺文》前後兩編，共收錄三代器一千四百七十八件，秦漢以降三百八十五件。

《貞松堂藏器墨影》三卷，《續集》三卷；《古器物識小錄》一卷；《漢熹平石經殘字集錄補遺》一卷。

自傳《集蓼編》一卷。

1932年（民國二十一年） 67歲

成《高昌磚錄》一卷；《遼帝后哀冊文錄》一卷；《附錄》一卷；《漢熹平石經殘字集錄續補》一卷。

重訂《高昌氏譜系》一卷。

增訂《唐折衝府考補》一卷。

編《遼海吟》一卷，集詩三十首。

1933年（民國二十二年） 68歲

　　設庫籍整理處，校刊、影印《清太祖實錄稿》三種，皆出大庫。編著有：

　　《經義考補目》八卷，《校記》一卷；《貞松堂集古遺文續編》三卷；《松翁未焚稿》一卷；《雪堂所藏吉金文字》；《殷虛書契續編》六卷，選錄甲骨拓本二千零一十六片。

　　編《遼居雜著乙編》，收錄庚午、壬申等年著述十種。

1934年（民國二十三年） 69歲

　　主要編著有：《增訂俑廬日劄》一卷；《漢熹平石經集錄續拾》一卷；《車塵稿》一卷，錄一年來文字八十二篇；

　　《唐折衝府考補拾遺》一卷；編《遼居雜著丙編》，集本年上述後三種著述及《古器物識小錄》等；

　　又《百爵齋叢刊》十四種二十八卷；

　　庫籍整理處刊《大庫史料目錄》。

1935年（民國二十四年） 70歲

　　輯印《貞松堂吉金圖》三卷（1935年墨緣堂印）。

　　庫籍整理處刊《史料叢編》初集十種，二集十二種，明季、國朝史料零拾各若干種。

1936年（民國二十五年） 71歲

　　編《三代吉金文存》二十卷（1936年百爵齋印行）。

　　編《明季遼事叢刊》四種凡十四卷。

　　增訂《唐宋以來官印集存》一卷。

　　校刊《皇清奏議》六十八卷，《續編》四卷。

1937年（民國二十六年） 72歲

成《姚秦寫本僧肇維摩詰經解殘卷校記》一卷（1937年《七經勘叢刊》）；《唐書宰相世系表補正》一卷（1937年《七經勘叢刊》）；《唐代海東藩閥志存》一卷（1937年《七經勘叢刊》）；《國朝文苑》二卷（1937年《七經勘叢刊》）；《唐折衝府補考附錄》一卷。羅氏自1905年校補勞經原《唐折衝府考》，至1837年總計補證以外，補府九十，併入勞書，收入《百爵齋叢刊》刊行，署名：勞經原撰羅振玉校補《唐折衝府考》，本年所作未及併入，以單篇形式附錄於後。

命子福頤編《滿州金石志》六卷，《別錄》二卷。

1938年（民國二十七年） 73歲

輯《碑別字拾遺》一卷；《後丁戊稿》一卷，集序、跋等文字八十二篇。

《遼海續吟》一卷，集乙亥以後詩三十三首（刊《貞松老人遺稿》甲集）。

增訂《漢熹平石經殘字集錄》計七經總得五千五百九十三言，校記一百八十言，合以序記，凡六千一百六十三言。

抄杜詩、陸詩各百餘首，付長孫繼祖輯錄前人評注，成《杜詩授讀》、《陸詩授讀》。

指導長孫繼祖通校《遼史》，成《校勘記》八卷。

精選歷代名人書法三十九種，分為貞松堂、百爵齋名人書法各三卷，寄海東精印，字跡如原大。

1939年（民國二十八年） 74歲

成《石交錄》四卷，疏記新舊石刻的轉移存佚，雜以考訂，未經著錄及佚石孤本，並錄其文。

《宋本廬山記校勘記》一卷（刊《貞松老人遺稿》甲集），以宋本與元祿本、閣本互勘。

《漢晉至隋墓誌目》一卷；《五代宋元以來墓誌目》一卷。

輯印所藏敦煌石室秘笈為《貞松堂西陲秘笈叢殘》三集具竣，計初集十九種，為經注、曆書、醫方、卜筮書、戶牒、佛曲等；二集七種，為道經；三集九種，為佛經。

1940年（民國二十九年） 75歲

五月十四日卒於旅順。本年著述有：

《魏書宗室傳注校補》一卷；《大雲書庫藏書題識》四卷（刊《貞松老人遺稿》乙集）；

又影印日本小川氏藏《日本古寫本華嚴經音義》。

■ 附錄二　主要參考書目

1. 羅振玉：《集蓼編》，載《貞松老人遺稿》甲集，1941年。

2. 羅振玉：《上虞羅氏枝分譜》，載《遼居雜著》乙編，1930年。

3. 羅振玉：《五十日夢痕錄》，載《雪堂叢刻》，1915年。

4. 羅振玉：《扶桑兩月記》，載《教育世界》，1902年。

5. 《奏定學堂章程》、《學制私議》等，載《教育世界》第9、12、16—18期。

6. 羅振玉：《京師創設圖書館私議》，載《教育世界》，1906年。

7. 羅振玉：《雪堂校刊群書敘錄》，載《永豐鄉人稿》，1918年。

8. 羅振玉：《本朝學術源流概略》，載《遼居雜著》乙編，1930年。

9. 羅振玉：《古器物研究議》，載《永豐鄉人稿》甲編，1919年。

10. 羅振玉：《敦煌石室書目及發見之原始》，載《東方學報》1909年第10期。

11. 羅振玉：《莫高窟石室秘錄》，載《東方學報》1909年第11、12期。

12. 羅振玉：《殷商貞卜文字考》，載《玉簡齋叢書》1910年。

13. 羅振玉：《殷虛書契考釋》，載《永慕園叢書》1914年；1927年東方學會增訂本。

14. 羅振玉：《流沙墜簡》，1914年日本印。

15. 羅振玉：《貞松老人外集》，載《貞松老人遺稿》乙集，1943年。

16. 《貞松堂校刊書目解題》，墨緣堂編，1934年。

17. 羅繼祖：《永豐鄉人行年錄》（甘孺），江蘇人民出版社，1980

年版。

18.羅繼祖：《庭聞憶略》，吉林文史出版社，1987年。

19.羅繼祖：《涉世瑣記》，載《海角濡尊集》，長春文史資料第41集，1993年。

20.劉蕙蓀：《列鐵雲先生年譜長編》，齊魯書社，1982年。

21.王國維：《最近二三十年中中國新發現之學問》，載《學衡》1925年第45期。

22.王國維：《古史新證》，載《國學月報》王靜安先生專號，1927年。

23.王國維：《殷虛書契考釋序》、《殷虛書契考釋後序》。

24.《海甯王忠愨公遺書初集》，1927年。

25.王國維：《觀堂集林》，中華書局，1984年版。

26.吳澤主編：《王國維全集・書信》，中華書局，1984年版。

27.《王國維學術研究論集》（1），華東師範大學出版社，1983年。

28.《王國維學術研究論集》（2），華東師範大學出版社，1987年。

29.顧廷龍校閱：《藝風堂友朋書箚》，上海古籍出版社，1983年版。

30.羅振常：《洹洛訪古遊記》，1936年；河南人民出版社，1983年再版。

31.陳邦直：《羅振玉傳》，載《羅振玉傳記彙編》，香港大東圖書公司，1978年版。

32.莫榮宗：《羅雪堂先生年譜》，載《大陸雜誌》第26卷，第5—8期。

33.胡厚宣：《關於〈殷墟書契考釋〉的作者問題》，載《社會科學

戰線》1984年第4期。

　　34.陳夢家：《殷墟卜辭綜述》，科學出版社，1956年版。

　　35.郭沫若：《中國古代社會研究》，載《郭沫若全集·歷史卷》
（一），人民出版社，1982年版。

　　36.郭沫若：《十批判書》，載《郭沫若全集·歷史卷》（二），人民
出版社，1982年版。

　　37.唐蘭：《天壤閣甲骨文存》，北京輔仁大學出版社，1939年版。

　　38.董作賓：《甲骨學五十年》，臺北大陸雜誌社，1955年版。

　　39.楊直民：《中國傳統農學與實驗農學的重要交匯》，載《農業考
古》1984年第1期。

　　40.謝稚柳：《敦煌石室記》，上海美術出版社，1979年版。

　　41.薑亮夫：《敦煌—偉大的文化寶藏》，上海古典文學出版社，
1956年版。

　　42.蕭艾：《王國維評傳》，浙江文藝出版社，1983年版。

　　43.孫敦恒：《王國維年譜新編》，中國文史出版社，1991年版。

　　44.戴家祥：《記王靜安先生自沉始末》，載《國學月報》王靜安先
生紀念號，1927年。

　　45.羅福頤：《清內閣大庫檔案之歷史及其整理》，《嶺南學報》九
卷一期，1948年。

　　46.徐中舒：《內閣檔案之由來及其整理》及《再述內閣大庫檔案
之由來及其整理》，載《明清檔案》第一本，臺北1986年版。

　　47.李光濤：《記內閣大庫殘餘檔案》，載《明清檔案》第一本，臺
北1986年版。

後 記

我們匆匆草成這本《羅振玉評傳》，僅僅是對他的學術生涯和著述方面幾個帶有開創性的領域作概略介紹。這對於研究中國傳統文化的學者來說是很不夠的，而青年人由於種種原因對他在學術上的貢獻瞭解甚少，同樣會覺得《評傳》不能填補他們對本世紀初和二三十年代中西文化交流所帶來的學術變革和發展狀況的空白。這一點，只有寄希望於將來，有機會再作《羅雪堂先生年譜長編》，比較全面深入地展示羅氏在學術上的成就，以便於廣大讀者對他一生的學術事業作出恰當公允的評價，正確認識他在本世紀前半葉的學術發展史上的地位。

本書在撰寫過程中得到羅繼祖先生的大力支持，他不僅把自己多年搜集的第一手資料送給我們，而且還提供很多文字資料難於尋覓的情況，並隨時為我們解答一些疑難問題，這對我們寫作幫助很大。

羅敦祖工程師在工作之餘為我們做了不少資料工作，並完成全部書稿的錄入。張書生先生為本書翻譯了英文提要。

周自強先生審閱了書稿，對部分章節提過修改意見。李學勤所長在百忙中為本書撰寫序言，從準備迎接21世紀的角度回顧羅氏學術活動所處的歷史大背景及其學術成就，為閱讀全書提示了全新的視角。

游道勤先生受錢宏先生委託，編輯本書，才使《羅振玉評傳》得以較快地和讀者見面。還有劉起先生也曾答應為本書作序，因時間關係未能實現。對諸位先生的熱情幫助和支持，在這裡一併致以謝忱。

作者
1995年7月31日

昌明文庫‧悅讀人物 A0603031

羅振玉評傳

作　　者	羅琨、張永山
版權策畫	李　鋒

發 行 人	陳滿銘
總 經 理	梁錦興
總 編 輯	陳滿銘
副總編輯	張晏瑞
編 輯 所	萬卷樓圖書股份有限公司
排　　版	菩薩蠻數位文化有限公司
印　　刷	百通科技股份有限公司
封面設計	菩薩蠻數位文化有限公司

出　　版　昌明文化有限公司

桃園市龜山區中原街 32 號

電話　(02)23216565

發　　行　萬卷樓圖書股份有限公司

臺北市羅斯福路二段 41 號 6 樓之 3

電話　(02)23216565

傳真　(02)23218698

電郵　SERVICE@WANJUAN.COM.TW

大陸經銷

廈門外圖臺灣書店有限公司

　　電郵　JKB188@188.COM

ISBN 978-986-496-129-0

2019 年 7 月初版二刷

2018 年 1 月初版一刷

定價：新臺幣 360 元

如何購買本書：

1. 劃撥購書，請透過以下郵政劃撥帳號：

　　帳號：15624015

　　戶名：萬卷樓圖書股份有限公司

2. 轉帳購書，請透過以下帳戶

　　合作金庫銀行　古亭分行

　　戶名：萬卷樓圖書股份有限公司

　　帳號：0877717092596

3. 網路購書，請透過萬卷樓網站

　　網址　WWW.WANJUAN.COM.TW

大量購書，請直接聯繫我們，將有專人為您

服務。客服：(02)23216565　分機 610

如有缺頁、破損或裝訂錯誤，請寄回更換

國家圖書館出版品預行編目資料

羅振玉評傳 / 羅琨, 張永山作.-- 初版.-- 桃

園市：昌明文化出版；臺北市：萬卷樓發

行, 2018.01

　　面；　　公分.--(昌明文庫. 悅讀人物)

ISBN 978-986-496-129-0(平裝)

1.羅振玉 2.傳記

782.885　　　　　　　　　　107001500

本著作物經廈門墨客知識產權代理有限公司代理，由百花洲文藝出版社授權萬卷樓圖

書股份有限公司出版、發行中文繁體字版版權。